KB183918

다이쇼 데모크라시와
미야자와 도시요시宮澤俊義의
자유주의 헌법학

다이쇼 데모크라시와 미야자와 도시요시宮澤俊義의 자유주의 헌법학

이수열 지음

혜안

책을 펴내며

■■

    이 책은 2007년 일본 규슈대학九州大學에 제출한 박사학위 청구 논문
『미야자와 도시요시의 정치사상사적 연구 : 다이쇼 데모크라시의 비판
적 계승宮澤俊義の政治思想史的研究 : 大正デモクラシーの批判的繼承』을 우리 말로 번
역하여 약간의 첨삭을 가한 것이다. 책을 내면서 제목을 『다이쇼 데모
크라시와 미야자와 도시요시宮澤俊義의 자유주의 헌법학』으로 바꿨는
데, 학위논문의 부제였던 다이쇼 데모크라시를 전면으로 내고 미야자
와의 사상 중에서 자유주의를 주된 분석 틀로 하고 있음을 밝혔다.
다이쇼 데모크라시 연구와 미야자와 도시요시의 조합은 얼핏 익숙하지
않게 여겨질지 모르겠다. 미야자와는 자주 '8월 혁명설'과 함께 전후
민주주의를 견인한 헌법학자로 이야기되는 것이 일반적이기 때문이
다. 아래에서는 이 주제에 이르기까지의 문제의식의 추이에 관해 간략
히 언급하고자 한다.

    다이쇼 데모크라시라는 말을 접하면서 처음 든 생각은 명명 그 자체
에 대한 의문이었다. 다이쇼 데모크라시는 자유민권운동, 전후 민주주
의와 함께 근대 일본의 대표적인 민주주의 운동으로, 패전 이후 역사학

계가 일본의 민주주의적 전통의 하나로 재평가함으로써 본격적인 연구가 이루어진 분야이다. 그런데 민주주의 운동을 가리키는 말에 다이쇼大正라는 연호가 붙는 점은 선뜻 납득이 가지 않았다. 전후 역사학계가 천황제와의 대결을 중요한 과제로 삼아왔던 만큼 위화감은 더욱 컸다. 다이쇼 데모크라시가 군주제를 전제로 한 운동이었다는 점을 나타내기 위한 작명이었다면 이야기는 다르지만 그렇게 보이지는 않았다. 연호가 없는 나라에서 태어나 자란 사람이 갖는 과민함인지 모르겠으나, 그 뒤 메이지明治 데모크라시라는 말까지 생겨나는 것을 보며 반쯤 포기하는 심정이 된 것이 사실이다. 그렇다고 다른 대안이 있는 것도 아니다. 시대를 상징하는 말로 개조나 민본주의 등을 떠올릴 수 있지만 어느 것도 이런저런 이유로 딱 맞아떨어지지 않는다. 다이쇼 데모크라시라는 말을 접할 때마다 느꼈던 이 저항감은 지금도 여전하다.

다른 의문은 연구 성과에 대한 것이었다. 전후 역사학계는 일본 사회에 만연한 아시아 인식의 문제점을 자성하고 시정하는 의미에서 근대 일본의 아시아관을 비판하고 그 예외적 사례를 발굴하는 데 주력했다. 요시노 사쿠조吉野作造의 중국·조선관이나 이시바시 단잔石橋湛山의 소일본주의 등에 관한 연구는 그렇게 하여 출현했다. 하지만 막상 원전을 읽고 난 뒤에 든 생각은 그들의 사상이 갖고 있는 가능성에 대한 의문이었다. 요시노의 3·1운동이나 5·4운동에 대한 공감은 당시의 일반적인 여론을 생각하면 과연 감동적이지만, 그러한 피지배 민족의 내셔널리즘에 대한 이해와 그가 마지막까지 집착한 일본의 권익은 어떤 정합성을 갖는지 알 수 없었다. 요시노는 중국에서 일본이 갖고 있던 제국주의적 권익을 '군국적 시설경영'이라고 불렀다. 요시노는 이를 안정적으로 확보하기 위해 친일적 성격을 갖는다고 그가 생각한 중국의 혁명 세력에 대한 지원을 주장했고, 그러한 외교 정책이야말로

'일지친선日支親善'을 가져올 것이라고 확신했다. 요시노의 중국 외교론은 군벌을 지원하는 일본 정부에 대한 이의 제기라고는 할 수 있어도 제국주의 자체에 대한 비판으로 볼 수 없는 것이었다. 소영국주의를 참조한 이시바시 단잔의 소일본주의도 일종의 '자유무역 제국주의'라고 할 수 있는 것으로, 경제 합리주의적 관점에서의 권익 옹호론에 지나지 않았다. 이러한 문제의식에서 석사학위 논문을 작성했다.

다이쇼 데모크라시 연구에 대한 또 하나의 의문은 그 실패의 원인을 외부적 요인에서 찾는 점이었다. 다이쇼 데모크라시 운동은 정당의 부패로 동력을 잃은데다 1930년대에 들어 파시즘과 군국주의의 대두로 인해 현실적 가능성을 상실했다고 보는 것이 보통이다. 다이쇼 데모크라시를 희생자로 묘사하는 역사상에는 천황기관설 사건이 큰 영향을 미쳤을 것이다. 그러나 이러한 설명을 접하면서 든 생각은 1910년대에 활동한 데모크라시 사상가나 그 계승자들이 1930년대에 들어서도 여전히 사회적 발언을 계속하고 있는 데 대한 의문이었다. 당시 발생한 몇몇 사상 탄압 사건은 주로 국가관을 문제 삼은 것이었다. 만약 데모크라시 사상을 탄압한 것이었다면 그 주창자들도 함께 제재했을 터이고, 그러면 주창자들은 전향 또는 침묵을 선택할 수밖에 없었을 것인데, 그러한 흔적을 찾아볼 수 없다. 전향은 주로 마르크스주의자들의 몫이었고, 발언 기회를 잃은 미노베 다쓰키치美濃部達吉를 제외하면 모두 상황에 적극적으로 개입하고 있었다. 그 내용을 보아도 의회정치를 부정하거나 강력한 행정부에 기대를 표명하는 등 이전과 크게 다른 주장이었지만, 정작 본인들은 자신의 사상적 연속성을 굳게 믿고 있는 것처럼 보였다. 1930년대 다이쇼 데모크라시 운동의 좌절에 대해 사상사의 관점에서 내릴 수 있는 결론은 그것이 데모크라시 사상가들을 포함한 총체적 자괴 현상이었다는 것이다. 1910년대와 1930년대를 연결하는 사상 내재적 연결고리를 찾으려는 생각은 박사학위 논문의 출발점이 되었다.

다이쇼 데모크라시 운동을 견인한 사상가들의 저작을 읽으면서 인상 깊었던 점은 그들의 사고에 보이는 국가에 대한 강고한 신념이었다. 여기서 국가는 민족공동체와 동의어인데, 국가의 주권이 위협받는 상황 속에서 전쟁과 함께 성장한 그들에게 국가는 절대적인 가치를 갖는 존재였다. 데모크라시도 자유도 모두 국가의 안녕과 부강을 위한 수단으로 주장된 것이었다. 이런 점에서 그들은 국사國士의 에토스를 지닌 경세가들이었다. 국가의 벽을 실감하던 중 우연히 읽게 된 미야자와 도시요시의 사상은, 그야말로 두텁기만 하던 벽에 구멍 하나가 뚫려 싱그러운 바깥바람이 훅 밀려 들어오는 그런 청량감을 느끼게 해 주었다. 미야자와의 헌법학은 먼저 과학의 체계나 이론 구축에 최종 목표를 설정한 점에서 이전의 그것과 크게 달랐다. 일본의 헌법학에서 주어로 군림해 오던 국가는 미야자와에 이르러 강제 조직으로 재정의되었다. 또 미야자와는 민족이나 국가가 아닌 개인에 최고의 가치를 두는 점에서도 달랐다. 국가의 강제력과 개인의 자유를 두 축으로 하여 전개된 미야자와의 헌법학은 논리 필연적으로 자유주의적 성격을 강하게 띨 수밖에 없었다. 1930년대는 일본 헌법학의 역사에서 결정적인 전환점이었다. 그가 1930년대에 발표한 일련의 국민주권 구상은 '전후'가 한발 앞서 찾아온 듯한 충격을 주었다. 미야자와를 읽어가면서 일본의 데모크라시 사상은 1930년대에 들어 하나의 질적 변화를 경험했고, 그것이 패전 이후의 일본국헌법 체제를 준비한 사상적 토양이 되었다는 생각에 이르게 되었다. 이로써 이 책의 기본적인 골격이 만들어졌다.

미야자와 도시요시를 다이쇼 데모크라시 사상의 비판으로 읽는 이 책은 다이쇼 데모크라시의 '성취'보다 '한계'를 논했고, 미야자와의 '전후'보다 '전전'에 주목했다. 그리고 이를 통해 전후 민주주의가 다이쇼 데모크라시의 단순한 연속이 아니라 사상적 단절 위에서 이루어진 것임을 전망했다. 과연 본문의 내용이 이러한 말들을 담아낼 수 있을지 불안하지만 1910년대와 1930년대를 한 묶음으로 읽는 의미와 유효성이 조금이나마 전달될 수 있기를 기대해 본다.

　2007년에 완성한 논문을 지금에 와서 다시 제출하는 데 대해서는 당연히 고민이 있었다. 다이쇼 데모크라시에 관한 정치사상사적 연구는 그 뒤 학계의 문제 관심이 국민국가 비판이나 모더니즘 등으로 옮겨감으로써 거의 명맥이 끊긴 상태가 지속되고 있다. 핑계에 불과하지만, 연구의 공백이라는 '행운'으로 인해 이 책의 주장을 철회할 만큼의 논고가 아직 출현하지 않았다고 판단하여 간행을 결심하기에 이르렀다. 만약 이 책이 갖는 현대적 의의가 있다면, 그것은 오늘날 일본 사회의 화두인 헌법 개정 문제를 생각하는 데 조금이나마 일조할 수 있다는 점일 것이다. 지금 일본에서는 현행 헌법의 탄생 과정을 외압으로 규정하고 자주 헌법 제정을 외치는 목소리가 높다. 그런 입장에서 제출된 헌법 시안들을 보면, 민족공동체에 최고의 가치를 두거나 황실의 존엄과 국민의 의무를 강조하는 점에서 다이쇼 데모크라시 사상과의 유사성이 눈에 띈다. 미야자와와 그의 '8월 혁명설'을 만악의 근원으로 지목하는 선동적인 발언이 생겨나는 사태도 그러한 상황의 반영이라고 할 수 있다. 향후 일본 사회가 새로운 헌법을 제정할지, 지금의 체제를 유지할지, 그것은 오로지 일본 국민의 몫이다. 하지만 만약 시안에 보이는 수준에서 개정이 이루어진다면 그것은 전전으로의 회귀 또는 후퇴일 뿐이다. 이런 점에서 다이쇼 데모크라시와 미야자와 도시요시의 사상은 여전히 현재진행형의 주제이다.

　와세다대학早稻田大學에서 수학할 때 가노 마사나오鹿野政直, 안자이 구니오安在邦夫 두 분께 받은 은혜는 잊을 수 없다. 두 선생님께 깊은 감사의 말씀을 올린다.

2023년 10월 23일
이 수 열

차 례

■■■

책을 펴내며 5

일러두기 13

들어가는 글 15

일러두기

■■■

1. 인명과 지명은 모두 국립국어원의 외국어 표기법에 따라 표기했다.

2. 인명과 지명이 처음 나올 때는 작은 글씨로 한자를 병기하고, 그 이후는 한자를 생략하는 것을 원칙으로 했다. 단 필요하다고 판단하여 한자를 여러 번 병기한 경우도 있다.

3. 논문 인용 시, 전집이나 단행본 등에서 인용한 경우는 페이지를 명기했지만, 원문에서 인용했을 때는 잡지명과 출간 연월만을 표기했다.

4. 논문 및 저서 인용 시, 처음 나올 때만 서지사항을 명기했고, 그 이후는 표기하지 않았다.

5. 인용문 중 강조된 부분은 진한 고딕체를 사용하여 표시했다.

6. 본문 중 인물 사진은 위키피디아 일본어판에서 가져왔다. 그 외는 필자가 촬영한 것이다.

들어가는 글

근대 일본의 자유주의

근대 일본의 저명한 자유주의자 가와이 에이지로河合榮治郎(1891~1944)는 1933년에 발표한 한 글에서 당시 언론계에서 회자하던 자유주의 비판에 관해 논평하면서 "일본 자유주의의 특수성과 그 원인"을 다음과 같이 말했다.

자유주의는 국가주의에 예속되어 그것이 허용하는 한도 내에서만 실현되었다. 여기서 국가주의란 국가 사회를 최우선의 가치로 삼고 개인에게는 국가의 수단으로서 가치를 부여하는 사상을 말한다. 자유주의는 그 발전 형태 모두를 통틀어 개인을 최고의 가치로 여기는 개인주의에 입각한다. (중략) 이런 점에서 국가주의와 대립하는 것이다. 물론 개인주의도 국가를 무용지물로 생각하거나 가치가 없는 것으로 여기지는 않는다. 그러나 개인을 위해 필요불가결한 존재이지만 그 자체로서 가치가 있다고는 생각지 않는다. 이 점에서 가치 관념이 뒤바뀐다. 도쿠가와德川 말기부터 메이지明治 개국을 거쳐 러일전쟁에 이르기까지 일본은 외국의 침략을 받을 위기에 있었고 (중략) 일본 자체의 독립에 위험이 따랐다. 이 시기 국가의 운명과 개인의 운명은 하나였으므로 국민이 하나 되어 국가의 통일과 독립을 위해 전력을 다한 것은 조금도 이상한 일이 아니다. 왜냐하면 '국민적 자유'란 바로 그런 것을 의미하기 때문이다. 그렇지만 국가의 통일과 독립을 중시하는 일은 국가를 최고의 가치로 여기는 국가주의로 이어지기 쉽다. 메이지 시대 일본의 지배적인 사상은 바로 그러한 것이었다.[1]

국가의 운명과 개인이 운명이 하나가 될 수밖에 없는 역사가 있었기에 일본에서 "국가주의는 최고의 자리를 차지한 채 그것과 조화를 이루는 범위 내에서만" 자유주의를 허용하고, 한편 "자유주의는 그 철학인 개인주의를 버리거나 혹은 불문에 부치고" 국가주의에 예속되었다. 그러나 개인주의가 없는 자유주의는 "정신과 혼이 빠진 뼈대와 같은 것"으로, 이런 점에서 "일본의 자유주의는 근본적으로 왜곡"[2]되어 있다. 가와이가 이렇게 진단하는 이유는 왜곡된 형태로 이식된 일본의 자유주의가 아직 역사적 "사명을 다하지 않았을 뿐만 아니라 그 효과가 비판의 도마 위에 오를 정도로 완전히 모습을 드러내지도 않은"[3] 점을 강조함으로써 당대 저널리즘의 자유주의 비판을 반비판하기 위해서였다.

가와이가 보기에 대부분의 일본 국민은 국가의 독립을 지켜야 했던 역사적 사정으로 인해 "원래 국가주의적인데다 독재주의적이고 강력주의强力主義적"인 경향을 띠고 있었다. 이런 점을 "파시즘이 발효하기에 알맞은 바탕"[4]이라고 생각하는 가와이는 국가사회주의의 대두로 무의

1) 河合榮治郞,「自由主義の再檢討」『改造』1933년 10월/ 河合榮治郞,『フアツシズム批判』, 日本評論社, 1934, 413~414쪽.
2) 이상, 河合榮治郞,「自由主義の再檢討」, 415쪽.
3) 河合榮治郞,「自由主義の再檢討」, 420쪽.

식 속에 잠재하던 일본 국민의 파시즘적 경향이 다시 수면 위로 떠오르고 있는 상황에 대해 위기감을 느꼈다. 오늘날 자유주의에 주어진 사명은 "국가주의의 본질을 분석하여 그것을 신성한 제단에서 끌어내리는"[5] 일이다. 이렇게 말하는 가와이에게 자유주의의 임무는 일본에서 아직 미완의 상태였다.

국가주의는 도저히 비상시를 타개할 수 있는 원리가 아니었다. 이미 "수십 년에 걸쳐 일본을 지도해 온" 국가주의로써는 "새로운 일본으로 갱생할 수 없을 뿐만 아니라, 그것은 과거의 일본을 그르친"[6] 원리이기조차 했다. 이에 가와이는 국가주의를 대신하는 가치 원리를 다음과 같이 제시했다.

국가주의를 대신하는 원리는 무엇인가? 그것은 이상주의적 개인주의이다. 가장 절대적인 가치는 오직 인격뿐이다. 그것이야말로 모든 가치를 결정한다. 인격 성장에 얼마만큼 도움이 되는지에 따라 모든 가치는 결정된다. 그런데 인격의 주체는 오직 개인뿐으로, 개인 이외에 아무도 주체가 될 수 없다. 개인의 집단인 사회는 원래 인격의 주체가 아니다. 이것이 우리들이 개인주의를 취하는 이유이다.[7]

여기에는 하나의 절대적이고 독자적인 가치로서 개인주의가 표명되어 있다. 모든 가치를 결정하는 것으로서 인격이 있고, 그 인격의 주체로 상정되는 것이 오직 개인일 경우, "이상주의적 개인주의"는

---

4) 이상, 河合榮治郎,「マルキシズム, ファッシズム, リベラリズムの鼎立」『中央公論』 1934년 2월/ 같은 책, 366쪽.
5) 河合榮治郎,「マルキシズム, ファッシズム, リベラリズムの鼎立」, 377쪽.
6) 河合榮治郎,「國家主義の批判」『改造』 1934년 10월/ 같은 책, 171쪽.
7) 河合榮治郎,「國家主義の批判」, 168~169쪽.

일본 자유주의의 특수성, 즉 국가주의의 예속에서 완전히 벗어나 있는 것처럼 보인다. 그러나 가와이는 이어서 이렇게 말을 계속했다.

> 사람들은 또 그 개인주의를 끄집어낸다고 생각할지도 모르겠다. 그렇게 생각하는 사람은 개인주의에는 두 가지 종류가 있어 하나는 이기적 개인주의이고, 다른 하나는 이상주의적 개인주의라는 구별을 망각하고 있다. 이기적 개인주의는 이미 폐해를 드러냈다. 그러나 이상주의적 개인주의는 그것과는 전혀 별개로, 이기적 개인주의와 대립하고 그것을 극복하기 위해 탄생한 것이다.[8]

이기적 개인이란 사유재산 제도나 자유방임 정책으로 상징되는 경제적 자유주의가 전제로 하는 인간관이다. 이기적 개인주의는 궁극적인 가치를 물질에 두고 개인이 그것을 획득하는 것을 내용으로 한다. 그러나 물질의 수량은 유한하기에 이기적 개인주의가 지배하는 곳은 언제나 물질 쟁탈의 아수라장이 벌어지게 마련이다. 경제적 자유주의나 소유적 개인주의에 대한 가와이의 이해는 이러한 것이었다. 이상주의적 개인주의는 개인의 이익만을 관심사로 여기는 이기적 개인주의와 첨예하게 대립했다.

이상주의적 개인주의는 "국민이라는 공동사회가 우리의 인격 성장에 필수적 조건"임을 자각하고 "단지 자기 개인에만 관심을 두지 않고 동포에 관심"[9]을 둘 것을 요구했다. "동포를 무시하고 개인의 성장은 있을 수 없으며, 개인의 성장이 있을 때 동포에 관한 관심은 고양되고 심화한다."[10] 이 말에 보이는 것처럼 이상주의적 개인주의에서 개인의

---

8) 河合榮治郎, 「國家主義の批判」, 169쪽.
9) 河合榮治郎, 「國家主義の批判」, 169쪽.

성장과 동포에 관한 관심은 불가분의 관계에 있었다. 여기서 가와이가 사용하는 공동사회나 동포라는 개념은 선뜻 이해하기 어려운 점이 있지만, 후일 그는 법정 진술에서 자신의 다원적多元的 국가관을 설명하여 이렇게 말했다.

> 나는 종래 전통적인 국가관에서 국가라는 말 안에 막연하게 혼동된 채로 있던 두 가지 측면을 분리하여, 외국과 구별되는 의미의 그것을 국민 또는 조국이라 부르고, 개인과 대립하는 경우의 국가를 부분사회로서의 국가라고 명명했다. 또 명령과 강제가 작동하는 경우의 국가를 부분사회로서의 국가라고 하고, 그것이 작동되지 않는 사회를 전체사회로서의 국민 또는 조국이라는 이름으로 불렀습니다.[11]

전체사회로서의 국민·조국은 언어, 풍속, 습관, 감정, 문화, 역사를 공유하고 "동포애로 맺어진 인간 집단,"[12] 즉 민족공동체를 말했다. 가와이는 이 전체사회로서의 조국을 "목적"으로 하고 강제 기구로서의 국가를 "수단"으로 간주했다. 이상주의적 개인주의가 강조하는 동포애는 민족공동체로서의 조국에 대한 사랑을 의미했다. 개인의 성장에 가치를 두면서도 조국이나 동포를 망각하지 않을 뿐 아니라 "오히려 반대로 단체를 위해 자기를 희생할 것을 장려"하는 것이 이상주의적 개인주의로, 이런 점에서 "전체를 위해 진력하는 일과 인격주의는 결코 모순되지"[13] 않았다.

---

10) 河合榮治郎,「國家主義の批判」, 170쪽.
11) 社會思想硏究會 편,『自由に死す : 河合榮治郎法廷鬪爭記』, 中央公論社, 1949, 31쪽.
12) 社會思想硏究會 편,『自由に死す : 河合榮治郎法廷鬪爭記』, 23쪽.
13) 이상, 社會思想硏究會 편,『自由に死す : 河合榮治郎法廷鬪爭記』, 24쪽.

이상주의적 개인주의가 전제하는 인간관은 전체사회적 존재로서의 개인, 바꿔 말하면 민족공동체의 일원으로서의 개인이었다. 가와이가 전체사회와 개인의 유기적 관계를 강조하며 개인에게 "위기에 즈음해서 조국의 희생"이 될 "의용봉공義勇奉公의 마음가짐"14)을 가질 것을 요구하는 이유는 민족공동체와 개인을 불가분의 관계로 인식했기 때문이다. 그러나 개인을 처음부터 사회적 존재로 사고하는 한, 개인의 자유가 하나의 독자적인 가치로서 성립하는 일은 불가능했다. 왜냐하면 이상주의적 개인주의에서 귀결되는 자유는 어디까지나 사회 또는 조국 내의 자유일 뿐, 전前 국가적 또는 전 사회적 자유가 아니기 때문이다. 가와이가 자유를 주로 역사적 관점에서 파악하여 경제적 자유주의나 소유적 개인주의를 시대착오적인 극복의 대상으로만 인식하는 이유는 그가 개인과 자유를 사회 내적 존재 또는 가치로 여겼기 때문이다. 자유주의의 몰락에 경종을 울리며 일본의 자유주의를 국가주의의 예속에서 해방하고자 했던 가와이에게도 자유는 공동체를 넘어 존재하는 가치가 될 수 없었다.

다이쇼 데모크라시 시기의 국가와 자유

근대 일본 사상사에서 개인이나 자유가 하나의 자기 완결적인 가치로 성립하는 경우는 매우 드물었다. 개인의 자유는 국가와의 상관관계 속에서 그 허용 범위가 결정되는 이차적 가치에 머무르는 것이 일반적이었다. 사실 전체사회와 부분사회를 구분하여 동포에 대한 개인의 희생과 봉사를 강조하는 가와이의 주장도, 이전부터 전자를 조국·민족,

---

14) 社會思想研究會 편, 『自由に死す : 河合榮治郞法廷鬪爭記』, 104쪽.

후자를 정부·번벌藩閥 등으로 구분해 불러온 점을 생각하면 그리 새로운 생각이라고는 보기 힘들었다. 근대 일본에서 개인과 자유는 처음부터 부분사회를 넘어 전체사회를 위해 존재하는 가치였다.

이러한 사고에서는 국가를 개인의 수단으로 생각하거나, 자유를 위해 국가를 구속하는 등의 생각이 나올 수 없었다. 가와이의 예에서 보았듯이 오히려 거꾸로 개인의 희생과 봉사가 강조되었다. 이는 보수주의자와 자유주의자 모두에게서 보이는 현상이었는데, 특히 사회정책이나 정치 제도의 도입과 운용에서 그러한 경향이 두드러졌다. 마르크스주의 경제학자 가와카미 하지메河上肇(1879~1946)는 권리가 의무의 문맥에서 이야기되는 사유 구조를 "일본 독특의 국가주의"라고 불렀다. 그는 1911년의 한 논설에서 일본의 사회정책과 입헌정치의 미래에 대해 비관적인 견해를 내놓았다.

우리나라에서는 아직 사회정책이 실행되고 있다고 할 수 없다. 왜냐하면 예를 들어 공장법 제정에서도 우리나라의 경우 그 취지가 노동자의 인격을 존중하고 노동자 계급의 계급적 이익을 증진하는 데 본래 목적이 있는 것이 아니라, 어디까지나 그들을 국가 산업상의 도구로 여겨, 단지 그 도구의 정신 및 육체의 건전한 발달이 국가 산업의 건전한 발달을 위해 필요하다고 생각하기 때문일 뿐이다. 이러한 것은 생산정책으로, 근세에서 말하는 사회정책이라고 전혀 할 수 없다. (중략) 개인주의에서 출발하든, 국가주의에서 출발하든 그것이 도달하는 결과는 형식에서 때때로 일치한다. 즉 형식에서 보면 일본에서도 이미 막부幕府 말기부터 훌륭한 사회주의와 사회정책이 존재했다고 할 수 있고, 또 정치 방면에서도 유신 이래 의회 개설과 입헌정치 수립이 있었지만, 근본정신에서 보면 일본에서는 아직 사회주의, 사회정책, 입헌정치, 정당정치가 존재하지 않는다. 아니 사회주의, 사회정책, 입헌정치, 정당정치는 도저히 일본에서 존재할 수 없다고 해도 과언이 아닐 것이다.[15]

이미 일본 근대사에서 국가와 자유의 문제를 생각할 때 간과할 수 없는 작품으로 평가받는 가와카미의 논설을 여기에 다시 소개하는 이유는 사회정책이나 입헌정치에 대한 그의 비관적인 전망이 다이쇼 데모크라시 운동이 갖고 있던 한 문제의 핵심에 관해 언급하고 있기 때문이다.

요시노 사쿠조吉野作造(1878~1933)와 미노베 다쓰키치美濃部達吉(1873~1948)가 남자 보통선거(이하, 보통선거라고 한다)와 의회 중심주의를 주장한 사실은 널리 알려져 있다. 그런데 이들이 보통선거를 구상할 때 입각하는 선거권 이론을 보면 참정권을 자연권에서 설명하는 방식을 취하지 않았다. 오히려 그러한 생각에 극구 반대하였다. 요시노의 경우를 예로 들면, 선거권을 천부인권론으로 설명하는 시대도 있었으나 그 뒤 정치학 이론이 크게 바뀌어 "지금은 천부인권론이 잘못된 것임이 밝혀졌기 때문에 앞으로는 이를 버리고 다른 합리적 근거를 찾아야 한다"[16]는 것이 그의 생각이었다.

요시노에게 선거권이란 "국가경영에 관한 적극적인 책임을 다하기" 위한 "권리"이자 "국가가 스스로 운명을 결정하는 데 있어서 그 의사결정에 참여하는 고유의 권리"[17]를 말했다. 이러한 발언을 이해하기 위해서는 그의 주권론을 이해할 필요가 있다. 그것은 간단히 말해서,

---

15) 河上肇,「日本獨特の國家主義」『中央公論』1911년 3월/『河上肇全集 第6卷』, 岩波書店, 1982, 128~129쪽.
16) 吉野作造,『普通選擧論』, 萬朶書房, 1919, 18쪽.
17) 吉野作造,『普通選擧論』, 25쪽.

자신의 의지와 권한을 갖는 인격체로서의 국가에 최고 권위를 인정하는 내용이었다. 이는 일종의 국가주권설이라고 할 수 있는데, 요시노가 말하는 선거권은 그것이 권리인지 책임인지, 또 국가의 운명을 결정하는 주체가 국가인지 국민인지 불분명하다. 그는 국가의 의지를 결정하는 주체로 국가를 상정한 것처럼 보이는데, 그렇다면 과연 그러한 인격적 국가가 실재할 수 있는지도 이해하기 어렵다.

그래도 요시노의 선거권은 사사키 소이치佐々木惣一(1878~1965)의 그것과 비교하면 권리에 가까운 편이었다. 사사키가 생각하는 선거권과 국민의 관계는 다음과 같았다. "국민이 선거를 요구한다고 해서 단지 그 이유만으로 국민에게 선거권을 부여할 수는 없다. 이를 요구하는 사람에게 선거권을 부여하는 이유는 국가의 이익이 되기 때문이다."[18] 이 같은 선거권 이론에서 국가주의적 보통선거론이 탄생하는 것은 당연한 일이었다. 미노베에게 보통선거란 "우리 국체國體의 기초를 강고히 하여 만일의 동요를 막는"[19] 수단으로서 의미를 지니는 것이었다. 다이쇼 데모크라시 운동을 이끈 대표적 이론가의 한 명이었던 오야마 이쿠오大山郁夫(1880~1955)도 보통선거를 "어디까지나 국가의 윤리적 기초를 견고히 하여 국가적 통합을 확실하게 함으로써 국제 정국의 경쟁 무대에 호응하는"[20] 방법으로 이해하고 있었다.

다이쇼 데모크라시 운동이 주창한 정치적 자유는 그 자체로서는 목적이 될 수 없는 수단적인 가치에 머물렀다. 자유는 국가에서 태어나 국가에 종속된 채 결국 국가로 수렴되어 갔다. 가와카미가 말하는 '국가주의에서 출발'하는 가치였다. 만약 다이쇼 데모크라시 시기 민본

18) 佐々木惣一, 『普通選擧』, 岩波書店, 1920, 15쪽.
19) 美濃部達吉, 『時事憲法問題批判』, 法制時報社, 1921, 346쪽.
20) 大山郁夫, 「政治的機會均等主義」 『新小說』 1916년 3월/ 『大山郁夫著作集 第1卷』, 岩波書店, 1987, 131쪽.

주의자들의 이러한 점을 동시대의 보수층을 설득하기 위한 정치적 수사 또는 전략이라고 평가한다면 그것은 그들에 대해 지나치게 호의적인 견해라고 해야 할 것이다.[21]

국가주의적 보통선거도 보통선거임에는 틀림이 없다. '근본정신'은 반대라도 '형식'에서는 '일치'하기 때문이다. 그러나 가와카미의 기준에 따르면 그것은 보통선거라고 할 수 없었다.

이 책의 과제와 구성

미야자와 도시요시宮澤俊義(1899~1976)는 근대 일본에서 자유를 하나의 자기 완결적인 가치로 생각한 흔치 않은 사상가였다. 1934년부터 미노베를 이어서 도쿄제국대학 헌법 제1강좌를 담당하게 되는 미야자와는 1920년대의 '방법론의 시대'하에서 학문체계를 완성하고 1930년대에 들어 적극적으로 언론 활동을 개시했다. 비상시非常時와 전쟁으로 상징되는 1930년대에는 가와이가 말하는 메이지 시대의 국가적 위기에 비견될 만한 상황이 전개되고 있었다. 이러한 시대적 배경은 자유라는 가치를 관철하기에 결코 유리한 조건이 아니었지만, 미야자와는 자유주의를 축으로 법과 정치를 논했다.

이 책의 과제는 미야자와의 자유주의 헌법학을 다이쇼 데모크라시 정치사상[22]의 비판으로 읽어가는 것이다. 이를 위해 먼저 책의 전반부

---

21) 지금까지 다이쇼 데모크라시에 대한 평가는 대부분 이러한 입장에서 이루어 졌다. 대표적인 업적을 들면 家永三郎, 『美濃部達吉の思想史的研究』, 岩波書店, 1964 ; 家永三郎, 『日本近代憲法思想史研究』, 岩波書店, 1967 ; 松尾尊兌, 『大正デモクラシー』, 岩波書店, 1974 ; 松尾尊兌, 『普通選擧制度成立史の研究』, 岩波書店, 1989 ; 松尾尊兌, 『大正デモクラシー期の政治と社會』, みすず書房, 2014 ; 坂野潤治, 『近代日本の國家構想 1871-1936』, 岩波書店, 1996 등이 있다.

에서 1910년대 다이쇼 데모크라시 정치사상의 내용과 구조를 전체적으로 조망해 본 뒤, 1920년대 이후부터는 미야자와의 사상 궤적을 주된 길잡이로 삼아 다이쇼 데모크라시 정치사상의 역사적 전개를 자유주의의 관점에서 살펴볼 것이다.

이 책이 갖는 특징은 의회정치를 둘러싼 여러 논의를 1910년대와 그 이후를 나누어 고찰하고 비교한 점이다. 의회 중심주의는 다이쇼 데모크라시 운동이 추구한 중심적인 정치 목표였다. 의회제는 근대입헌주의를 실현하기 위한 정치 방식이다. 여기에 국가주의적 정신이 가미되었을 때 데모크라시는 어떤 모습으로 다시 태어나는가? 민본주의자들이 의회정치에서 궁극적으로 기대한 것은 무엇인가? 그 의회는 무엇을 할 수 있고, 무엇을 할 수 없는가? 이는 국가주의적 데모크라시 운동이 근대입헌주의의 역사에서 어떤 부분을 수용하고 어떤 부분을 배제했는가의 문제이다. 비슷하지만 서로 다른 의회제 민주주의관의 문제이다. 다이쇼 데모크라시 정치사상을 형식의 일치와 정신의 차이에 주목하면서 사상사적으로 재조명하는 작업은, 지금까지 다이쇼 데모크라시 연구가 주로 정당정치의 수립까지를 대상으로 삼고 그 뒤의 와해 과정은 정당의 부패나 외압의 결과로 설명해 온 데 대해 문제를 제기하고, 사상 내부에서 좌절의 원인을 찾아냄으로써 다이쇼 데모크라시 운동을 전체적으로 조망해 볼 수 있을 것이다.

비상시로서의 1930년대는 정치·사회사뿐 아니라 사상사의 관점에서도 커다란 분기점이었다. 1910년대의 의회 중심주의가 '세계의 대세'

---

22) 여기서 다이쇼 데모크라시 정치사상이란 1910년대를 중심으로 발표된 데모크라시론, 구체적으로 미노베 다쓰키치, 요시노 사쿠조, 오야마 이쿠오 등의 정치사상을 총칭하는 말이다. 이 책에서는 다이쇼 데모크라시적 지知라는 말도 같은 의미로 사용한다. 그들의 사상은 국가관, 법사상, 입헌주의론 등에서 많은 공통점을 갖고 있었는데, 상세한 내용은 제1장에서 언급한다.

와 조화로운 관계였던 데 비해 1930년대의 세계적 차원의 행정부 강화 현상은 의회 중심주의와 정면으로 대치했다. 정치의 통일성과 행정의 효율성을 추구하는 관점에서 보면 정치의 다원성을 전제로 하는 의회 정치는 더 이상 비상시 정치와 통제경제를 담당하는 적격자가 아니었다. 의회 중심주의와 데모크라시 운동이 밀월관계에 있었던 1910년대와 비교하면 1930년대 이후 의회제를 둘러싼 객관적인 상황은 전혀 달랐다. 그리고 이때처럼 정신의 차이에서 비롯하는 국가주의적 데모크라시 사상의 문제점이 드러난 시기도 없었다. 일본의 의회주의자들은 과연 '위기의 의회제'를 지키려 했는가? 아니면 기능 부전에 빠진 의회를 버리고 강력한 행정부의 정치지도로 비상시 상황을 타개하려 했는가?

사태 속에서 미야자와는 민주주의 가치가 선행하기 일쑤였던 다이쇼 데모크라시 정치사상을 상대화하며 자유주의적 입헌주의를 구상했다. 민주주의를 개인의 자유를 보장하기 위한 국가·정치 형식으로 이해한 미야자와는 자유주의와 민주주의를 목적과 수단의 관계로 파악했다. 이러한 점은 개인의 자유에 대해 원리적인 거부감을 드러냈던 다이쇼 데모크라시 정치사상과 큰 대조를 이룬다. 또 이 시기 미야자와는 독일 공법학계의 정치화가 가져온 형이상학적 국민 대표 개념의 부활에 대한 이데올로기 비판을 감행했다. 그 과정에서 탄생한 대중민주정 大衆民主政은 의회를 국민 의사에 종속시킴으로써 실질적인 국민주권을 추구하는 내용이었다. 비상시하의 미야자와는 당대에 발표된 정치개혁안의 이데올로기적 성격을 자유주의의 입장에서 과감하게 비판한 논쟁가였다.

다이쇼 데모크라시 정치사상은 1930년대에 들어 두 가지 데모크라시로 분화되어 갔다. 그 정통적 계승자들이 적극적으로 상황에 개입하며 의회 중심주의에서 멀어져 간 데 비해 미야자와는 의회정치를 더욱 민주화하는 방향을 제시했다. 두 진영은 상황에 대해 저마다 다른 태도를 보였고, 서로 다른 제안을 내놓았다. 이 두 가지 데모크라시 사상의 기원과 계보를 밝히는 작업은 다이쇼 데모크라시 정치사상의 역사적 전개와 귀결을 통해 다이쇼 데모크라시 운동을 거꾸로 되돌아보려는 시도이기도 하다.

각 장의 내용은 다음과 같다.

제1장에서는 미노베 다쓰키치, 요시노 사쿠조, 오야마 이쿠오 등의 국가관, 법사상, 데모크라시론 등을 검토하여 1910년대 다이쇼 데모크라시 정치사상의 내용과 구조를 밝힌다. 다이쇼 데모크라시 운동을 견인한 사상가들은 유기체 국가관을 공유하고 있었다. 그것은 민족공동체를 의미하는 '사회'를 원형으로 하는 것이었다. 유기체 국가관은 사회법을 중시하는 법사상이나 주권론의 구조와도 연동했다. 데모크라시 정치의 정당성은 통치 기구로서의 국가에 대한 민족공동체의 가치적 우위에서 비롯했다. 민족 사회에 최고의 가치를 두는 그들의 사상은 결과적으로 국가적 가치의 우위와 자유주의적·개인주의적 가치에 대한 경시 또는 적대를 낳았다.

제2장에서는 미야자와의 헌법학이 완성되기까지의 사상 상황과 그가 구상한 자유주의적 입헌주의에 대해 살펴본다. 사회과학의 방법론을 둘러싸고 다양한 모색이 이루어졌던 1920년대는 다이쇼 데모크라시적 지의 존재 형태가 지각변동을 일으킨 사상적 격변기였다. 방법론의 시대를 거치면서 학문체계를 형성한 미야자와는 신칸트주의가 제언하는 존재와 당위의 구별을 수용하여 '법 과학'과 '법 해석'을 구분하는 학설이원론學說二元論의 입장을 구축했다. 법 사회 이전의 '완전한 자유'

를 의미하는 개인권個人權은 존재의 법을 관찰하는 법 과학의 산물이었다. 국가 이전의, 국가 이상의 개인권에 가치를 두는 미야자와의 자유주의는 민주주의 가치의 선행과 독주가 현저했던 다이쇼 데모크라시 정치사상에 비해 자유주의 경향을 강하게 띠었다.

제3장에서는 의회제의 위기에 관한 미야자와의 입장과 제언을 살펴본다. 1930년대의 의회정치는 바이마르 체제의 붕괴나 소비에트와 같은 새로운 회의체의 등장으로 말미암아 커다란 위기에 처해 있었다. 특히 독일 공법학계의 정치화가 가져온 형이상학적 국민 대표 개념의 부활은 독재정치를 민주적으로 분장하여 의회정치의 공동화를 추동했다. 그 연장선에서 로야마 마사미치蠟山政道(1895~1980)의 의회정치 상대화와 야베 데이지矢部貞治(1902~1967)[23]에 의한 국민 대표 이론의 추상화가 추진되었다. 이에 반해 미야자와는 한스 켈젠Hans Kelsen(1881~1973)에 의거하면서 대표 개념에 대한 철저한 이데올로기 비판을 통해 의회정치를 옹호했다.

제4장에서는 비상시 상황의 진전과 자유주의 인식의 변화에 관해 서술한다. 대중민주정은 다이쇼 데모크라시 정치사상을 비판적으로 계승하여 의회정치를 더욱 민주화하려는 시도였다. 그러나 미야자와의 구상은 비상시 상황의 전개와 국가의 전쟁으로 현실적 기반을 잃게 된다. 특히 천황기관설天皇機關說 사건은 그때까지 전투적으로 민주정을 옹호해 온 미야자와가 언론 활동에서 후퇴하는 결정적인 계기가 되었다. 이후 미야자와의 자유주의는 크게 변용하여 예전과 같은 비판 정신을 상실했다. 그렇다고 그것이 곧 미야자와의 '전향'을 의미하지는 않는다. 대정익찬회大政翼贊會를 논하는 미야자와의 발언을 보면 여전히 정치의 다원성에 대한 집착을 엿볼 수 있다.

---

23) 야베의 이름은 사다지로도 읽는데 이 책에서는 데이지로 통일한다.

제 1 장

다이쇼 데모크라시 정치사상

大日本帝國憲法

　第一章　天皇

第一條　大日本帝國ハ萬世一系ノ天皇之
　ヲ統治ス

第二條　皇位ハ皇室典範ノ定ムル所ニ依
　リ皇男子孫之ヲ繼承ス

第三條　天皇ハ神聖ニシテ侵スヘカラス

第四條　天皇ハ國ノ元首ニシテ統治權ヲ
　總攬シ此ノ憲法ノ條規ニ依リ之ヲ行フ

第五條　天皇ハ帝國議會ノ協贊ヲ以テ立
　法權ヲ行フ

第六條　天皇ハ法律ヲ裁可シ其ノ公布及
　執行ヲ命ス

第七條　天皇ハ帝國議會ヲ召集シ其ノ開
　會閉會停會及衆議院ノ解散ヲ命ス

第八條　天皇ハ公共ノ安全ヲ保持シ又ハ
　其ノ災厄ヲ避クル為緊急ノ必要ニ由リ
　帝國議會閉會ノ塲合ニ於テ法律ニ代ル
　ヘキ勅令ヲ發ス
　此ノ勅令ハ次ノ會期ニ於テ帝國議會ニ
　提出スヘシ若議會ニ於テ承諾セサルト
　キハ政府ハ將來ニ向テ其ノ効力ヲ失フ
　コトヲ公布スヘシ

第九條　天皇ハ法律ヲ執行スル為ニ又ハ
　公共ノ安寧秩序ヲ保持シ及臣民ノ幸福
　ヲ增進スル為ニ必要ナル命令ヲ發シ又
　ハ發セシム但シ命令ヲ以テ法律ヲ變更
　スルコトヲ得ス

제1절 유기체 국가관

미노베 헌법학의 기본적인 틀이 완성된 『일본국법학日本國法學』을 시작하면서 미노베 다쓰키치는 자신의 저작이 "특히 옐리네크 교수에 의거한 바 크다"라고 전제하며 "교수의 대저 『일반국가학一般國家學』을 비롯하여 그 외 다수의 저서는 평소 내가 가장 경복敬服해 마지않는 것"[1]이라고 밝혔다. 게오르크 옐리네크Georg Jellinek (1851~1911)의 『일반국가학』[2]을 "공전의 일대 양저良著"로 평가하는 미노베

미노베 다쓰키치美濃部達吉(1873~1948)

는, "이 책은 의심할 여지 없이 지금까지 간행된 같은 종류의 저서 중 가장 완전한 것으로, 19세기 중엽 이후 특히 독일에서 발달한 일반국가학 이론은 이 책으로써 비로소 대성"[3]되었다고 격찬했다. 국가법인

---

1) 美濃部達吉,「日本國法學第一卷上冊の初に」『日本國法學』, 有斐閣, 1907, 5쪽.
2) Georg Jellinek, *Allgemeine Staatslehre*, Berlin, 1900.
3) 美濃部達吉,「日本國法學第一卷上冊の初に」, 1~2쪽.

설, 군주기관설, 국가주권설 등을 통한 이론적 접점, 그리고 미노베의
의회 중심주의에 이론적 근거를 제공한 '사실의 규범력規範力' 및 '헌법변
천론憲法變遷論'은 그 학설이 처한 역사적 문맥이나 정치적 입장의 차이를
넘어 미노베 헌법학에 계승되었다.

그러나 『일반국가학』에 대한 공감에도 불구하고 미노베는 반드시
옐리네크 이론의 충실한 계승자라고 할 수 없는 면을 갖고 있었다. 그는
독일 헌법학계에 보이는 "소위 법학적 연구 방법", 다시 말해 독일
국법학의 기저에 흐르는 법실증주의 전통을 다음과 같이 비판했다.

> 이론의 힘에 기대어 일반 관념을 구성하고 그 관념에서 결과를
> 추론하는 일은 단지 법을 설명하는 보조수단으로서만 이용해야 한다.
> 헌법학은 모든 법학과 마찬가지로 법을 설명하는 것을 임무로 한다.
> 그 임무를 다하기 위해 논리적으로 관념을 구성하여 각 법규를 그러한
> 일반 관념하에 귀속시키는 것은 당연한 일이지만, 그것은 헌법학의
> 임무 중 하나에 지나지 않는 것으로, 그 전부가 아닐뿐더러 중요한
> 임무도 아니다. 그것보다 더욱 중요한 임무는 무엇이 법인지를 발견하
> 는 것이다. 이 임무를 달성하기 위해서는 독일 헌법학자가 취하는
> 소위 법학적 연구 방법은 (중략) 매우 불만족스러운 것으로, 헌법의
> 본래 모습을 매우 가로막는 감이 있다.[4]

미노베가 "정당한 경로에서 이탈하여 진정한 의의의 법학적 방법으
로서 핵심을 잃어버린 것"[5]이라고까지 비판하는 법학적 연구 방법의
문제점은 무엇인가? 그것은 "헌법을 입법자의 의지로 사고하고, 입법

---

4) 美濃部達吉, 『日本憲法』, 有斐閣, 1921, 538쪽.
5) 美濃部達吉, 『日本憲法』, 536쪽.

자의 의지에 의한 헌법을 결함이 없는 것으로 여겨, 가령 성문법의 규정 속에 빠진 데가 있더라도 일반 관념에서 이론적으로 추급함으로써 이를 발견할 수 있다"[6]고 생각하는 법실증주의의 실정법 본위 사상이었다. 이 점을 "법의 본질을 그르치고 법학의 임무를 편협하게 만드는 것으로 도저히 수긍할 수 없다"고 생각한 미노베는 독일 법학계의 영향하에 있는 "일본 헌법학의 주된 결함도 여기에 있다"[7]고 비판했다.

법실증주의에 대한 미노베의 위화감은 주로 법사상의 차이에서 유래하는 것이었다. "국가의 의지는 법의 유일한 연원淵源이 아니"[8]라고 확신하는 미노베에게 "강제는 단지 법을 담보하는 한 수단"[9]에 지나지 않는 것으로, 오히려 "국민 일반의 도덕심과 준법정신, 그리고 법을 어김으로써 감수해야 하는 사회적 배척 등과 같은 사회적인 힘"[10]이야말로 법의 본질적 요소였다. 이런 점에서 볼 때 실정법의 우위를 자명한 전제로 하는 "소위 문리文理 해석이나 논리 해석"은 "어느 쪽도 단지 어떻게 하면 제정법의 명문을 적당하게 해석할 수 있는가의 문제에 지나지 않는"[11] 것이었다. 따라서 그것은 헌법학의 임무 중 하나이지만 전부가 될 수 없었다.

미노베가 생각하는 법의 중요한 연원은 '사회심의心意' 또는 '사회의식'이었다.

사회의식이란 사회 각 구성원이 모두 같은 의식을 갖는 것을 의미하지 않는다. 또 다수결이나 그 외 방법으로 사회 구성원의 의사를

---

6) 美濃部達吉, 『日本憲法』, 538~539쪽.
7) 美濃部達吉, 『日本憲法』, 537~538쪽.
8) 美濃部達吉, 『日本國法學』, 168쪽.
9) 美濃部達吉, 『日本國法學』, 163쪽.
10) 美濃部達吉, 『日本國法學』, 166쪽.
11) 美濃部達吉, 『日本國法學』, 170쪽.

기계적으로 집합한 것도 아니다. 사회 구성원은 한없이 다양한 관계로써 서로 연결되어 있다. 이지理智, 감정, 의욕 등 모든 심리작용은 환경에 의해 지배받고 언제나 사회적인 힘의 영향 아래에 있다. 사회 일반인의 심리를 지배하는 사회력社會力을 사회심의라고 한다. 법은 이 사회적인 힘을 바탕으로 존재하는 것으로, 만약 이 사회력이 결함이 있거나 박약하면 설사 입법권자가 제정한 법일지라도 처음부터 법으로서의 힘을 가질 수 없거나 얼마 가지 않아 법으로서의 힘을 상실하게 될 것이다.[12]

미노베는 실정법의 효력 여하를 좌우하는 사회심의의 형성을 사회 구성원의 "복종 의식", "습관성", 그리고 "정의 감정 및 정의 사상"[13]에서 찾았다. 그 가운데서도 법의 본질적 요소로서 가장 중요한 것은 "정의 관념"이었는데, 그것은 "각 시대의 문화적 산물"로서 "시대에 따라 변천 발달"하면서 "설사 그 자체의 힘만으로는 법을 창설하지 못해도 적어도 법의 힘을 확실하게 하고 그 근저를 강력하게 하여 법을 유지하는 요소"[14]로서 작용했다.

이 사회적 정의 관념, 즉 "조리條理"의 힘에 근거하는 법이 미노베가 말하는 "이법理法"이었다. 이법은 "사물의 자연적 필요"나 "도리道理상, 시세時勢상 그렇게 존재해야만 하는 법칙"과 같은 것으로, 그것을 "자연법"이라고 부르든지 "이성법"이라고 부르든지 "단지 명칭의 문제"에 지나지 않고, "법은 이 자연의 대원칙을 좌지우지하는 힘을 갖는 것이 아니"[15]었다. 미노베는 실정법과 관습법을 변경하는 힘을 가진 이법의

---

12) 美濃部達吉, 『憲法撮要』, 有斐閣, 1923, 5쪽.
13) 美濃部達吉, 『日本憲法』, 22~25쪽.
14) 美濃部達吉, 『日本憲法』, 26쪽.
15) 美濃部達吉, 「エリネック'氏憲法變化論」『憲法及憲法史研究』, 有斐閣, 1908, 698쪽.

존재를 밝혀내는 일이야말로 법학자의 사명이라고 생각했다. 그는
법학의 임무에 관해 다음과 같이 말했다.

> 법학의 가장 중요한 임무는 무엇이 법인지를 찾아내는 데 있다.
> 법은 사회심의에서 지켜야 하는 규율로서 인식되는 것이다. 존재 근거
> 가 사회의식이기 때문에 법의 발견은 결국 사회의식의 발견과 다름이
> 없다. 그런데 사회의식은 반드시 명백하게 드러나 있는 것이 아니기에
> 이를 천명하여 무엇이 사회의식의 인정하는 바인지를 정확하게 발견하
> 는 일이 법학의 중요한 목적 중 하나가 되지 않으면 안 된다.[16]

실정법에 뒤지지 않는, 오히려 그것보다 더욱 중요한 법원法源으로서
"사회사실"과 "사회정의"가 존재하기 때문에 "사실과 정의를 무시하고
단순히 조문에 기대어서만 법을 발견하는 일은 가장 지양해야 할 법학
의 사도邪道"[17]였다. "헌법학의 연구 방법이 법학적이어야 할 필요가
있는 것은 당연하지만, 이 경우 소위 법학적이란 결코 성문법을 유일한
근거로 하여 관념을 구성하는"[18] 작업을 의미하지 않았다. 헌법학의
임무는 법학의 '보조수단'에 지나지 않는 관념 구성으로 완결되는 것이
아니라 '시세'와 함께 변천하는 '이법'의 내용을 발견하는 일이었다.
 미노베의 헌법학이 지향한 것은 단지 국가라는 실정법 질서를 법학
적으로 설명하는 일이 아니었다. "성문 헌법 외에 각종 법령과 정부
및 의회에 의한 운용에 따라 끊임없이 변천"하는 "현실의 헌법"[19]을
발견하여, 이 현실의 헌법에 숨어있는 사회적 정의 관념과 이법의

---

16) 美濃部達吉, 『日本憲法』, 61~62쪽.
17) 美濃部達吉, 『日本憲法』, 69쪽.
18) 美濃部達吉, 『日本憲法』, 543쪽.
19) 美濃部達吉, 『日本憲法』, 543쪽.

구체적인 내용을 밝혀내는 것이 헌법학의 가장 중요한 임무였다.[20]

법실증주의에 대한 미노베의 부정적인 태도는 카를 게르버Carl Gerber (1823~1891), 파울 라반트Paul Laband(1838~1918), 옐리네크를 거쳐 한스 켈젠Hans Kelsen의 순수법학純粹法學으로 결실하는 독일 공법학의 법실증주의 전통과 명백하게 대립하고 있었다.[21] 실제로 그는 "옐리네크가 국가권력에 지나치게 중심을 두어 이법이 국가를 구속하는 사실을 충분히 승인하지 않는 점은 매우 유감스러운 일"[22]이라고 옐리네크의 실정법 중시 태도를 비판했다. 이러한 미노베가 켈젠의 순수법학을 "학문적으로 가치가 없는 개념 유희"[23]라고 평하며 일축한 것은 당연했는데, 이에 관해서는 나중에 상세히 언급하기로 한다.

미노베가 옐리네크로부터 받아들인 것은 '법실증주의의 계승자'로서가 아니라 국가의 '사회학적' 관찰을 통한 법실증주의 극복의 가능성이었다. 이때 미노베가 비판하는 법실증주의는 실은 법률 만능주의적인 개념법학概念法學 정도의 의미였지만, 어쨌건 그의 옐리네크 수용은 이론적·인식론적이라고 할 수 없었다. 특히 "법과 도덕 사이에는 큰 차이가 없다"[24]고 생각하는 미노베의 법사상과, 실정법에 "지나치게 중심을 두는 경향이 있는"[25] 옐리네크의 사이에는 커다란 단절이 존재했다.[26] 양자 간에 보이는 극명한 차이는 국가를 바라보는 관점에서도

---

20) 미노베의 '자연법' 사상에 관해서는 長尾龍一, 『日本法思想史硏究』, 創文社, 1981 ; 上山安敏, 『憲法社會史』, 日本評論社, 1977 등을 참조.
21) 독일 공법학의 법실증주의 전통에 관해서는 栗城壽夫, 「ドイツ憲法理論史槪觀」, 小林孝輔 편, 『ドイツ公法の理論 : その今日的意義』, 一粒社, 1992 ; 栗城壽夫, 『十九世紀ドイツ憲法理論の硏究』, 信山社, 1997 참조.
22) 美濃部達吉, 『ケルゼン學說の批判』, 日本評論社, 1935, 82쪽.
23) 美濃部達吉, 『ケルゼン學說の批判』, 3쪽.
24) 美濃部達吉, 『憲法講話』(縮小版), 有斐閣, 1918, 434쪽.
25) 美濃部達吉, 「エリネック氏憲法變化論」 『憲法及憲法史硏究』, 695쪽.
26) 미노베의 헌법학을 독일 공법학의 왜소화로 평가하는 연구로 上山安敏, 『憲法

찾아볼 수 있다.

본래 자연과학상의 개념인 유기체 개념을 원용하여 개인주의적 국가 구성 원리를 초극하는 국가 학설로서 등장한 국가유기체설에 대해 옐리네크는 다음과 같은 비판을 가했다.

우리가 유기체 가설에 서서 국가를 내적 통일체로 파악할 경우, 이 통일체가 우리들의 인식과 관계없는 객관적 존재라고 주장한다면 그것은 어떠한 사정이든 상관없이 형이상학적 주장이다. (중략) 유기체 이론은 점진적인 과학의 길을 걷는 대신 때때로 거만하게도 대권 명령으로 논의를 중단시키는 것이며, 설명하는 대신 하나의 영상에 만족하는 것이다. 그렇기에 이 이론만큼 조잡하고 지나치게 주관적인 공상을 제시하는 이론은 없다.[27]

이처럼 유기체 국가관을 형이상학으로 단죄하는 옐리네크와는 달리 미노베는 평생 변함없는 친근감을 국가유기체설에 대해 표명했다.

국가법인설을 주장하는 학자들 가운데 왕왕 국가유기체설을 배척하는 사람이 적지 않지만, 이는 두 사상을 정당하게 이해하지 못한 것이거나 단지 표현의 싸움에 지나지 않는 것으로, 국가법인설과 국가유기체설은 기초적인 사상에서 하나이다.[28]

社會史』; 針生誠吉, 『熟成期天皇制論』, 三省堂, 1993; 國分典子, 「美濃部達吉の國家法人說': その日本的特殊性」 『法學研究』 66권 10호, 1993; 國分典子, 「ゲッティンゲン七教授事件と天皇機關說事件: 二つの國家法人說の比較分析」 『法學研究』 68권 2호, 1995 등이 있다.
27) イェリネック, 芦部信喜 외 역, 『一般國家學』, 學陽書房, 1976, 119~121쪽.
28) 美濃部達吉, 「國家及政體論」, 星島二郎 편, 『最近憲法論』, 太陽堂, 1913, 404쪽.

국가유기체설은 국가법인설 혹은 국가단체설國家團體說과 같은 의미로, 유기체설이야말로 국가 현상을 올바르게 설명하는 학설이었다. 국가유기체설은 국가가 "인위적인 제작물"이 아니라 "인류의 천성에 기초한 자연의 산물"임을 밝힘으로써 국가계약설이 제시하는 수단적 국가관을 극복할 수 있을 뿐 아니라, 국가가 "실재의 생명을 갖고 또 스스로 목적을 보유"하며 "단일의 의지력을 갖고 그에 따라 생명을 유지하고 목적을 수행"하는 사실을 가장 적절하게 표현하는 국가 학설이었다. "이러한 사상은 어느 것도 지극히 정당하여 비난할 이유가 없기"에 국가유기체설을 "정당한 학설"이라고 평가하는 미노베가 굳이 그것을 전면에 내걸지 않는 이유는 같은 생각을 "통치단체설統治團體說을 통해서도 완전히 표현할 수 있기"[29) 때문이었다.

게오르크 옐리네크Georg Jellinek(1851~1911)

국가유기체설과 국가법인설을 같은 것으로 간주하는 미노베의 발언은 양자 사이에 존재하는 옐리네크의 인식론적 단절을 거의 무시한 것이었다. 그럼에도 국가유기체설에 풍기는 학설사적 진부함은 피할 수 없었는지 미노베는 다음과 같이 말할 수밖에 없었다. "국가유기체설은 잘못된 것이 아니지만 국가와 자연계의 생물은 본질에서 많은 차이가 있고, 또 본래 자연과학의 관념인 유기체라는 말을 빌려서 이를 설명하는 것은 필요도 없을뿐더러 오해를 낳기 쉽다."[30)

29) 이상, 美濃部達吉, 『日本憲法』, 120~121쪽.
30) 美濃部達吉, 『憲法撮要』, 12쪽.

미노베가 생각하는 국가 성립의 기원은 인간의 사회성에 있었다. 학문적으로 거론할 가치도 없는 "신의설神意說"은 물론이고, 국가가 "혈족관계에 입각하는 것이 아니라 통치조직에 의한 결합이라는 사실"을 인식하지 않는 "가족설"이나 "근세 민주주의의 근저를 이루지만 역사적 사실로서 그러한 계약의 존재"를 인정할 수 없는 "계약설" 등은 모두 국가의 본질을 규명하지 못하는 학설이었다. 그가 유일하게 공감을 표명하는 국가 성립 이론은 "국가의 기원을 인류의 심리에 두고, 국가를 인류의 사회적 천성 또는 민족정신에 입각한 자연의 산물"이라고 파악하는 "심리설"이었다.[31] 미노베는 국가 성립과 '사회심리'의 관계를 이렇게 이야기했다.

국가 성립에는 실력이라는 요소와 심리적 요소가 모두 필요하다. 국가가 성립하기 위해서는 첫째 국민이 일정한 토지에 정주하고, 둘째 국민 사이에 통치조직이 발생하여 그 통치조직이 법으로 인식되기에 이를 필요가 있다. 통치조직의 성립에는 본래 실력이 있어야만 한다. (중략) 그렇지만 국가 성립의 근거를 실력에서만 찾아 강자가 약자를 실력으로 지배함으로써 국가가 성립한다고 보는 것은 국가를 대규모의 강도 집단으로 생각하는 것과 마찬가지이다. 국가 성립에는 단지 통치조직이 사실상 성립할 뿐만 아니라 통치조직이 사회심리에서 법으로 인식될 필요가 있는데, 그것이 법으로 인식되는 것은 국민의 심리적 요소에 기인한다. 국민 심리는 인류의 사회적 천성에 근거하는 것으로 민족적 자각, 역사적 전통, 종교적 신앙 등은 그것을 양성하고 유지하는 중요한 요소이다.[32]

---

31) 이상, 美濃部達吉, 『憲法撮要』, 11~12쪽.
32) 美濃部達吉, 『憲法撮要』, 12~13쪽.

이 같은 '사회심리'에 입각하는 국가 성립설이 '사회심의' 속에서 법의 본질을 발견하는 법사상과 연동하고 있음은 새삼 지적할 필요도 없다. 미노베가 유일하게 "국가 본질에 관한 정당한 견해"로서 인정하는 '단체설'은 국가를 "국민 간의 정신적 유대"를 바탕으로 한 "단체적 단일체"[33]로 설명하는 학설이었다. 이 단일체에 고유의 목적과 의사력意思力을 인정하여 법인격을 부여하는 것이 미노베의 국가법인설이었다.

미노베의 국가단체설·국가법인설은 비록 국가유기체설을 전면에 내걸지는 않았지만, 여전히 유기체 국가관을 원풍경으로 하고 있었다. 그는 국가를 "국민 전체의 영구적 결합체"로 평가하는 학설 중에 "국가를 유기체로 설명하는 사람도 있고 혹은 국가를 하나의 단체로 이해하는 사람도 있지만, 그 사상은 대체로 같은 것으로, (중략) 군주도 신민臣民도 일심동체가 되어 전체가 유기적 단체를 이루고 있다"고 설명하는 학설만이 "국가 본질에 관한 유일하게 정당한 견해"[34]라고 말했다. 이 경우 '활동력'과 '의사력'을 가진 국가 단체의 인격은 반드시 '기관'을 통해 발현되는데, 그는 단체와 기관의 관계를 다음과 같이 파악했다.

모든 단체는 (중략) 공동의 목적과 활동력을 갖고 있습니다만, 실제로 활동하는 자는 각 개인일 수밖에 없습니다. 단체에 속해 있는 각 개인이 단체의 공동 목적을 위해 일하고, 그 활동이 단체 자신의 활동으로 여겨지는 것으로, 그러한 단체를 위해 일하는 사람을 단체의 기관이라고 합니다. 이러한 기관은 모든 단체가 반드시 이를 겸비해야 하는 것으로 (중략) 마치 인간에게 두뇌를 비롯하여 호흡기, 소화기, 혈행기, 손발, 눈, 입 등과 같은 각종 기관이 있어 각자 일정한 직분을

---

33) 美濃部達吉, 『憲法撮要』, 15~16쪽.
34) 美濃部達吉, 『憲法講話』, 7쪽.

갖고 있고, 인간의 활동이 모두 이 기관을 통해 이루어지는 것과 마찬가지로, 모든 단체에도 반드시 단체의 기관이 있어, 그 기관이 일정한 직분을 갖고 단체를 위해 활동하고, 그 활동이 단체의 활동이 되는 것입니다.[35]

국가단체설은 국가를 단체와 기관 또는 전체와 부분의 유기적 관계를 통해 영위되는 영구적 단일체로 설명하는 학설이었다. "국가를 유기체라고 말하는 것은 결국 국가가 단체라는 말과 같은 의미"라고 생각하는 미노베에게 국가는 "인간이나 다른 유기체와 마찬가지로 생활력을 갖고 끊임없이 성장·발달하는 것으로서, 힘이 왕성할 때도 있고 노쇠할 때도" 있는 "단체적 생활체"[36]와 다름이 없는 것이었다. 이러한 비유가 단순히 계몽적 동기에서 비롯된 발언이 아닌 것은 국가유기체설이 『헌법강화憲法講話』와 같은 일반 독자를 위한 계몽서뿐만 아니라 전문가를 대상으로 하는 학술서를 통해서도 표명되었다는 사실에서 알 수 있다. 명백하게 후자의 예에 속하는 『일본국법학』에서 그는 이렇게 말했다.

국가를 유기체라고 말함으로써 나타낼 수 있는 사상은 국가를 단체라고 말함으로써 표현할 수 있는 사상과 거의 다를 바가 없다. 국가유기체설의 정당한 점은 국가단체설이 이미 완전하게 명언하고 있다.[37]

---

35) 美濃部達吉, 『憲法講話』, 10~11쪽.
36) 美濃部達吉, 『憲法講話』, 11쪽.
37) 美濃部達吉, 『日本國法學』, 19쪽.

이렇게 말하는 미노베가 당시 학계의 국가유기체설 비판에 대해 "비난이 극단에 치우치다"거나 "부당하다"[38]고 불만을 표명하는 것은 당연했다. 국가유기체설은 결코 잘못된 학설이 아니라 "국가가 인류의 기계적 집합이 아니라 전부로써 단일체를 이루어, 전부의 생존과 그 분자인 각 개인의 생존이 서로 밀접한 관계를 맺고 있는 사실"[39]을 나타내는 정당한 이론이었다. 더구나 유기체 국가관은 "사람과 세포" 또는 "사람과 사지오관四肢五官"[40] 등과 같은 비유에서 보이는 것처럼 '하나의 영상'(옐리네크)에 의해 뒷받침되어 있었던 만큼 더욱 구체적인 이미지를 갖고 있었다. 그래서 미노베는 국가가 갖는 법인격을 단순히 가상에 입각한 의제擬制라고 설명하는 학계에 대해 "그러한 설명이 매우 불만족스럽고 풀 수 없는 모순을 내포하고 있는 점은 오늘날 더 이상 의심할 여지가 없다"[41]라고 비판을 가했다.

다수의 인류가 집합하여 공동생활을 이루고 그 전체로써 조직이 있는 일체를 형성하는 일은 인류의 생활 현상에서 자연적인 사실이다. 이러한 단체가 인류 각 개인의 생존과 관계없이 전체로서의 독립적 생존을 가지는 점도 자연적 사실이다. 이 자연적 사실에 근거하여 마치 각 개인을 법률상 인격자로 인정하는 것과 마찬가지로 단체도 인격자로 인정하는 것이다. 인류를 인격자라고 하는 것이 의제가 아닌 것처럼 단체를 인격자라고 하는 것도 의제가 아니다. 자연적 인류가 실재하는 것과 마찬가지로 단체도 실재한다.[42]

---

38) 美濃部達吉, 『日本國法學』, 20쪽.
39) 美濃部達吉, 『日本國法學』, 19쪽.
40) 美濃部達吉, 『日本國法學』, 7~9쪽.
41) 美濃部達吉, 『日本國法學』, 32쪽.
42) 美濃部達吉, 『日本國法學』, 34쪽.

유기체 국가의 법인격은 법 기술적 의인화의 차원을 넘어 실체화하고 있었다. 미노베는 국가가 고유의 목적과 의지를 가진다는 사실은 "사회심리에서 일반적으로 인정되는" 바이기 때문에 개인의 의지를 인정하면서 국가의 의지를 인정하지 않는 의제 이론은 "단지 표면적인 사실을 보고 사회심리상의 인식"[43]을 고려하지 않는 잘못된 논의라고 비판했다. 그러나 여기서 말하는 국가 인격에 대한 사회심리적 승인은 그 자신도 인정하는 것처럼 "심리적 고찰의 결과로, 오감五感에 의한 외부적 인식을 통해 알 수 있는" 것이 아니었다. '외부적 인식'을 유일한 학문 척도로 삼는 것은 "자연과학과 사회과학의 근본적 차이를 인정하지 않고 자연과학의 연구 방법을 그대로 사회과학에 응용"[44]하는 방법론적 오류라는 미노베의 비판은 맹목적인 과학만능주의의 폐해를 지적하는 의미에서는 경청할 만한 발언이었다. 하지만 그렇다고 해서 그의 비판이 국가의 목적과 의사력에 대한 '심리적 고찰'의 방법론적 타당성을 설명하는 것이라고는 볼 수 없었다. 왜냐하면 국가 인격에 관한 미노베의 서술에서 "사회상의 내부적 고찰의 필연적 결과"[45] 혹은 "사회적 인식에 입각한 필연적 사상"[46] 이상의 설명을 찾아볼 수 없기 때문이다.

미노베는 국가 연구에서 주관과 객관의 문제를 이렇게 말했다.

> 국가는 자연과학상의 현상과는 달리 많은 사람의 복잡한 심리작용을 통해 만들어진 것이다. 따라서 국가의 본질을 연구하기 위해서는, 예를 들어 동물학자가 동물을 연구하거나 물리학자가 물리 실험을

---

43) 美濃部達吉, 『憲法撮要』, 21~22쪽.
44) 이상, 美濃部達吉, 『憲法撮要』, 16쪽.
45) 美濃部達吉, 『憲法撮要』, 17쪽.
46) 美濃部達吉, 『憲法撮要』, 22쪽.

하는 것처럼 객관적인 사실을 관찰하는 것만으로 해석할 수 있는 문제가 아니라, 사실을 관찰하는 외에도 그 사실에 관해 주관적으로 고찰할 필요가 있다. 그러므로 이미 주관적 고찰인 이상, 사람들의 생각 여하에 따라 의견 차이가 발생하는 일은 피할 수 없다. 문제는 오직 어떤 생각이 정당한지, 어떤 생각이 가장 완전하게 사실을 설명할 수 있는지에 달려 있다. 바꾸어 말하면 국가란 무엇인가라는 문제는 결국 국가를 어떻게 생각해야 할 것인가라는 문제와 다름이 없는 것입니다.[47]

미노베의 주장은 사회과학의 대상이 지니는 가치와 그 가치적 존재를 소여所與로서 취급하는 연구 주체의 가치를 동일시하는 논의였다. "본래 법에 관한 학문은 현실 생활의 학문이다. 법률상의 관념은 모두 현실 생활에서 우리의 신념을 기초로 한다."[48] 이렇게 생각하는 그는 사회과학에서 주관성을 '문제'로서가 아니라 오히려 불가피한 '필요'로서 받아들였다. 미노베의 과학관은 그가 생각하는 헌법학의 임무, 즉 "정의가 요구하는 바나 사회생활의 필요에 따라 그렇게 존재해야 하거나, 또는 그렇게 고쳐야 한다고 의식하게 만드는 사회적 정의 의식"[49]을 발견하는 일과 부합하는 것이었다.

정의의 발견을 목적으로 하는 미노베의 학문관은 점차 그의 헌법학을 당위를 좇는 해석법학으로 만들어 갔다. 이 점에 관해서는 후술하기로 하고, 우선 여기서는 "국민 전체로 구성된 단체적 단일체"로서의 국가가 "단체로서 의사력과 생활력을 갖는다"[50]는 미노베의 국가단체설이 '심리적 고찰' 이전에 그 자신의 당위로서 표명된 국가상이었다는

47) 美濃部達吉, 『憲法講話』, 2~3쪽.
48) 美濃部達吉, 「議會ノ國民ノ代表機關ナリ」『憲法及憲法史硏究』, 282쪽.
49) 美濃部達吉, 『日本國法學』, 174~175쪽.
50) 美濃部達吉, 『憲法撮要』, 14쪽.

사실을 확인해 두기로 한다.

미노베의 국가단체설·국가법인설은 유기체 국가관을 바탕으로 하는 것이었다. 국가유기체설과 국가법인설 사이에 존재하는 독일 국법학계의 인식론적 단절·극복 관계를 미노베는 계승·발전 관계로 받아들인 것이다. 이러한 점은 당시 미노베와 함께 일본 헌법학계의 대표적인 국가법인설 학자인 교토제국대학 교수 이치무라 미쓰에市村光惠(1875~1928)의 경우도 마찬가지였다. 국가유기체설은 "단순한 비유"에 지나지 않지만 "국가법인설에 기초를 제공한" 학설로서, 그것은 "결국 내가 이야기하는 소위 국가법인설로 귀착"[51]한다고 생각하는 이치무라는, "유기체설은 비록 비유이기는 하지만 국가의 성질을 밝히는 데 커다란 공적"이 있기에 "국가생활의 실재를 설명하는 비유로서 존재하는 한 굳이 공격할 필요가 없다"[52]고, 국가유기체설에 대한 학문적 비판의 유효성에 의문을 제기했다.[53]

유기체 국가관은 메이지 헌법의 해석에서 미노베나 이치무라와 거의 대극에 위치하는 우에스기 신키치上杉愼吉(1878~1929)에게도 찾아볼 수 있는 당시의 일반적인 국가 감각이었다. 우에스기는 천황기관설에 대해서 격렬한 거부반응을 나타냈지만, 국가유기체설에 대해서는 "비유의 과장"[54]이라는 점을 인정하면서도, 그것이 "인류에 대한 국가의

---

51) 市村光惠, 『帝國憲法論』, 有斐閣, 1915, 61쪽, 66쪽.
52) 市村光惠, 『國家及國民論』, 隆文堂, 1914, 93쪽.
53) 단 이치무라市村의 국가법인설은, 전체에 대한 부분의 의의를 강조하는 미노베와 달리, 어디까지나 전체의 우위를 주장하는 것이었다. "나는 일찍부터 전제정치를 배척해 왔다. 그렇지만 또 한편에서 그 경박스러운 민주주의도 증오한다."(市村光惠, 「序」『國民敎育憲法』, 講法會, 1915, 2쪽) 이렇게 말하는 그에게 "국가법인설이 민주주의에 기초를 두고 있다는 말은 근거 없는 비방의 논의"(市村光惠, 『國家及國民論』, 77쪽)에 지나지 않았다. 이치무라가 미노베와 함께 다이쇼 데모크라시를 견인하는 법학자가 되지 못한 이유이다.
54) 上杉愼吉, 『國家論』, 有斐閣, 1925, 99쪽.

우에스기 신키치上杉愼吉(1878~1929)

지대한 의의를 사람들의 마음에 각인
시켜 오늘날의 회의적이고 실증적인
국가관을 아연실색하게 하고 국가를
실로 구정대려九鼎大呂보다 더 중요한
존재로 만들었다"[55]고, 그 정치적 역
할을 높이 평가하고 있었다. 국가유
기체설과 천황기관설 사이의 학설적
연속성이나 국가유기체설의 형이상
학적 측면에 대한 독일 학계의 비판
등은 독일 유학 경험이 있는 우에스
기가 국가유기체설에 대해 전면적인
공감을 표명하는 데에 장애로 작용했지만, "국가의 작은 모형은 가족"
이라고 확신하는 그에게 국가는 "진정한 유기적 일체"[56]와 다름이
없었다.[57]

55) 上杉愼吉, 『國家論』, 129쪽.
56) 上杉愼吉, 『帝國憲法述義』, 有斐閣, 1914, 30쪽.
57) 이러한 심정적인 친밀감에도 불구하고 우에스기上杉는 국가유기체설에서
   파생하는 '기관'이라는 표현에 마지막까지 거부감을 보였다. 그래서 그는
   "스스로 독자의 존재"를 나타내는 기관 개념을 거부하고 주권자에 종속하는
   의미의 "관부官府"라는 표현을 사용했다.(上杉愼吉, 『帝國憲法述義』, 190~191
   쪽) 한편 우에스기도 국가단체설을 지지했는데 그것은 "사과를 과일이라고
   말하는"(上杉愼吉, 『國家論』, 123쪽) 정도의 의미에 불과했다. 근대 일본에서
   유기체 국가관이 가진 의미에 관해서는 이시다 다케시石田雄의 일련의 연구를
   참조했다. 石田雄, 『明治政治思想史硏究』, 未來社, 1954 ; 石田雄, 『日本近代思想
   史における法と政治』, 岩波書店, 1976 ; 石田雄, 『日本の政治と言葉 下 : '平和'と'國
   家』, 東京大學出版會, 1989.

제2절 사회와 국가

우에스기의 예에서 보았듯이 유기체 국가관에 대한 심정적인 친밀감은 정치적 입장이나 헌법 해석의 차이를 넘어 법학계에서 넓은 공감대를 형성하고 있었다. 정치학계도 사정은 마찬가지였다. 요시노 사쿠조 吉野作造는 국가학의 역사에서 헤겔의 유기체 국가론이 갖는 획기적 의의를 다음과 같이 평가했다.

> 그가 국가를 그 자신의 고유한 목적을 가진 일종의 유기체로서 설명한 것은 종래의 혼란을 일소하고 국가학의 앞날에 일대 광명을 비추는 일이었다. 요컨대 그가 개인주의적 기계관機械觀을 극력 배척하고 국가를 유기체로 고찰할 것을 제창한 일은 국가학의 역사에서 잊어서는 안 될 위대한 일대 공적이라고 해야 할 것이다.[1]

이렇게 이야기하는 요시노도 헤겔의 유기체 국가론이 "바람직한 국가 이상"을 말하는 것이라면 몰라도 "현대 국가 그 자체에 대한 고찰로서는 세상에 여러 다른 의견이 존재"[2]할 것이라는 점을 익히

---

1) 吉野作造, 『ヘーゲルの法律哲學の基礎』, 法理研究會出版 · 有斐閣書房發賣, 1905/ 『吉野作造選集 第1卷』, 岩波書店, 1995, 76쪽.

알고 있었다. 그렇다면 "철두철미 **사실**3)을 연구의 기초로 삼는 과학자"의 눈으로 볼 때 "하나의 공상 또는 희망"4)에 지나지 않는 헤겔의 국가론을 국가학의 역사에서 위대한 일대 공적으로 평가하는 이유는 무엇인가?

요시노가 헤겔의 유기체 국가론에서 발견한 것은 개인 본위의 국가 학설을 초극하는 가능성이었다. 국가를 개인의 절대적 자유를 지키기 위한 수단으로 자리매김하는 개인주의 국가관을 지양하고, 현대 민주주의 이론에 보이는 지나친 개인 본위 경향을 시정하는 의미에서 헤겔의 국가 학설은 커다란 분기점이 되고 있었다.

당시 국가권력의 합리적 기초에 관한 설명을 독일 국가학에서 찾고 있던 요시노는 헤겔의 법철학을 "종래 학자들 사이에서 난제로 존재해 온 **국가 강제권** 대 **개인 자유**의 문제를 해결한"5) 것으로서 받아들였다. 법을 "자기 자신이 스스로에 가하는 구속"으로 의미 전환함으로써 "진실한 자아의 발현"으로서의 국가는 개인 자유에 대한 단순한 외부적 강제력에서 벗어나 "진정한 자유가 실현되는 곳" 내지 "개인의 본성이 완성되는 곳"6)으로 전화했다. 그와 동시에 국가와 개인의 관계도 더 이상 개인주의 국가관이 전제하는 이항 대립적인 관계가 아니라 유기적 결합 관계로 재해석되었다.

젊은 날의 요시노는 헤겔의 법철학·국가철학에 의해 종래 국가연구자에게 난제로 존재해 오던 **"인류의 윤리 생활의 이상과 국가생활의 이상 간의 진정한 관계"**7)가 비로소 구축될 수 있다고 생각했다. 개인이

---

2) 吉野作造, 『ヘーゲルの法律哲學の基礎』, 76쪽.
3) 강조는 원문. 이하 같음.
4) 吉野作造, 『ヘーゲルの法律哲學の基礎』, 76쪽.
5) 吉野作造, 『ヘーゲルの法律哲學の基礎』, 70~71쪽.
6) 吉野作造, 『ヘーゲルの法律哲學の基礎』, 74쪽.
7) 吉野作造, 『ヘーゲルの法律哲學の基礎』, 71쪽.

나 국가 어느 한쪽에 치우치지 않고 국가를 양자의 "종합"에 의해 운영되는 유기적 단체로 인식하는 헤겔의 국가 학설은 국가 강제권의 합리적 기초를 찾는 사상사 연구를 통해 도달한 하나의 "해결"이었다. 요시노가 헤겔의 법철학을 국가학의 역사에서 위대한 일대 공적으로 극찬하는 이유는 바로 여기에 있었다.

요시노가 보기에 국가를 개인의 수단으로 생각하는 개인주의 국가관은 "너무나 기계적이어서 거의 현실에 적용할 수 없는"[8] 이론이었다. 요시노는 개인주의 국가관의 문제점과 그에 대해 헤겔의 유기체 국가론이 갖는 의의를 다음과 같이 말했다.

> 생각건대 개인 자유가 신성한 신조로서 학자들 사이에 승인되는 한 법률정치에 관한 제반 논설이 항상 개인적 견해에 입각하는 것은 당연한 이치이다. 그러나 거꾸로 생각하면 개인 생활은 원래 사회국가와 떨어져 존재할 수 없다. 사회적 관계에서 전혀 동떨어진 개인의 자유 독립이란 것은 도저히 상상할 수 없는 것이다. 개인의 자유나 독립을 상대적인 의미에서 해석한다면 모를까 이를 절대적인 의의로 해석하면 과연 일면의 진리를 전달할 수 있을지 의문스럽다. 그렇다고 한다면 개인과 사회국가를 주종 관계로 구별해서는 안 될 것이다. 개인의 절대적 자유를 전제로 하는 몇 가지 설명은 자칫 개인 그 자체의 본질을 그르칠 뿐 아니라 국가를 해명하는 데도 지나치게 기계적인 경향을 보인다. 이에 개인적 근거에 입각하는 지금까지의 국가 학설은 모두 일변하여 설명의 기초를 다른 곳에서 구할 수밖에 없게 되었다. 이 점에서 우리의 헤겔 국가 학설은 실로 일대 전기를 마련한 것이라고 할 수 있다.[9]

---

8) 吉野作造, 『ヘーゲルの法律哲學の基礎』, 73쪽.

본래 "가장 정련되고 순수한 모습에서 국가중심주의와 개인중심주의는 논의로서 아무런 괴리도 없고 모순된 관계가 아니"[10]라고 생각하는 요시노의 관점에서 볼 때, 개인을 뒤돌아보지 않는 국가중심주의가 거부되어야 하는 같은 이유에서 절대적 의미의 개인중심주의도 부정되어 마땅했다. 하지만 이미 시대착오적인 국가중심주의와는 달리 개인중심주의의 경우 그것이 근대입헌주의의 출발 철학이었다는 사실에 민본주의자로서 요시노의 고민이 있었다. 이때 국가의 강제력에 합리적 근거를 부여함으로써 개인주의 국가관을 극복할 가능성을 연 유기체 국가론은 국가학의 전도에 일대 광명을 비추는 학설로서 요시노 앞에 나타났다.

국가계약설의 결정적인 오류는 개인의 자유를 절대적 가치로 삼아 국가를 단순히 자유를 위한 수단적 존재로 전락시킨 점에 있었다. 국가와 개인을 이원론적으로 파악하는 국가계약설은 유기체 국가관이 상정하는 국가와 개인의 관계, 즉 "전체의 발달이 분자의 이익이 되고, 또 분자의 발달이 전체의 이익을 가져다주는"[11] 관점에서 볼 때 잘못된 학설임에 틀림이 없었다. "개인의 개발 충실을 도모하는 일은 긴 안목에서 보면 반드시 국가 자신을 위한 일이라고 믿어 의심치 않는" 요시노에게 "개인과 국가를 분리하여, 그 사이에 수단과 목적의 구별을 시간적 또는 공간적으로 설정하는" 작업은 "무의미"[12]한 논리적 가상에 지나지 않았다. 계약설에 근거하는 국가 학설에 대해 '기계적'이라는 평가가 내려지는 것은 바로 그러한 이유에서였다.

---

9) 吉野作造, 『ヘーゲルの法律哲學の基礎』, 73~74쪽.
10) 吉野作造, 「國家中心主義個人中心主義：二思潮の對立·衝突·調和」 『中央公論』 1916년 9월/『吉野作造選集 第1卷』, 116쪽.
11) 吉野作造, 「國家中心主義個人中心主義：二思潮の對立·衝突·調和」, 119쪽.
12) 吉野作造, 「國家中心主義個人中心主義：二思潮の對立·衝突·調和」, 135~136쪽.

원자적 개인을 전제로 하여 국가를 수단으로 인식하는 개인주의 국가관에 대해 요시노는 강한 위화감을 표명했다. 이런 점은 당시 요시노와 함께 다이쇼 데모크라시 운동을 이론적으로 이끌었던 오야마 이쿠오大山郁夫의 정치학에서도 찾아볼 수 있다. 요시노가 그랬던 것처럼 오야마도 국가계약설이 "국가의 기원을 너무나도 인위적·기계적·공리적으로"[13] 설명한다고 생각했다. 오야마는 인간과 사회와 국가의 관계를 이렇게 말했다.

> [극단적인 자유주의자는ㅣ인용자] 국가가 개인을 위해 존재하는 사실을 승인하라고 요구하지만, 그러한 계약설적 논법이 오류인 것은 오늘날 굳이 언급할 필요도 없다. 나는 여기서 새삼 국가의 기원에 관해 이야기하려는 것은 아니지만, 기존의 국가 그 자체에 목적이 있는 것으로, 국가는 처음 탄생할 때 인류를 위해 일정한 목적하에서 생겨난 것이 아니라 인간의 본능인 사회성의 필연적 결과로 태어난 것이다. 인간은 홀로 생활할 수 없는 존재로, 인간이 있는 곳에 사회가 있고, 사회가 있는 곳에 국가가 탄생한다. 요컨대 국가는 권력적으로 조직된 사회로 공동생활의 **필연적 산물**이다.[14]

오야마가 생각하는 국가는 인간의 사회생활과 같은 의미였다. 국가는 개인을 위해 만들어진 작위적 피조물이 아니라 인간의 사회성에서 비롯하는 자연적 산물로, 인간의 사회성이 본능인 것과 마찬가지로 국가도 사회생활의 필연적 산물이었다. 그리고 인간은 처음부터 사회·

---

13) 大山郁夫,「近代國家に於ける政論の地位及使命」『新小說』1916년 11월/『大山郁夫著作集 第1卷』, 岩波書店, 1987, 313쪽.
14) 大山郁夫,「近代國家に於ける政論の地位及使命」, 313쪽.

국가 안에서 태어나는 존재였다.

"우리는 산에 있어도 강에 떠서 있어도 국가로부터 떨어질 수 없다. 우리는 결국 어느 한 국가에 소속되지 않으면 생활할 수 없는 운명을 타고 태어났다."15) 이 같은 오야마의 감상은 국가적 존재로서 인간의 불가피한 숙명을 이야기한 것인데, 같은 내용을 요시노의 발언 속에서 찾으면 "우리는 국가, 즉 사회를 떠나 하루도 생존할 수 없다. 이는 거의 '평평범범平平凡凡한 자명의 진리'이다"16)가 된다.

오야마와 요시노가 개인주의 국가관의 잘못을 지적하는 이유는 이제 분명해졌다. 인간이 태어나면서부터 사회적·국가적 존재인 이상, 그 사회, 즉 국가와 개인을 대립시켜 국가를 개인의 수단으로 간주하는 국가계약설은 논리적으로 파탄할 수밖에 없었다. 오야마는 "현대 정치철학"이 요구하는 새로운 개인상을 다음과 같이 제시했다.

> 오랫동안 영미 사상계를 풍미했던 개인주의의 결점은 국가와 대립하는 개인에게 의의를 둔 점이다. 그러나 소위 '유類의 의식Consciousness of kind'이 발달한 오늘날 그러한 공리적 개인주의는 완전히 입장을 상실했다. 현대 정치철학이 요구하는 개인은 개인 대對 국가의 개인이 아니라 개인 즉卽 국가의 개인이다. 각 국민에게 완전하게 국가의 그림자를 드리우자. 각 국민이 국가 운명에 공동의 이해와 슬픔과 기쁨을 느끼고, 국민 각자가 국가경영에 공동책임을 지고, 국가의 문화촉진을 위해 또 국가 발달을 위해 연대해서 노력하자. 이는 우리 국민의 마음속으로부터의 절규로서, 앞에서 누누이 이야기해 온 논지도 이

---

15) 大山郁夫, 「我が政治道德觀」『六合雜誌』1915년 3월/『大山郁夫著作集 第1卷』, 7쪽.
16) 吉野作造, 「木下尙江君に答ふ」『新人』1905년 3월/『吉野作造選集 第1卷』, 82쪽.

말 한마디로써 다할 수 있다.[17]

"공민 교육의 요점은 완전한 국가적 개인의 창출에 있다."[18] 이 발언은 당시 오야마의 정치학이 무엇을 지향했는지를 분명히 밝히고 있다. 공리적 개인주의의 모순은 처음부터 국가적 존재로 태어나는 개인에게 국가 이상의 가치를 부여한 점에 집약되어 있었다. 그러나 국가계약설이 전제하는 '개인 대 국가의 개인'이 유효성을 상실하고 그것을 대신하여 '개인 즉 국가의 개인'이 요구되는 이상, 데모크라시의 출발점인 "근세의 자유"도 "국가와 떼려야 뗄 수 없는 관계의 자유 관념"[19]으로 다시 파악될 필요가 있었다. "근세의 자유는 국가 내의 자유이다. 국가가 있고 나서 비로소 자유의 요구가 있다." 이렇게 이야기하는 오야마는 자연권 사상에 입각한 "코즈모폴리턴 리버티와 같은 것은 무정부주의자 외에는"[20] 이를 주장할 리 없다고 확신했다.

그렇다고 이 당시 오야마의 문제 관심이 자유를 뒤돌아보지 않고 오직 국가에만 집중되어 있었다고 말하는 것은 아니다. 요시노가 국가 강제권과 개인 자유의 합리적 관계를 모색하고 있었던 것처럼, 같은 시기 오야마도 "주권과 자유의 절충" 문제, 즉 "합리적 자유를 요구하는 정신의 도덕적 의의를 체득하고, 자유와 국가적 힘의 목적에서 발생하는 합리적 복종 요구와의 접촉점"을 발견하는 데 "새로운 정론政論의 일대 사명"[21]을 설정하고 있었다. '개인 즉 국가의 개인'은 그러한 과제

---

17) 大山郁夫,「與論政治の將來」『新小說』1917년 1월/『大山郁夫著作集 第1卷』, 351쪽.
18) 大山郁夫,「與論政治の將來」, 352쪽.
19) 大山郁夫,「街頭の群集 : 政治的勢力としての民衆運動を論ず」『新小說』1916년 2월/『大山郁夫著作集 第1卷』, 110쪽.
20) 이상, 大山郁夫,「街頭の群集 : 政治的勢力としての民衆運動を論ず」, 110쪽.
21) 大山郁夫,「近代國家に於ける政論の地位及使命」/『大山郁夫著作集 第1卷』, 315쪽.

에 대한 오야마의 응답이었다.

오야마는 "일반적으로 근세 국가에서 정체政體의 양식 여하를 막론하고 적어도 다소라도 데모크라시를 실시하는 곳이라면 내치·외교상의 최후의 지배자가 국민정신"이고, "각성한 국민"에 의한 정치적 자유의 요구가 "생의 욕구Lebenswille"에서 발하는 "불가항력적 갈구"22)라는 점을 이해하고 있었다. "일찍이 짓밟히는 노예였던 거리의 군중이 오늘날 만능의 신"이 된 현실을 오야마는 전면적인 공감을 갖고 맞이한 것은 아니었지만 적어도 "시세의 변화"23)로서 받아들였다.

더구나 '민중의 시대'는 시세의 변화를 거스를 수 없다는 수동적인 동기에서뿐만 아니라 "국가 실력의 원천이 궁극적으로 그 구성 분자인 각 개인과 단체의 활동력"에 기인한다는 적극적인 이유에서도 긍정할 만한 현실이었다. 따라서 정치적 자유 요구가 국가구성원의 '생의 욕구'에서 발하는 불가항력적 현상인 이상, 그에 대한 부당한 간섭과 탄압은 "스스로 국력의 원천을 고갈시키는" 결과를 초래할 위험성을 갖고 있었다. "국가의 독립력獨立力을 저해하지 않는 범위 내에서 각 개인 및 단체의 의사와 행동 자유"24)를 승인하는 것은 '자유'의 관점에서뿐만 아니라 '국력'의 관점에서도 장려할 필요가 있었다.

오야마에게 자유는 승인되어야 하는 것이지 결코 억압의 대상이 아니었다. 그럼에도 그가 민중의 시대를 무조건 환영할 수 없는 이유는 군중이 갈구하는 자유가 국가를 넘어서는 사태를 우려했기 때문이다. '주권과 자유의 절충' 문제가 발생하는 지점은 바로 여기였다. "근세

---

22) 大山郁夫, 「政治を支配する精神力」『中央公論』 1916년 4월/ 『大山郁夫著作集 第1卷』, 183쪽, 185쪽.

23) 大山郁夫, 「街頭の群集: 政治的勢力としての民衆運動を論ず」/ 『大山郁夫著作集 第1卷』, 112~113쪽.

24) 이상, 大山郁夫, 「都市生活の家族的情緖」『新小說』 1916년 5월/『大山郁夫著作集 第1卷』, 211쪽.

사조의 일대 산물인 자유 존중의 정신"을 인정하면서 동시에 그것을 국가 내의 자유로 한정할 필요성을 통감하는 오야마는, 근대 국가에 필수적인 주권 국가의 통일성과 자유 존중 정신을 "서로 완전히 조화·융합시키는"[25] 일이야말로 "입헌정치하의 정론가政論家의 어깨에 메인 일대 사명"[26]이라고 생각했다.

'개인 즉 국가'는, 말하자면 주권과 자유의 관계가 가장 이상적으로 조화·융합된 국가 상태를 의미했다. '국가적 개인'으로 구성된 국가에서 비로소 국가의 통일성과 자유의 정신은 서로 모순되지 않고 공존할 수 있었다. 오야마는 이 이상적인 국가 상태를 가장 잘 설명하는 정치이론으로서 국가유기체설을 들었다.

> 19세기를 통해 구미 선진국 사상계를 오랫동안 풍미한 개인주의 경향은 후반에 이를 무렵부터 전기를 맞이하여 새롭게 발흥한 단체주의에 그 자리를 내주었다. 그 결과 가장 명료하게 의식된 점은 국가사회의 유기적 관계이다. 사회유기체설은 학설로서는 오늘날 예전의 권위를 실추했지만, 그 근저에 흐르는 단체생활 고조의 정신은 지금까지도 발랄한 신생명을 보유하고 있어, 정치상의 이론 및 실제를 지배하고 있다. 한 예로 현재 인정받고 있는 국가인격설은 국가를 다수의 개인으로 합성된 단일 개체로 간주함과 동시에, 그것을 조직하는 각 개인의 생활을 떠나 국가 자신이 단독의 생활을 하고 단독 의사의 주체라고 하는 점에서 유기체설과 근본정신이 완전히 같다.[27]

---

25) 大山郁夫,「都市生活の家族的情緒」, 210쪽.
26) 大山郁夫,「近代國家に於ける政論の地位及使命」『大山郁夫著作集 第1卷』, 317쪽.
27) 大山郁夫,「都市生活の家族的情緒」, 208쪽.

지금까지 살펴본 오야마의 논의에서 예상할 수 있듯이 여기서 말하는 '단체주의의 발흥'은 오래된 국가주의의 부활을 의미하지 않는다. 그것은 "근세 국가사상이 개인적 자유주의에서 시작해 점차 민족적 집합주의로 옮겨간" 결과 생겨난 사조로서, "진정한 자유는 견고한 독립 국가 안에서만"[28] 가능하다는 사실을 전제로 하여 새롭게 탄생한 단체주의를 말했다. 국가사상의 변용은 '국가사회의 유기적 관계'에 대한 재인식을 가져왔는데, 학설로서 생명력을 다한 국가유기체설이 단체생활을 고조하는 정신으로 여전히 활발한 생명력을 유지하는 이유도 거기에 있었다. '민족적 집합주의'의 시대를 이끌어갈 국가적 개인이란 결국 유기체 국가관에서 말하는 부분으로서의 개인과 같은 것이었다.

오야마와 요시노는 그들을 둘러싸고 있는 상황이 민중의 시대라는 사실을 자각하고 있었고 그에 대해 환영의 뜻을 표명했다. 두 사람은 또 일본이 당면하는 문제가 "국가의 위대와 국민의 축소"[29]인 점에서도 인식을 같이했다. 그래서 요시노는 "오늘날의 쪼그라든 국민"을 양산해 온 "양민良民 교육"을 비판하며 "자유 웅비의 사상을 고취함으로써 하등속악下等俗惡한 이기적 감정에서 기인하는 흐트러진 우리 국민의 마음을 일신"하는 "위대한 국민 교육"[30]의 실시를 초미의 급무로 생각했다. "오늘날 우리나라에서 유행하는 국가중심주의에 일대 그늘이 드리워져 있는 점을 인정하고 개인중심주의의 고취를 통해 국가중심주의를 올바른 길로 인도"[31]하려는 요시노의 "정신계의 다이쇼大正 유신"은

---

28) 大山郁夫,「世界に於ける政治の民衆化的傾向及び其特徵的諸現象」『中外』1917년 12월/『大山郁夫著作集 第2卷』, 岩波書店, 1987, 62~63쪽.

29) 吉野作造,「情神界の大正維新」『中央公論』1916년 1월/『吉野作造選集 第1卷』, 112쪽.

30) 吉野作造,「情神界の大正維新」, 113쪽.

31) 吉野作造,「國家中心主義個人中心主義：二思潮の對立・衝突・調和」『吉野作造選

56 제1장 다이쇼 데모크라시 정치사상

아래에 보는 오야마의 "다이쇼 유신"과 동일 선상의 논의였다.

> 참정권 확대와 책임정치 실현에 관한 요구는 그 자체가 목적이
> 아니라 국내 정치를 정리하기 위한 수단의 요구이다. 메이지 유신이
> 대외적 독립을 완성한 것이라면 다이쇼 유신은 국내적 공정을 실현함
> 으로써 이를 보족補足해야만 한다. 어쨌건 일본은 다시 젊어져야 한다.
> 이러한 기운 속에서 태어난 것이 우리가 말하는 신정치사상이다.[32]

오야마가 "젊은 날의 일본이 수행한 메이지 유신의 대업"을 회고하는
것은 이러한 이유에서였다. 그 가운데서도 메이지 천황이 선언한 "5개
조의 서문은 젊음을 되찾은 일본이 보여준 충천冲天의 의기, 다시 말해
건설적 각오의 일대 결정체"[33]로 평가되었다. 다이쇼 유신은 국가의
독립을 달성한 메이지 유신에 이어서 참정권 확대와 책임정치의 실현
을 통해 '개인 즉 국가'를 지향하려는 운동이었다.

오야마가 요구하는 '국내적 공정'은 요시노의 민본주의적 정치개혁
론과 함께 '세계의 대세'인 데모크라시 정치와 부합했다. 결과적으로
그들의 정론은 민중의 시대를 견인하는 지위를 획득했고, 두 사람은
데모크라시의 '챔피언' 혹은 '사도'로서 회자했다. 그러나 언론계에서의
위치에도 불구하고 양자가 민중의 시대를 무조건 환영한 것은 아니었
던 점은 이미 언급한 대로이다. 데모크라시 정치의 출발 철학은 너무나
개인주의적이었고 국가를 지나치게 경시했다.

'위대한 국가'와 '쪼그라든 국민'은 일본 사회가 안고 있는 대문제였

集 第1卷』, 117쪽.
32) 大山郁夫,「現代日本に於ける政治的進化と其社會的背景」『中央公論』1918년 1월
／『大山郁夫著作集 第2卷』, 94쪽.
33) 大山郁夫,「現代日本に於ける政治的進化と其社會的背景」, 88쪽.

다. 반복해서 말하지만, 요시노와 오야마는 사태에 즈음하여 개인의 가치를 강조함으로써 국면을 타개하려 했는데, 그럼에도 데모크라시 사상이 잊어서는 안 되는 것은 "개인의 완전한 발달은 강고한 국가의 비호 아래서만 이를 기대할 수 있다는"[34] 사실이었다. 자유는 개인의 생존과 발달에 필수적이라 하더라도 어디까지나 국가 내의 자유에 머물러야 했다.

두 사람의 문제 관심은 당면하는 '국가의 위대와 국민의 축소'는 물론이고 극단적 개인주의가 초래할 수 있는 '개인의 위대와 국가의 축소'도 함께 회피하는 데 있었다. 주권과 자유의 절충이나 국가 강제권 대 개인 자유의 문제는 모두 그러한 문제의식에서 비롯된 것이었다. "진정으로 위대한 국가는 개인의 면에서도 위대한 국민"[35]이 전제되어야 한다는 요시노의 발언이 상징하듯이, 다이쇼 데모크라시 시기의 민본주의자들이 지향한 것은 "국가를 구성하는 분자, 즉 개인의 충실 발달을 고려하면서 국가의 근본적인 융성을 그 뿌리부터"[36] 조형해 내는 일이었다. 이러한 "진정한 저력 함양"의 필요성은 세계대전이 가르치는 "교훈"[37]이기도 했다. 요시노는 국가와 개인의 이상적인 관계를 다음과 같이 말했다.

국가가 인민을 위해 존재하는 것은 한 면에서 의심의 여지가 없지만 국가를 조직하는 인민은 개인의 기계적 집합이 아니다. 조직된 전체를 떠나서는 개인의 생존도 상상할 수 없다. 따라서 추상적으로

34) 吉野作造,「國家中心主義個人中心主義 : 二思潮の對立・衝突・調和」『吉野作造選集 第1卷』, 123쪽.
35) 吉野作造,「情神界の大正維新」『吉野作造選集 第1卷』, 115쪽.
36) 吉野作造,「國家中心主義個人中心主義 : 二思潮の對立・衝突・調和」, 146쪽.
37) 吉野作造,「國家中心主義個人中心主義 : 二思潮の對立・衝突・調和」, 157쪽.

개인 자유의 보장을 헌정憲政의 유일한 목적이라고 말하는 것은 명백하게 잘못된 생각이다. 그러나 한편에서 오늘날 국가는 개인의 견실한 발달을 기초로 발전하기 때문에 개인 자유를 전혀 무시해서는 안 된다. 그러므로 오늘날 우리들의 단체생활의 이상은 국가 조직과 개인 자유의 조화 속에서 찾아야만 한다. 현대 국가사상은 개인 자유의 절대적인 주장을 배척하지만 이를 전혀 그 안에 포함하지 않을 수는 없다. 이에 우리의 정치적 이상은 국가 조직을 강성하게 함과 동시에 개인의 건전한 발달을 꾀하는 원칙을 세우는 데 있다고 해야 할 것이다.[38]

요시노가 생각하기에 국가를 개인의 수단으로 생각하는 "구식의 논의"가 반복되는 것은 "근본적으로 '국가'와 '국가적 제도'를 구별하지 않는"[39] 데서 기인하는 현상이었다. 여기서 국가적 제도란 "political institution"을 의미했는데, 요는 단체생활로서의 국가와 정치 제도로서의 국가를 구별할 필요가 있다는 말이었다. 요시노는 같은 내용을 "'국가'와 '정권의 소재'를 혼동하는 속해俗解"[40]라고 표현할 때도 있었다. 그가 생각하는 "진정한 국가"는 "일국 민족단체"였다.

내가 말하는 소위 '국가'가 일국 민족단체를 의미하는 사실은 지금까지의 논의에서 이미 명백해졌다고 믿는다. 내가 보는 바에 의하면 국가도 사회도 결코 서로 다른 별개의 관념이 아니다. 우리의 사회생활에는 종교 방면이 있고 경제 방면이 있고 통치 방면이 있기에, 그곳에 종교사회가 있고 경제사회가 있고 정치사회가 있는 것이다. 사회의

---

38) 吉野作造,「民本主義の意義を説いて再び憲政有終の美を濟すの途を論ず」『中央公論』1918년 1월/『吉野作造選集 第2巻』, 118쪽.
39) 吉野作造,「平民社の國家觀」『新人』1905년 4월,『吉野作造選集 第1巻』, 91쪽.
40) 吉野作造,「木下尚江君に答ふ」『吉野作造選集 第1巻』, 82쪽.

정치적 방면은 곧 국가가 존재하는 이유이다. 통치 없이는 사회가 성립할 수 없기에 정치적 방면이 존재하지 않는 사회는 적어도 오늘날 존재할 수 없다.[41]

요시노에게 국가는 다양한 부분사회 위에 성립하는 전체사회로서의 민족공동체를 의미했다. 국가를 수단으로 간주하는 구식의 논의는 하나의 부분사회에 불과한 '정치사회'(국가적 제도)를 전체사회로서의 '국가'(일국 민족단체)와 혼동한 점에 오류가 있었다. 통치조직은 사회가 성립하는 데 불가결한 존재이기는 하지만 결코 민족공동체 그 자체가 될 수는 없었다. 양자가 유기적 관계에 있음은 물론이지만, 통치조직으로서의 정치사회는 어디까지나 민족공동체에 속하는 하나의 부분사회, 즉 기관에 지나지 않았다.

오야마도 이러한 국가관을 공유하고 있었다. "국가와 정부는 통속 용어로서 자주 혼동되기 쉽지만 적어도 정치 현상을 학술적으로 고찰하는 경우 양자를 엄중히 구별해서 사용"[42]해야 한다는 오야마의 발언은 요시노가 말하는 두 개의 국가론과 궤를 같이했다.

당시 오야마는 "국민적 공동문화 관념을 국가 결합의 기초"[43]로 삼는 "문화국가주의"를 제창하고 있었다. "국민적 공동문화 관념"이란 국민이 공유하는 정신적·물질적 환경, 특히 "국민적 역사와 그에 따른 공동의 추억, 영욕, 희로애락에서 발생하는 국민적 사상 감정"[44]을 통해 만들어진 역사적 공동체 의식을 의미했다. 문화국가주의는 이

---

41) 吉野作造,「木下尙江君に答ふ」, 81쪽.
42) 大山郁夫,「世界に於ける政治の民衆化的傾向及び其特徵的諸現象」『大山郁夫著作集 第2卷』, 64쪽.
43) 大山郁夫,「軍國的文化國家主義 : 獨逸國民生活の一面」『新小說』1916년 4월/『大山郁夫著作集 第1卷』, 169쪽.
44) 大山郁夫,「軍國的文化國家主義 : 獨逸國民生活の一面」, 167쪽.

공동체 의식을 국가 결합의 기초에 둘 필요성을 강조하는 내용이었는데, 오야마는 그것이 국민의 공동성에 입각하는 점에서 "궁극적으로 데모크라시로 귀결"[45]한다고 생각했다.[46] 그런데 문화국가주의에서 말하는 국민은 결국 민족과 같은 의미였다.

민족에는 객관적 표식이 없지만 그럼에도 그것은 하나의 확실한 실재이다. 즉 객관적 실재는 아니지만 주관적 실재이다. 그렇다면 민족적 결합의 중심에는 과연 무엇이 있는가? 공동의 문화, 전통, 역사, 추억, 영욕 감정이 있다. 민족은 이러한 정신적 요소에 의해 연결되어 하나의 인격적 존립, 하나의 독립적 존재를 주장하는 공동체이다.[47]

그렇다면 국가와 민족공동체를 동일시하는 오야마가 국가 결합의 기초를 '민족'이 아니라 '국민' 속에서 찾는 이유는 무엇인가? 그것은 "야마토大和 민족의 독무대"였던 일본이 식민지를 영유함에 따라 "더 이상 단일민족으로 이루어진 국가라고 할 수 없게"[48] 되었기 때문이었다. "민족은 인종이나 종족과 같은 협의의 자연적 산물이 아니라 역사적·사회적 산물이기 때문에 민족의식의 범위는 정지된 것이 아니라 유동적"이라는 오야마의 구성주의적 민족관은 일본의 팽창을 염두에 둔 제국의 언설이었다. 그는 식민지를 포함한 "동일 민족"의 형성은 가능

---

45) 大山郁夫, 「デモクラシーの政治哲學的意義」 『大學評論』 1917년 7·10·11월/『大山郁夫著作集 第2卷』, 34쪽.
46) 오야마大山의 '문화국가주의'에 대해서는 黑川みどり, 『公同性の復權 : 大山郁夫研究』, 信山社, 2000가 자세히 분석했다. 이 책은 성장기부터 패전 후의 활동에 이르기까지 오야마의 전체상을 다루고 있다.
47) 大山郁夫, 「デモクラシーの政治哲學的意義」, 32쪽.
48) 大山郁夫, 「軍國的文化國家主義 : 獨逸國民生活の一面」, 167쪽.

하기에 "우리는 이 민족적 융합의 시기를 하루빨리 앞당겨야"[49] 한다고 생각했다.

오야마에게도 요시노에게도 진정한 의미의 국가는 전체사회로서의 민족공동체였다. 오야마는 국가의 탄생을 이렇게 말했다.

> 인류의 생물적 필요는 **투쟁성**을 낳아 야만 시대의 생존경쟁이 되고 개화 시대의 개인주의가 되었다. 한편 인류의 심령적心靈的 필요는 **사교성**을 낳아 아득히 먼 석기시대부터 오늘날의 과학적 문명시대에 이르기까지 종족, 부족, 민족, 국가와 같은 공동생활단체의 결속력이 되었다. 사회생활이 18세기 무렵 유럽의 자연법학자가 제창한 것과 같은, 이지理智 타산打算의 산물인 계약의 결과가 아니라 인간의 원시적 본능인 사교성에서 비롯한 것임을 오늘날 누구도 더 이상 의심하는 사람은 없다.[50]

국가는 인간의 본능인 사회성의 산물로서 종족, 부족, 민족의 단계를 거쳐 오늘날의 국가에 이른 공동생활단체였다. 이미 소개한 "우리는 산에 있어도 강에 떠서 있어도 국가로부터 떨어질 수 없다"(오야마)거나 "우리는 국가, 즉 사회를 떠나 하루도 생존할 수 없다"(요시노)는 그들의 발언은 전체사회적 국가관에서 비롯하는 감개였다. 그렇다면 "새삼 무정부주의자의 말투를 흉내 내서 국가를 매도해 본들, 자연법학자의 말을 모방해 국가를 필요악이라고 똑똑한 척해 본들 소용없는" 일로, 국가적 존재를 운명으로 태어난 인간에게 주어진 사명은 "오히려

---

49) 이상, 大山郁夫,「デモクラシーの政治哲學的意義」, 32쪽.
50) 大山郁夫,「國家生活と共同利害觀念」『新小說』1917년 2월/『大山郁夫著作集 第1卷』, 375쪽.

어떻게 하면 현실의 국가를 이상적 국가로 만들지를 강구"[51]하는 데 있었다. 인간과 국가의 불가분적 관계를 전제로 하는 '사회 즉 국가'가 민본주의자들이 공유하는 유기체 국가관의 원풍경이었다.

---

51) 大山郁夫, 「我が政治道德觀」 『大山郁夫著作集 第1卷』, 7쪽.

제3절 국권과 주권

데모크라시 정치의 정당성은 지금까지 검토해 온 전체사회적 국가관에 근거하고 있었다. 만약 여기서 그들이 말하는 두 개의 국가, 즉 민족공동체로서의 국가와 통치조직으로서의 국가를 각각 '광의의 국가'와 '협의의 국가'라고 한다면, 다이쇼 데모크라시 운동은 광의의 국가에 의한 협의의 국가의 상대화였다고 할 수 있다. 데모크라시의 정당성은 번벌藩閥이나 관료정부에 대한 민족공동체의 선재성先在性, 광역성, 가치적 우위에 의해 확보되었다.

따라서 오야마의 "새로운 정치사상"이 "가공의 자연 상태status naturalis"나 "황당무계한 천부평등설"과 같은 "공허한 표어"[1]에서 출발하지 않는 것은 당연한 일이었다. 오야마는 기존 정치에 대해 새로운 정치사상이 갖는 의의를 다음과 같이 말했다.

새로운 정치사상이 계급정치 및 직업적 정치가에 의한 정치에 반항하여 정치의 국민화의 필요성을 부르짖는 이유는 (중략) 이미 완전히 시대착오적인 통치 사상을 전제로 헌법의 논리적 해석에 기대

---

1) 大山郁夫,「現代日本に於ける政治的進化と其社會的背景」『大山郁夫著作集 第2卷』, 93쪽.

봉건적·전제적 공리정치를 행하여, 그 결과 국민의 정치사상과 정치
생활을 형식화하고 형해화시키는 관료적 국가관을 배척하고, 국민의
본연적 필요와 국민의 진정한 감정에서 발하는 정치를 수립하기 위해
서이다. 쉽게 이야기하면 새로운 정치사상이 추구하는 바는 한 명
한 명의 일본인이 국민으로서 갖는 애절한 희망, 사상, 감정, 민족
국가 건설의 욕망, 국민적 문화 창조의 충동, 다시 말해 역사를 가진
민족에 걸맞은 국가생활의 주체로서 세계의 일류 문화국가들 가운데서
그 본연의 가치에서 비롯하는 확실한 지위를 획득하려는 원망을 (중략)
기초로 하는, 생명이 약동하는 정치를 실현하는 것이다.[2]

정치의 국민화를 목표로 하는 다이쇼 데모크라시 운동이 당면한
적은 헌법의 형식 논리적 해석에 안주하며 천황 대권을 주장하는 관료
적 국가관이었다. '주권' 있음을 알고 '자유'를 모르는 이러한 국가관은
오야마가 볼 때 '만기공론萬機公論'을 표방한 5개조의 서문의 정신으로부
터의 일탈이었다. 그는 "엉뚱한 방향으로 길을 잃고 헤매는" 일본의
입헌정치를 "본래의 바른길로 되돌려"[3] 메이지 유신의 초심으로 되돌
아가고자 했는데, 그 구체적인 방안이 국민적 문화국가주의였던 점은
이미 언급한 대로이다.

국가의 **"진정한 통일"**은 "주권자의 전제적 채찍 아래 강제적으로
규합되는" 것이 아니라 국민 각자가 "정신적 자산으로 존숭하는 공동문
화를 옹호하기 위해 자유 의지에 따라 조국의 깃발 아래 **규합하는**"[4]
과정을 통해 비로소 달성할 수 있는 것이었다. 이런 점에서 주권의

2) 大山郁夫, 「現代日本に於ける政治的進化と其社會的背景」, 92쪽.
3) 大山郁夫, 「現代日本に於ける政治的進化と其社會的背景」, 93쪽.
4) 大山郁夫, 「近代國家に於ける政論の地位及使命」『大山郁夫著作集 第1卷』, 316쪽.

소재를 정통성 근거로 삼아 국민의 절대적인 복종을 강요하는 번벌 정부가 비판의 도마 위에 오르는 것은 당연했다. 문화국가주의는 입헌 정치를 공동화하는 관료적 국가관을 비판하고 국민의 자발성을 바탕으로 하는 새로운 정치를 실현하려는 것이었다.

이처럼 문화국가주의가 정치적 국가관의 입장에서 법적 국가관을 상대화하는 시도였음에도 불구하고 오야마는 자신의 논의가 주권 논쟁으로 옮겨가는 사태를 애써 피하려 노력했다.[5] 다이쇼 데모크라시 운동이 주권 문제를 주의 깊게 회피하려고 했던 이유로는, 그것이 기왕의 헌법 질서를 자명한 전제로 하는 헌법 운용을 둘러싼 논의였던 점, 헌법 개정 발안권을 천황에게만 인정하는 실정법상의 한계에서 오는 주권 논의의 실질적인 봉쇄, 그리고 미노베·우에스기 논쟁을 교훈으로 하는 정치적·전략적 판단 등을 들 수 있다.

다이쇼 데모크라시 운동은 주권 문제를 의도적으로 언급하지 않음으로써 결과적으로 정치적 성공을 거두었는데, 오야마도 그 예외가 아니었다. 번벌과 관료정부가 의거하는 시대착오적인 '헌법의 논리적 해석'을 비판하는 오야마가 자신의 헌법 해석을 마지막까지 제출하지 않았던 것은 바로 그 때문이었다.

하지만 그럼에도 다이쇼 데모크라시는 독자의 주권론을 갖고 있었던 것처럼 보인다. 미노베·우에스기 논쟁이 일어나기 이전에 발표된 요시노의 몇 편의 논문에는 다이쇼 데모크라시 정치사상의 초심에 숨겨져 있던 주권론이 비록 불분명한 형태이지만 그 모습을 드러내고 있었다.

요시노의 주권론의 구조는 '국권'과 '주권' 혹은 '국가위력國家威力'과

---

5) 이는 비단 오야마大山만이 아니라 다이쇼 데모크라시 운동을 견인했던 사상가 전반에 해당한다. 이에 관해서는 마쓰모토 산노스케松本三之介의 일련의 연구가 있다. 『近代日本の政治と人間 : 思想史的考察』, 創文社, 1966 ; 『近代日本の知的狀況』, 中央公論社, 1974 ; 「解說」『大山郁夫著作集』第1卷.

'주권'과 같이, 서로 대응하는 두 개의 개념으로 구성되어 있었다. 이러한 구별을 요시노와 공유하는 것은 그의 주권론을 이해하는 데 필요불가결한 전제 작업이다. 요시노는 국가위력과 주권을 다음과 같이 구별했다.

> 내가 보는 바에 의하면 '주권'이란 각 개인의 국가적 행동을 명령할 수 있는 법률상의 힘을 말한다. 따라서 주권은 각 개인에게 국가적 행동에 대한 외부적 규범으로서 복종(극단적으로 말하면 맹종)을 요구한다. 그렇다면 각 개인의 국가적 행동을 지배하는 것은 이 외부적 규범인 주권뿐일까? 그 외에도 일종의 정신적 규범으로서 각 개인의 의사와 감정의 실질이 되기를 요청하는 것은 없을까? 주권의 명령은 각 개인이 어떤 국가적 행동을 취하게 하지만, 그 외에도 주권의 명령이 있든 없든 우리 스스로 어떤 국가적 행동을 하기에 이르게 하는 것은 없을까? 내가 말하는 소위 '국가위력'이란 각 개인을 통제 지도하고 그로써 스스로 자발적으로 행동하기에 이르게 하는 것, 다시 말해서 각 개인의 국가적 행동에서 최상의 내적 규범을 말한다. 독일어에서 Staatsgewalt 라는 말은 (중략) 내가 이야기하는 소위 '국가위력'이라는 관념을 가리키는 가장 적절한 명사라고 생각한다.[6]

법률상의 힘을 말하는 주권이 국가적 행동을 명령하는 외부적 규범인 데 대해 국가위력은 개인의 자발성을 바탕으로 하는 '국가적 행동에서 최상의 내적 규범'이었다. 요시노는 국가위력과 같은 의미로 "국가정신" 혹은 "국가혼國家魂"이라는 말도 사용했는데, 한마디로 그것은

---

6) 吉野作造, 「'國家威力'と'主權'との觀念に就て」 『國家學會雜誌』 19권 4호, 1905/ 『吉野作造選集 第1卷』, 92쪽.

법적 강제성이 아니라 국민의 자발성을 본질적 요소로 하는 국가생활의 최고 규범을 의미했다. 그의 주권론은 이 국가위력에 주권을 초월하는 가치를 부여함으로써 성립하고 있었다. 양자의 관념적 구별이 "반드시 필요"[7]하다고 강조되는 것은 그의 주권론의 구조에서 보면 당연한 일이었다.

요시노는 이어서 국가위력과 주권의 관계에 대해 논한다.

> 법률상에서 보면 국가의 최고 권력인 주권자는 어떠한 지배도 받지 않지만, 정치상에서 이를 논하면 주권자는 실제로 국가위력의 지배를 받는 경우가 많고 또 그 제제를 감수한다고 할 수 있다. (중략) 따라서 근대 국가의 국가위력은 단지 신민을 통제하는 규범일 뿐만 아니라 실로 주권자도 지도하는 활력이다. 이것이 정치 이론상 주권자 (또는 주권단체)를 국가위력을 나타내는 최고기관이라고 말하는 이유이다.[8]

국가의 최고 권력이 법률상의 주권이라면 국가위력은 정치상의 주권이라고 할 수 있었다. 이 정치상의 주권이 법률상의 주권을 '지도'하는 관계에 있다는 설명을 들으면 요시노의 주권론은, 말하자면 '국가위력 주권'이라고 표현할 수 있을 것이다. 그렇다면 국가위력의 소재는 어디인가?

> 생각건대 국가위력은 오직 국가만이 이를 가진다. 과연 누가 이 국가의 위력을 행하는지는 각 나라마다의 역사와 국민의 신앙에 의해

---

7) 吉野作造, 「'國家威力'と'主權'との觀念に就て」, 92쪽.
8) 吉野作造, 「'國家威力'と'主權'との觀念に就て」, 95쪽.

결정되는 것으로, 군주일 수도 있고 의회일 수도 있다. 이것이 주권자를 국가의 본체라고 말하지 않고 국가 최고기관이라고 하는 이유이다. 따라서 정권政權의 소재는 주권자이고, 국권國權의 소재는 국가이다.[9]

여기까지 오면 요시노의 주권론의 기본적인 골격은 거의 드러났다고 할 것이다. 정권의 소재, 즉 법률상의 주권은 각국이 처한 역사적·문화적 맥락에 따라 결정되는 상대적인 문제에 지나지 않았다. 그에 비해 국권의 소재, 즉 정치상의 주권은 오직 국가만이 보유할 수 있는데, 이는 "근대 국가에서 거의 예외 없이"[10] 볼 수 있는 보편적 현상이었다. 요시노가 "법학에서 논할 관념"으로서의 주권과 "국가학이나 정치학 또는 사회학에서 논

요시노 사쿠조吉野作造(1878~1933)

할 관념"[11]으로서의 국가위력을 구분하는 것은 이러한 이유에서였다.

국가생활의 최고 규범인 국권은 오직 국가만이 이를 보유할 수 있었다. 주권은 나라마다 그 소재가 다를 수 있지만 국권의 구속으로부터는 결코 자유로울 수 없었다. 이러한 점에서 그의 주권론은 일종의 국가주권론이라고 할 수 있다. 요시노가 국가주권론에 대해 "주권이 국가에 있다'라는 뜻이 아니라 '국가위력이 국가에 있다'는 관념"을 나타내는

9) 吉野作造, 「木下尙江君に答ふ」『吉野作造選集 第1卷』, 85쪽.
10) 吉野作造, 「'國家威力'と'主權'との觀念に就て」, 93쪽.
11) 吉野作造, 「'國家威力'と'主權'との觀念に就て」, 92쪽.

한, "용어는 매우 온당하지 않으나 일면의 진리를 말하는 관념"12)이라고 공감을 표하는 것은 주권론의 구조에서 볼 때 지극히 당연했다.13)

요시노의 주권론은 두 개의 주권, 즉 법률상의 주권과 정치상의 주권으로 구성되어 있었다. 요시노는 이를 국가 연구의 "주권론"과 "본질론"14)이라고도 말했는데, 이러한 표현에서 알 수 있듯이 당시 그는 정치상의 주권에서 법률상의 주권을 상대화하고 있었다. 여기에는 법학으로부터의 정치학의 독립을 추구했던 스승 오노즈카 기헤이지 小野塚喜平次(1871~1944)의 유지를 이어받으려는 동기도 작용했을 것이다. 하지만 더욱 근본적인 이유는 국권과 정권의 구별을 모른 채 민주주의와 군주주권의 모순을 강조하는 형식 논리적 국가관의 수정을 시대적 과제로 인식했기 때문이다.

국민의 자발성에 기초하는 국권을 국가생활의 최고 규범으로 자리매김하고 주권자를 최고기관으로 그 내부에 포섭하는 요시노의 주권론은 국민의 공동문화 관념을 국가 결합의 기초로 삼아 새로운 정치를 구현

---

12) 吉野作造, 「'國家威力'と'主權'との觀念に就て」, 93쪽.
13) 요시노가 주권에 관해 적극적으로 발언한 시기는 주로 1905년 전후였다. 이후 그는 논단의 총아가 되었음에도 불구하고 이전과 같이 주권 논의를 전개하지 않았다. 그 이유로는 역시 미노베·우에스기 논쟁을 들 수 있는데, 요시노는 후일 한 글에서 "나는 본래 국가주권설(즉 천황을 최고기관으로 보는 설)에 전혀 이해가 없었던 것이 아니다. 그러나 (중략) 한편에서 완고하고 고루한 논자가 있고 또 한편에서는 국체國體를 존중하는 나머지 군주의 지위에 관해 조금이라도 언급하는 사상이 알려질 것을 걱정하는 사람이 있었기 때문에, 특히 민본民本과 민생民生을 구분하여 우리가 말하는 소위 민본주의가 군주주권과 대립하는 주의가 아니라는 사실을 거듭 밝힐 필요를 느꼈다"고 이야기하며 "몇 해 전 우리나라 법학계에서 군주주권설과 국가주권설 간의 논쟁이 있었을 때 후자의 입장을 취하는 사람들이 마치 국적國賊과 같은 일종의 극심한 정신적 박해를 받았던 사실"을 회고하였다. 吉野作造, 「豫の民本主義論に對する北氏の批評に答ふ」『中外』1918년 4월/ 太田雅夫 편, 『資料 大正デモクラシー論爭史(下)』, 新泉社, 1971, 148~149쪽.
14) 吉野作造, 「木下尙江君に答ふ」, 85쪽.

하려는 오야마의 문화국가주의와 문제의식을 공유했다. 그러면 다음으로 문제가 되는 것은 요시노가 말하는 국가위력과 데모크라시의 관계일 것이다.

> 본래 인류는 고립해서 살 수 없다. (중략) 즉 개인은 모두 사회국가라는 단체의 일원으로서 언제나 단체 의사에 의해 통제 지도되는 존재이다. 이 개인의 모든 내외 생활의 최고 규범인 '단체 의사'를 국가 정신 또는 국가혼國家魂이라고 한다. 하지만 인류는 본래 불기자존不羈自 存의 목적과 독립 자유의 의지를 고유한 속성으로 갖고 있다. 불기 독립과 속박은 서로 양립할 수 없다. 그렇기에 지금 여기 개인을 통제하는 일대 의력意力이 있다면 그것은 반드시 개인 공통의 의사에 뿌리를 가진 것이어야 함은 새삼 언급할 필요도 없다. 그렇다면 개인은 단지 수동적으로 국가 정신의 통제에 복종할 뿐만 아니라 스스로 국가혼을 만드는 존재라고 해야 할 것이다.[15]

국가혼이란 요는 국가의 단체 의사를 의미하는 말이었다. 단체 의사는 국가의 최고 규범으로서 개인의 생활을 구속하는데, 요시노가 국가혼을 단순히 법률상의 힘과 동일시하지 않는 것은 지금까지의 논의에서 당연했다. 개인에게 국가혼은 단지 외부적 규범에 머물지 않고 "일종의 정신적 규범으로서 개인의 의사 감정의 실질이 될 것을 요청"했다. "국가 최상의 이상"은 그렇게 내적 규범화된 "국가 정신이 개인에게 완전히 모습을 드러낸, 바꾸어 말하면 개인 의사가 국가혼이 되기까지 활발하게 향상"[16]한 경지에 이른 국가 상태였다. 법적 강제로서의

---

15) 吉野作造,「國家魂とは何ぞや」『新人』1905년 2월/『吉野作造選集 第1卷』, 78쪽.
16) 이상, 吉野作造,「國家魂とは何ぞや」, 79쪽.

국가권력이나 그것을 체현하는 주권자는 국가혼에 종속하는 기관으로서, 그 정당성은 "오직 국가위력이 지시하는 바를 착실하게 나타냄"[17]으로써 확보되었다.

그런데 여기서 주목할 점은 요시노가 개인을 "국가 정신의 통제에 복종"할 뿐만 아니라 국가혼을 조성하는 존재로도 자리매김하고 있는 사실이다. 이미 살펴본 것처럼 오직 국가만이 가질 수 있는 국가혼은 "단지 신민을 통제하는 규범일 뿐만 아니라 실로 주권자를 지도하는 활력"[18]이라고 요시노는 말했다. 그의 주권론을 일종의 국가주권론이라고 말한 이유이다. 그런데 근대 국가에서 단체생활의 규범은 개인의 발달에 따라 "널리 개인의 시비 판단을 피할 수 없게" 되었다. 국가혼은 "국민적 기초 위에 성립하는"[19] 근대 국가의 존재 양태에 부합하는 규범으로서 고안된 것이었다. 국가혼을 조성하는 개인은 그러한 문맥의 발언이었다.

하지만 이러한 논리에 따르면 요시노의 국가주권론적 주권론은 실질적으로 국민주권론으로 전화할 수밖에 없을 것이다. 왜냐하면 국가혼의 내용이 국민에 의해 구체화하고, 그것이 주권자를 구속한다면 국권은 명목상의 소재 여하를 떠나 실제로는 '국민권'이 될 것이기 때문이다. 그러나 요시노는 이 점에 관해 다음과 같이 말했다.

본래 국가 정신은 각 개인을 지배하는 일대 의력意力이기 때문에 그것을 국가위력이라고 한다. 국가위력은 곧 다수 인민 의사의 합성력合成力이어야만 한다. 이는 사실이자 진리이다. 그렇지만 여기서 일전하

---

17) 吉野作造,「『國家威力』と『主權』との觀念に就て」, 95쪽.
18) 이상, 吉野作造,「國家魂とは何ぞや」, 80쪽.
19) 이상, 吉野作造,「國家魂とは何ぞや」, 79쪽.

여 국가위력이 다수 인민의 의사에 근거하기 때문에 일국의 정권도 반드시 다수 인민에게 있어야 한다고 한다면 그것은 근대의 진보한 국가학 원리에 정통하지 못한 발언이라고 해야 할 것이다.[20]

요시노가 생각하는 근대 국가의 가장 큰 특징은 "근대 인문의 개발과 개인 영성靈性의 각성"에 따라 국가의 기초가 "주민주의主民主義"[21]로 옮겨간 점에 있었다. 즉 "국가위력이 소수자에게 있는 국가 또는 소수 중심주의 국가"에서 "국가위력이 다수자에게 있는 국가 또는 다수 중심주의 국가"[22]로의 이행이야말로 근대 국가의 가장 결정적인 특징이었다. 데모크라시를 요구하는 목소리는 주권의 행동이 "국가위력이 지시하는 바와 괴리"를 보였기 때문에 발생한 것으로, "근세 초기의 개인 자유의 외침과 인민주권론의 주장은 실로 어리석은 군주의 전횡에 반항하여 일어난 국가위력의 목소리"[23]였다.

그러나 데모크라시를 "주권의 전횡에 반항하는 국가위력의 목소리"로 파악하는 요시노는 국가위력이 다수 인민 의사의 합성력이라고 해서 정권의 소재도 반드시 다수 인민일 필연성은 없다고 선을 긋는다. 근대 국가의 기초가 주민주의이고 국가의 최고 규범이 다수 인민의 의사에 의해 구성됨에도 불구하고 인민은 주권자가 될 필연성을 갖지 못하는 존재였다.

이러한 생각의 기저에는 주권의 소재와 국가위력의 소재가 반드시 일치하지 않더라도 주권자가 국가위력의 지배를 받는 한 데모크라시는 가능하다는 요시노의 인식이 있었다. 다시 말해 데모크라시의 결정적

---

20) 吉野作造, 「木下尙江君に答ふ」, 84쪽.
21) 吉野作造, 「木下尙江君に答ふ」, 84쪽.
22) 吉野作造, 「'國家威力'と'主權'との觀念に就て」, 94쪽.
23) 吉野作造, 「'國家威力'と'主權'との觀念に就て」, 96쪽.

인 조건은 국가위력의 소재이며, 주권의 소재는 각 나라마다의 역사적, 문화적 문맥에 따라 결정될 이차적인 문제에 지나지 않았다.

만약 인민주권을 민주주의의 본질적 요소로 한다면 일본에서 데모크라시는 실질적으로 불가능한 사실을 생각하면 주권 소재는 다이쇼 데모크라시 정치사상에서 결정적으로 중요한 문제였다. 천황을 국가위력에 종속하는 최고기관으로 자리매김하는 요시노의 주권론은 주권 소재라는 난제를 극복하고 군주국 일본에서 데모크라시의 실현 가능성을 여는 논의로서 제출된 것이었다. 이때 독일 공법학에서 이야기하는 국가주권설과 군주기관설은 요시노의 주장을 이론적으로 뒷받침하는 국가 학설이었다.

그렇지만 인민주권론은 이상과 같은 상대적·정치적 이유에서뿐만 아니라 더욱 적극적·원리적인 의미에서 부정되어야만 했다. 이 점은 개인주의 국가관에 대한 요시노의 거부감을 상기하는 것만으로 충분할 것이다. 인민주권이나 개인중심주의와 같은 "극단적인" 주장이 한때 민주주의의 중심 내용이 되었던 이유는 당시 "주권의 행동"과 "국가위력의 요청" 사이의 괴리가 "혁명 참화"를 불러일으킬 정도로 극심했기 때문으로, "주권론으로서의 민주주의가 혁명 실패와 함께 배척된 것은 지극히 당연"[24]한 일이었다. 인민주권은 특수한 정치적 상황에서 발생한 "유설謬說"에 지나지 않았다. 다수 인민 의사의 합성력으로서의 국가위력에서 곧바로 인민주권을 연역하는 것은 '주권론으로서의 민주주의'의 잔영에 불과하다는 것이 요시노의 생각이었다.

요시노는 주권론으로서의 민주주의에 대해서 '민족정신론으로서의 민주주의'를 제시했다.

---

24) 吉野作造,「'國家威力'と'主權'との觀念に就て」, 96쪽.

내가 말하는 국가나 국가혼이 군주나 귀족의 의사를 초월한 일대 민족정신이라는 사실은 지금까지 논증해 온 바와 같이 분명하다. 민족의 위대偉大는 실로 국가혼의 위대에 따라 좌우된다. 그래서 나는 제국의 정신적 문명을 위해 감히 국가혼의 발전을 고려하지 않을 수 없다. 또 국가의 강약치란強弱治亂은 국가혼과 개인 의사 간의 관계의 농밀함과 소원함으로 알 수 있다. 그렇다면 우리는 주권자에게 의거할 데를 알리고 민중에게 따라야 할 바를 깨닫게 만들기 위해 국가혼의 의의를 명료히 해야 한다.[25]

국가혼은 일대 민족정신을 의미했다. 국가위력이나 국가정신도 그 내용은 "야마토혼大和魂"[26] 혹은 "일본인에게 독특한 공통 의식"[27]을 뜻했다. 반복되지만 요시노의 주권론은 오직 국가만이 보유할 수 있는 민족정신을 국가생활의 최고 규범으로 삼고, 실정법 질서로서의 통치조직과 주권자를 민족공동체 내부에 포섭하는 구조였다. 이러한 주권론이 데모크라시와 조화로운 관계에 있는 이유는 법률상의 주권이 민족정신이라는 정치상의 주권에 의해 구속되기 때문이었다. 다수 인민 의사의 합성력이 주권의 행사를 제약함으로써 요시노의 데모크라시론은 성립하고 있었다.

하지만 요시노에게 인민은 주로 국가의 위대와의 상관관계 속에서 이야기되는 방법적인 존재에 머물렀다. 국가혼에서 개인의 계기는 인민의 의사를 국가혼에 반영시킨다기보다 주로 제국의 정신적 문명 발전의 문맥으로 수렴되었고, 국민의 자발성도 국가적 결속력의 차원

---

25) 吉野作造, 「國家魂とは何ぞや」, 80쪽.
26) 吉野作造, 「國家魂とは何ぞや」, 80쪽.
27) 吉野作造, 「木下尚江君に答ふ」, 86쪽.

에서 거론되는 것이 보통이었다. 이러한 특징은 인민에 대한 민족공동체의 가치적 우위를 확신하는 요시노가 민주주의의 역사에서 주권론을 분리하면서 생겨난 현상이었다.

이상, 요시노의 주권론의 구조를 그의 국가관과 관련지어 논해 왔다. 이 책에서는 1920년대 이후의 요시노의 국가론에 대해 언급할 기회가 없어, 여기서는 시기적으로 앞서는 감이 있지만 이 점에 관해 미리 말해두고자 한다.

1920년대에 특별히 주목하는 이유는, 이이다 다이조飯田泰三의 연구[28]에 의해 잘 알려진 바와 같이 요시노의 국가관은 1920년 전후의 다원적 정치론의 수용과 국가와 구별되는 의미의 "사회의 발견"으로 인해 유기체 국가관에서 결정적으로 변해갔다는 해석이 일본 학계에서 유력하기 때문이다.

이이다가 강조하는 것처럼 1920년대 전후의 요시노는 분명히 국가와 사회를 개념적으로 구별할 필요를 제기했고, 그 결과 종래의 '국가사회'(국가 즉 사회의 의미)라는 말을 사용하지 않게 되었다. 이런 의미에서 사회의 발견은 있었다고 할 수 있다. 하지만 문제는 발견된 사회의 내용이다. 1920년대에 들어 요시노가 사회라는 개념에 담은 내용은 "일본 민족의 단체생활"이었다. 그에 비해 국가는 '강제 조직'을 의미했다. 예를 들면 다음과 같다.

우리는 일상 용어에서 국가와 사회를 혼동하여 국가의 문화를 드높인다거나 일본제국의 정화精華를 자랑한다고 말한다. 그러나 이 경우의 국가는 일본 민족의 사회생활을 의미한다. 정치학에서 국가라

---

28) 飯田泰三,「吉野作造 : "ナショナルデモクラット"と社會の發見」, 小松茂夫 外 편,『日本の國家思想(下)』, 靑木書店, 1980.

고 할 때는 단지 사회생활이 강제 조직에 의해 통제되는 방면만을 착안해야 한다. 이 방면에 대해 이러쿵저러쿵 비평한다고 해서 일본 민족의 단체생활 그 자체에 대해 이러쿵저러쿵하는 것으로 오해해서는 안 된다.[29]

사회는 일본 민족의 단체생활을, 국가는 강제 조직을 의미했다. 같은 시기 요시노는 전자를 "넓은 의미"의 국가, 후자를 "좁은 의미"[30]의 국가라고 부르기도 했다. 그는 국가와 사회를 설명하여 다음과 같이 말했다. "국가생활은 우리들의 단체생활 중 권력에 의해 통제되는 한 방면을 말하는 것과 다름이 없다. 국가란 즉 권력에 의해 통제되는 방면을 추상화한 단체생활"을 의미한다. 그런데 단체생활에는 여러 방면이 공존하고 있어 "구체적으로 보면 하나의 혼연渾然한 생활체生活體에 지나지 않는다. 이를 우리는 사회라고 부른다."[31]

만약 사회의 발견이 이러한 내용이라면 그것은 지금까지 살펴본 요시노의 국가론, 즉 국가와 국가적 제도, 또는 국가와 정권 소재의 구별과 거의 차이가 없는 것이라고 보아야 할 것이다. 일찍이 평민사平民社의 국가관을 비판할 때도 요시노는, "진정한 국가관"을 "일국 민족단체"의 뜻으로, 그리고 그 내부의 정치적 방면의 사회를 "국가적 제도" 또는 "통치조직"으로 구분했다. 되풀이되지만 요시노의 국가론은 전체 사회로서의 국가(그가 말하는 국가사회, 진정한 국가, 일본 민족의 단체생활)와 부분사회로서의 국가(그가 말하는 국가적 제도, 통치조

---

29) 吉野作造, 「政治學の革新」 『中央公論』 1920년 1월 / 『吉野作造選集 第1卷』, 237~238쪽.

30) 吉野作造, 「國家的情神とは何ぞや」 『中央公論』 1920년 3월 / 『吉野作造選集 第1卷』, 263쪽.

31) 吉野作造, 「現代通有の誤れる國家觀を正す」 『中央公論』 1921년 1월 / 『吉野作造選集 第1卷』, 268쪽.

직, 강제 조직)로 구성되어 있었다.

1920년대에 들어 요시노가 발견한 사회가 민족공동체와 같은 의미라면 사회의 발견은 그에게 거의 출발 철학이나 다름이 없었다. "넓은 의미로 해석하면 우리는 절대적으로 국가를 존중한다. 어디까지나 국가적 정신을 고조한다. 그러나 좁은 의미로 해석할 때는 국가라는 존재에 그다지 높은 가치를 두지 않는다."[32] 이러한 생각은 요시노의 데모크라시 사상을 일관되게 뒷받침한 골격과 같은 것이었다.

1920년 전후 요시노가 국가와 사회의 개념적 구별을 강조하게 된 이유는 다원적 정치론의 영향으로 인해 국가 가치의 하강 현상이 뚜렷한 상황 속에서 진정한 국가, 즉 일본 민족의 단체생활을 구제하기 위해서였다. 인간의 사회생활과 국가를 동일시하는 전체사회적 국가관에서 볼 때 "국가의 의미를 넓게 해석하면 사회주의도 무정부주의도 모두 국가주의"[33]가 된다. 왜냐하면 그러한 것이 비판하는 대상은 강제 조직으로서의 국가이지 인간의 단체생활 그 자체가 아니기 때문이다. 처음부터 사회적 존재로 태어나는 인간은 단체생활 그 자체를 부정할 수 없었다. 요시노가 우려한 것은, 1920년 전후 일본의 사상계를 풍미했던 국가 상대화의 조류가 '일본 민족의 단체생활 그 자체에 대해 이러쿵저러쿵하는 것으로', 바꿔 말하면 일본 민족의 단체생활 그 자체에 대한 비판으로 이어지는 사태였다.

이상, 요시노의 사회의 발견에 관해 논했다. 결론적으로 이야기해서 요시노가 말하는 '사회'는 국가와 대비되는 '시민사회'를 뜻하는 것이 아니라 일본 민족의 단체생활을 의미했다. 이러한 공동체 국가관이야 말로 요시노의 데모크라시론이 '국가 대 시민사회·국민'이 아닌 '국가

---

32) 吉野作造, 「國家的情神とは何ぞや」, 263쪽.
33) 吉野作造, 「現代通有の誤れる國家觀を正す」, 271쪽.

대 민족공동체'의 구조를 갖는 근본적인 이유였는데, 이에 대해서는 다시 언급하기로 한다.[34]

　여기서 다시 다이쇼 데모크라시 정치사상으로 이야기를 되돌리면, 요시노의 주권론은 민족공동체 의사(일대 민족정신)에 최고 가치를 부여하여 주권의 행동을 제한하는 것이었다. 이러한 시도의 배경에는 군주 대권에 집착하여 세계의 대세를 돌아보지 않는 입헌정치의 현실이 있었다. 그는 방향을 잃고 헤매는 일본의 헌정을 바른길로 인도하기 위해 먼저 군주와 국가를 분리한 다음 후자에게 전자를 넘어서는 가치를 부여함으로써 데모크라시의 가능성을 열고자 했다. 데모크라시의 정당성이 통치조직이나 군주에 대한 민족공동체의 가치적 우위에 의해 담보되고 있었던 점은 이미 지적한 대로이다.

　그런데 이 두 개의 주권으로 구성된 주권론은 거의 같은 모습으로 미노베 헌법학 안에서도 발견할 수 있다. 일본의 정치 상황에 대해 요시노와 문제의식을 공유하고 있던 미노베는 가산 국가적 군주 대권론을 다음과 같이 비판했다.

　　군주가 통치권의 주체이고 국가를 군주 통치의 목적물로 생각하는

---

34) '국가 대 민족공동체'의 대립 구도는 근대 일본의 입헌론을 관통하는 기본 틀과 같은 것이었다. 이 점에 대해 본격적으로 논할 여유는 없지만 몇몇 선행 연구, 예를 들어 松本三之介, 「幕末における正統性觀念の存在形態：その思想史的考察」(『天皇制國家と政治思想』, 未來社, 1969) ; 松本三之介, 「陸羯南における'國家'と'社會'」(『明治思想における傳統と近代』, 東京大學出版會, 1996) ; 坂井雄吉, 「明治憲法と傳統的國家觀：立憲主義の國體論をめぐって」(石井紫郎 편, 『日本近代法史講義』, 靑林書院新社, 1972) 등에 따르면, 막부 말기 이래의 '천하', '황국皇國' 지향의 정통성 관념은 구가 가쓰난陸羯南에 이르기까지 일관되게 지속되고 있었음을 알 수 있다. 그렇다면 구가 가쓰난의 '국민주의'와 다이쇼 데모크라시의 상관관계라는 새로운 문제가 발생하게 되는데 이는 앞으로의 과제로 남겨둘 수밖에 없다.

견해는 군주와 국가의 관계를 마치 소유주와 소유물의 관계로 해석하
는 것으로, 즉 국가의 영토는 군주의 사령지私領地이고, 모든 국민은
군주의 사적인 신례臣隷라고 보는 견해이다. (중략) 인민은 결코 단순히
통치의 목적물에 그치지 않고 군주를 보필하고 일치 협력함으로써
비로소 국가를 유지하고 그 발달을 꾀할 수 있는 것이다. 단지 군주의
통치에 복종하는 데 지나지 않는 자는 노예이다. 노예의 집단은 결코
국가가 될 수 없다.[35]

군주와 신민의 이상적인 관계는 "공동 목적을 갖고 신민은 군주를
보필하고, 군주는 신민을 지도하여 상하 마음을 하나로 해서 협력
일치"하는 관계였다. 국가는 "일심동체"가 된 군주와 신민의 전체로
구성되는 "유기적 단체"[36]였다. 통치권은 이 유기적 단체에 귀속하는
국가의 권리였다.

국가가 통치권의 주체인 것은 "결코 특정한 어느 한 국가나 몇 개
나라에 관해서만 이야기할 수 있는 것이 아니라 모든 국가"에 해당하는
보편적인 현상으로, 이 점은 "민주 정체의 나라도, 군주 정체의 나라도,
입헌국가도, 전제국가도[37] 모두 마찬가지였다. 그에 비해 주권은 "통
치권을 행사하는 최고 권력"[38]을 의미했다. 국가의 권력으로서의 통치
권과 국가 내의 최고 권력으로서의 주권의 차이는 다음과 같았다.

주권재군설主權在君說이나 주권재민설主權在民說에서 (중략) 말하는

35) 美濃部達吉,「所謂國體論に就いて」『東亞之光』1913년 3월/ 美濃部達吉,『時事憲
　　法問題批判』, 法制時報社, 1921, 26~27쪽.
36) 이상, 美濃部達吉,「所謂國體論に就いて」, 28~30쪽.
37) 美濃部達吉,「所謂國體論に就いて」, 40쪽.
38) 美濃部達吉,「所謂國體論に就いて」, 46쪽.

의미의 주권은 주권 본래의 의미인 국가권력의 최고 독립을 뜻하는 말로서의 주권과는 전혀 그 의미를 달리하는 것이다. 주권재군이나 주권재민이라고 할 때는 무엇이 국가 최고기관인지에 대해 말하는 것으로, 국가 내의 최고 권력이 군주 또는 국민 중 어느 쪽에 있는지의 문제이다. 국가권력이 최고 독립이어야 한다고 말하는 것과는 아무런 관계도 없는 전혀 별개의 문제이다. 국가권력이 최고 독립이라는 말은 국가권력에 속하는 성질을 이야기하는 것이고, 국가 내의 최고 권력이 군주 혹은 국민에 있는지를 묻는 것은 국가 조직의 기초에 관한 정치상의 주의이다. 양자는 전혀 무관계로, 둘 사이에는 어떠한 의미에서도 관련성이 없다.[39]

미노베는 이러한 통치권과 주권의 개념적 구별을 기회가 있을 때마다 강조했다. 그렇지만 통치권과 주권을 나누고, 주권을 통치권의 하위에 두는 주장은 주권 논의에서 결코 일반적이라고 할 수 없는 것이었다. 사실 군주주권을 명시하고 있는 메이지 헌법을 실증주의의 입장에서 논한 쪽은 우에스기 신키치로 대표되는 보수 진영이었고, 그것은 정치적 신념의 당부를 떠나 헌법 조문에 대한 충실한 해석이었다. 그럼에도 미노베는 통치권과 주권을 혼동하는 상황을 한탄하며 "그 관념을 올바르게 이해하고 잘못이 없도록 나는 애당초 '주권'이란 말을 완전히 배척하는 것이 지당하다고"[40]까지 말했다. 그가 이토록 양자의 혼동을 경계했던 것은 다음과 같은 이유에서였다.

종래 우리나라에서 '주권'이란 말로써 나타내는 바는 그 본래의 의미

---

39) 美濃部達吉, 『日本國法學』, 85쪽.
40) 美濃部達吉, 『日本國法學』, 89쪽.

에서는 국권의 최고성을 의미하는 데 있었다. 국권의 최고성이란 외부를 향해서는 국가가 국가 이외의 다른 힘의 제한을 받지 않고, 내부에서는 국가 내에 존재하는 모든 단체와 인민이 모두 국가권력에 복종할 것을 요구하는 것을 의미한다. 종래의 주권설에서 이 최고 권력이 군주 혹은 국민에게 있다고 하여 일정 내용을 그 권력의 불가결한 요건으로 생각한 것은 모두 관념의 혼동에서 비롯된 잘못이다.[41]

알려진 바와 같이 천황기관설은 군민의 단체로서의 국가에 통치권을 부여하고 군주를 그 내부에 최고기관으로 끌어들임으로써 국가와 군주의 관계를 사법私法 관계에서 공법 관계로 전환하는 것이었다. 하지만 주권과 통치권의 구분을 강조해 마지않는 미노베의 발언은 단순히 법학적 문제 관심만으로는 설명될 수 없었다. 그것은 당대 일본의 정치 상황과 깊게 관련되어 있었다.

미노베는 국가 내의 최고기관에 지나지 않는 군주에게 최고의 가치를 부여하여 오직 국가만이 보유할 수 있는 통치권과 군주의 주권을 동일시하는 사태에 대해 우려를 표명했다. "주권을 군주의 통치 권능權能의 의미로 해석해 군주가 무제한의 통치 권능을 가진다고" 착각하는 "심각한 오류"[42]는 본래 국가를 위해 존재하는 기관의 권능을 국가의 권리로 오인한 데서 비롯된 것으로, 그것은 당시 정치 상황에서 군주대권의 절대성과 데모크라시의 부정으로 이어졌다. 주권과 통치권의 개념적 구별은 이러한 현실을 의식한 발언이었다.

국가는 군주의 소유물이 아니었다. 그렇다고 국민의 소유물도 아니었다. 국가는 "한 개인과 마찬가지로 군주는 마치 두뇌와 같은 지위에

---

41) 美濃部達吉, 『日本國法學』, 90~91쪽.
42) 美濃部達吉, 『憲法撮要』, 44쪽.

있고, 유사백관有司百官은 마치 손, 발, 귀, 눈과 같고, 그리고 인민은 마치 인체를 조직하는 세포"43)와 같이 존재하는 군민의 단체였다. 국가는 "양 떼처럼 다른 목적을 위해 존재하고 다른 사람의 지배를 받는 목적물"이 아니라 "스스로 목적을 갖고 그 목적을 달성하기 위해 활동하는"44) 유기적 단체였다.

국가가 각 기관의 직분과 활동으로 이루어지는 유기적 단체인 이상 국가를 군주의 소유물로 여기는 가산 국가적 군주 대권론의 오류는 명약관화했다. 천황기관설을 "민주 공화의 사상"이라고 비판한 우에스기의 공격에 대해 미노베는 "인민이 국가를 조직하는 분자이지만 국가 그 자체가 아닌 것은 마치 세포가 곧바로 인간이 아닌 것과 동일"45)하다고 반론했는데, 그가 볼 때 국가를 군주의 소유물로 간주하는 군주 대권론은 마치 두뇌를 인간 그 자체라고 말하는 것과 마찬가지였을 것이다.

미노베의 데모크라시론은 군주가 행사하는 통치권에서 천황의 인격성을 배제함으로써 성립하고 있었다.

> 대권의 행동이 자유롭고 제한이 없다고 말하는 것은 실로 근본적으로 큰 오류로서, 대권의 행동이 지존至尊 일신의 행동이 아니라 국가의 행동임을 이해하지 못한 결과이다. 대권의 행동에 대해서 공적으로 비평하거나 논의할 수 없다고 하는 것도 역시 커다란 오류로서, 헌법에 국무대신이 천황을 보필하는 책임을 규정하고 있는 것은, 실은 대권의 행동에 대해 공적으로 비평하고 논의하는 일을 헌법이 공인하고 있는

---

43) 美濃部達吉, 「上杉博士の『國體に關する異說』を讀む」 『最近憲法論』, 61쪽.
44) 美濃部達吉, 『憲法講話』, 6쪽.
45) 美濃部達吉, 「上杉博士の『國體に關する異說』を讀む」 『最近憲法論』, 50쪽.

것과 다름이 없다. (중략) 모든 대권의 발동은 어떠한 것도 모두 국가의 행동이고 지존 일신의 행위가 아니므로 양자를 구별할 이유는 없다. 국가의 행동은 국민 전체와 관계되는 공적 행위이므로 국민은 충분히 이를 논의할 수 있어야 한다.[46]

통치권은 "군주 일신의 이익을 위해서가 아니라 국가 전체의 이익을 위해서"[47] 행사하는 권리였다. 그리고 "천황이 국가의 통치자로서 대권을 행사하는 경우 이를 정부라고 말하는 것이 보통"[48]이었다. 그러면 대권의 행동, 즉 정부의 정치책임을 묻는 것은 "결코 황실의 존엄을 해치는 것이 아닌"[49] 일이 되고, 국가의 행동도 "오로지 국리민복國利民福에 적합해야 할"[50] 필요성이 발생한다. 미노베가 생각하는 헌법상의 여러 제한은, 말하자면 대권 발동에 대한 국리민복의 목소리였다. 미노베의 데모크라시론은 대권의 행동을 국가의 행동으로 환골탈태함으로써, 바꿔 말하면 헌법론에서 국체론國體論을 추방함으로써 성립했다. 이때 데모크라시의 정당성이 대권에 대한 국리민복의 우위, 즉 군주나 정부에 대한 민족공동체의 우위에 의해 확보되고 있었던 점은 새삼 지적할 필요도 없다. 미노베는 이러한 자신의 데모크라시론을 "법률적 또는 형식적 의의"의 민주주의와 구별되는 "정치적 또는 실질적 의의"[51]의 민주주의라고 불렀다. 정치적 의의의 민주주의는 "주권재민주의 사상과는 아무런 직접적인 관계가 없어 군주 정체와 양립"할

---

46) 美濃部達吉, 「近時の政界に於ける憲法問題」『最近憲法論』, 232~234쪽.
47) 美濃部達吉, 「上杉博士の『國體に關する異說』を讀む」『最近憲法論』, 61쪽.
48) 美濃部達吉, 「近時の政界に於ける憲法問題」『最近憲法論』, 241쪽.
49) 美濃部達吉, 「近時の政界に於ける憲法問題」『最近憲法論』, 233쪽.
50) 美濃部達吉, 「近時の政界に於ける憲法問題」『最近憲法論』, 231쪽.
51) 美濃部達吉, 「近代政治の民主的傾向」『太陽』1918년 6월/ 『時事憲法問題批判』, 398쪽.

수 있는 것으로, 그것을 한마디로 설명할 수는 없지만 "소극적으로는 국민 의사에 반해 그 자유 활동을 외부로부터 압박하는 일을 되도록 줄이고, 적극적으로는 되도록 광범위한 국민을 국가 정치에 참여시켜 국민 의사에 따라 정치를 행하는 것을 요구하는"[52] 것이었다. 국리민복이나 국가 전체의 이익은 정치적 의의의 민주주의가 추구하는 중심적인 정치 과제였다.

미노베의 정치적 의의의 민주주의는 요시노가 말하는 민족정신론으로서의 민주주의와 완전히 일치하는 것이었다. 주권의 상위에 국권을 설정함으로써 헌법의 형식 논리적 해석에 안주하는 군주 대권론을 비판함과 동시에 개인주의 국가관에서 귀결되는 인민주권의 가능성도 함께 차단하려 했던 점에서, 두 사람은 완전히 문제의식을 같이했다.

기존의 연구는 정치적 의의의 민주주의를 주로 군주 대권과의 대항 관계 속에서 평가해 왔지만, 양인이 민주주의의 역사에서 주권론으로서의 민주주의를 추방한 이유가 그들이 주장하는 정치의 국민화가 인민주권으로 이어지는 사태를 사전에 방지하기 위해서였다는 점을 간과해서는 안 된다. 군주나 개인에 대한 민족공동체의 가치적 우위는 두 사람에게 확고하고 자명한 신념으로 자리 잡고 있었다.

1910년대에 발표된 미노베와 요시노의 정치개혁 구상은 '세계의 대세'에 힘입어 국체론과의 논전에서 승리함으로써 결과적으로 군주주권하에서 데모크라시의 가능성을 여는 데 성공했다. 그러나 정치적 의의의 민주주의는 그것이 법률적 의의의 민주주의를 의식한 것인 만큼 정신론적 성격을 과도하게 띠는 것이 사실이었다. 이는 제도적 사고의 부재로 연결되었는데, 예를 들어 "통치권은 군주의 이름으로 행사되건 국민의 이름으로 행사되건 그것이 국민 일반의 의견에 따라

---

52) 美濃部達吉, 「近代政治の民主的傾向」, 403쪽.

결정되기를 요구하는 것이 입헌 제도의 본질"[53]이라든가, 근대 국가에서 "군주 정체와 공화 정체는 서로 접근하여 양자 간의 구별이 그다지 명료하지 않게 되었다"[54]는 미노베의 발언은 정치적 의의의 민주주의에 따라다니는 제도적 사고의 불명확함, 다시 말해 정신론적 성격의 과잉을 말해주는 사례이다.

그래서 만약 1910년대 일본의 데모크라시 운동과 조화적 관계에 있던 '세계의 대세'나 국내 정치 상황이 변화할 경우, 정신론으로서의 민주주의는 제도적 내성을 갖지 못한 만큼 어떠한 모습으로도 변모할 가능성을 내포하고 있었다. 그리고 상황에 따라서 그것은 실제로는 군주나 국가권력에 의해 결정된 국가의사를 국가혼이나 민족정신으로 둔갑시키는 이데올로기적 기능을 수행할 가능성도 갖고 있었다.

또 정치적 의의의 민주주의는 입헌 제도를 국리민복을 위한 단순한 '수단'으로 생각하는 기능주의적 제도 인식을 낳아 제도 그 자체가 가진 합리성이나 역사성에 대한 경시를 가져오기 일쑤였다. 미노베는 일찍부터 "오늘날의 입헌 정체가 앞으로 영원히 바뀔 수 없는 최종적 형태가 아닌 점은 새삼 언급할 필요도 없다. 원래 국회라는 존재는 단지 인위적 제도에 지나지 않는 것으로 (중략) 그것이 장래에 어떠한 방향으로 발전해 갈지는 우리들의 후손에 이르러 비로소 알 수 있다"[55] 라고 말하는 등, 입헌 제도에 대해 거리를 둔 생각을 피력하였다. 의회정치에 대한 기능주의적 태도는 후일 '의회제의 위기'가 회자하는 1930년대에 들어 새로운 국면을 맞이하게 되는데, 이러한 점들에 관해서는 제3장에서 자세히 언급하기로 한다.

---

53) 美濃部達吉, 『日本憲法』, 391쪽.
54) 美濃部達吉, 『憲法講話』, 30쪽.
55) 美濃部達吉, 「'エリネック'氏憲法變化論」『憲法及憲法史研究』, 744쪽.

제4절 이법과 실정법

  지금까지 다이쇼 데모크라시 정치사상의 국가관과 주권론의 구조에 관해 논했다. 이 절의 과제는 전체사회적 국가관과 사회법 우위의 법사상과의 관련성에 대해 살펴보는 것이다.

  미노베가 독일 국법학의 기저에 흐르는 법실증주의 방법론에 대해 강한 의문을 표명한 점은 이미 소개했다. 법의 근원을 국가의 의지 속에서 구하고, 실정법의 논리적 해석을 법학의 사명으로 하는 법실증주의 방법론을 미노베는 "법학의 사도邪道"[1]라고까지 비판했다. 눈앞의 국가 현상을 법학적 개념의 구성으로 설명하는 법실증주의 방법론은 "국가의 본질을 밝힐 수 없는" 결정적인 한계를 갖고 있었다. 왜냐하면 "국가는 법의 제작물이 아니라 인류의 생활 현상으로서 자연스럽게 발달한" 것으로, 그것이 "법의 제작물이라면 법학적 개념으로 설명할 수밖에 없지만 국가가 법에 의해 만들어진 것이 아닌 이상 (중략) 국가의 본질 여부는 법학적 개념과는 달리 독자적으로 정해져야 할"[2] 문제이기 때문이었다. 국가학에서 법학적 개념 구성이 이차적 방법론에 지나지 않는 이유도 거기에 있었다. 미노베는 국가와 법의 관계를

---

1) 美濃部達吉, 『日本憲法』, 69쪽.
2) 이상, 美濃部達吉, 『日本憲法』, 108쪽.

다음과 같이 이해했다.

만약 국가가 사회생활의 가장 오래된 형태이고 국가 없이는 사회가
존재할 수 없다고 한다면 국가 이전에 법을 상상할 수 없다. 왜냐하면
법의 성립은 언제나 사회생활을 전제로 하기 때문이다. 그러나 적어도
관념상으로는 법은 반드시 국가의 성립을 전제로 하는 것이 아니다.
국가가 없어도 사회생활이 존재하는 곳에는 반드시 법이 존재한다.
법의 전제조건은 국가가 아니라 사회생활이다.[3]

이러한 발언에서 유추할 수 있는 법과 사회와 국가의 관계는 아마도
다음과 같을 것이다. 먼저 인간의 본능인 사회성의 필연적 산물로서
사회생활이 있고, 법은 이 사회생활 속에서 탄생한다. 얼마 안 가
사회생활은 국가 단계로 이행하는데, 이때 국가의 기본 틀은 사회생활
을 규율하고 있던 법에 따라 결정된다. 따라서 사회 단계의 법은 국가가
성립한 후에도 효력을 잃지 않고 국가에 의해 제정된 실정법을 계속
구속한다.

국가가 법에 구속되는 것은 국가의 성립이 법의 존재를 전제로
하는 점에서도 이미 명료하다. 국가는 법에 따라 통치조직이 만들어지
고 영토와 국민의 범위가 결정됨으로써 비로소 성립하는 것으로, 국가
의 통치권 자체가 이미 법이 인정한 힘과 다름이 없다.[4]

국가 성립 이전에 법의 존재를 인정하는 미노베가 독일 국법학의

---

3) 美濃部達吉, 『日本憲法』, 46쪽.
4) 美濃部達吉, 『日本憲法』, 53쪽.

실정법 본위 사고를 "명백한 오류"[5]라고 단정하고 법실증주의 방법론에 이의를 제기하는 것은 당연했다. "법률의 힘은 실은 일반적으로 생각하는 것보다 매우 한정적으로, '법률 만능'이라고 함은 전혀 피상적인 견해에 지나지 않는다."[6] 여기서 이야기하는 법은 국가가 성립한 이후에 제정된 실정법이다. 그는 실정법을 넘어 존재하는 "자연력"을 상정하는데, 그것은 사회생활을 규율하는 도덕이나 정의, 즉 미노베가 말하는 사회심의 또는 사회의식을 말한다. 자연력은 "국가의 권력보다 훨씬 강력"해서 그 "제한은 국가라 할지라도 어떻게 할 방도가 없는" 것이었다. 관습법이나 이성법은 "자연에 의해 주어진 힘"[7]에 근거했다. 미노베는 자연력과 실정법의 관계를 이렇게 생각했다.

> 더욱 중요한 세력은 사물의 자연적 필요라 할까, 도리道理상 또는 시세時勢상 그렇게 해야만 하는 법칙입니다. 법이 이 자연적 법칙에 적합하지 않으면 그 법은 영원히 효력을 가질 수 없어 머지않아 법으로서 힘을 잃어버리게 될 것입니다. 이를 자연법이라고 할지 아니면 이성법이라고 할지는 단지 명칭의 문제에 지나지 않습니다. 어쨌든 법은 이 자연의 대원칙을 좌지우지하는 힘을 갖지 못한다고 믿습니다.[8]

인류의 이성은 "국가의 명령을 매개로 하지 않고도 직접 법으로서 힘을" 낳고, 국가에 의해 제정된 법이라 할지라도 이성의 요구에 부적합한 법은 "국가가 이를 폐지하지 않아도 저절로 법으로서 힘을 상실"[9]했

---

5) 美濃部達吉, 『日本憲法』, 45쪽.
6) 美濃部達吉, 「'エリネック'氏憲法變化論」 『憲法及憲法史研究』, 699쪽.
7) 이상, 美濃部達吉, 『日本國法學』, 182쪽.
8) 美濃部達吉, 「'エリネック'氏憲法變化論」 『憲法及憲法史研究』, 698쪽.

다. 헌법학의 임무는 "정의가 요구하는 바에 의해 또는 사회생활의
필요에 따라 그렇게 존재하도록 혹은 그렇게 개정하도록 의식하게
만드는"[10] 이성의 요구를 밝히는 일이었다. 이때 이성의 요구란 "각
시대의 문화적 산물"로 "시대와 함께 변천 발달"[11]하는 정의 관념을
말했다.

　　최근 일본의 법률가가 법을 해석할 때 오직 법의 자구만을 중시하
여 그것이 얼마나 상식에 어긋나도, 그것이 정의 사상과 아무리 배치해
도 전혀 개의치 않고 악법도 법이라고 말하며 단지 법의 자구를 있는
그대로 해석하여 그것이 곧 법이라고 생각하는 것은 대단히 잘못되고
사회에게 매우 위험한 발상입니다. 국가는 정의의 옹호자로서 또 공익
의 보호자로서 사회정의를 유지하고 공익을 추구하기 위해 법을 만드
는 것이기에 정의에 반하고 공익을 해치는 법은 본래 있을 수 없다.
설사 법의 자구가 정의에 반하는 것처럼 보이더라도 그것은 국가의
진정한 의사가 아니라고 생각하는 것이 당연하다. 적어도 해석의 여지
가 있는 이상 가능한 정의에 부합하도록 해석하여 법과 정의의 조화를
꾀해야 합니다.[12]

　실정법에 대한 정의의 "혁신적, 광정匡正적"[13] 역할을 중시하는 미노
베의 법사상은 그의 법학을 한없이 해석 중심의 학문으로 만들어 갔다.
법과 정의의 조화를 통해 사회적 정의와 공익 구현을 목표로 하는

---

　9) 美濃部達吉, 『日本國法學』, 175~176쪽.
　10) 美濃部達吉, 『日本國法學』, 174~175쪽.
　11) 美濃部達吉, 『日本憲法』, 26쪽.
　12) 美濃部達吉, 『憲法講話』, 444~445쪽.
　13) 美濃部達吉, 『日本憲法』, 27쪽.

미노베의 헌법학은 법의 목적론적 고찰과 해석을 주된 내용으로 하는 해석법학이었다.

> 헌법을 정당하게 해석하기 위해서는 단지 자구의 뜻에만 의존하지 않고, 첫째로 그것이 과연 국가 목적에 적합한지 아닌지를 잘 관찰할 필요가 있고, 둘째로 그것이 헌법의 배후에 존재하는 기초 정신, 특히 입헌정치의 본뜻에 적합한지 아닌지를 밝힐 필요가 있다.[14)]

"의회가 국민의 대표자라는 사실은 우리들의 실제 생활에서 의심할 바 없는 신념이다."[15)] 이러한 발언은 헌법의 '정당'한 해석을 통해 도달한 이성의 요구였다. 그렇다면 "법률상의 관념에서도 반드시 이를 인정"해야 하는 것으로, 단순히 헌법의 형식 논리에 얽매여 "법률상의 관념과 실제 생활상의 보통 신념을 서로 배치하는 것은 법학의 본질을 그르치는 일"이었다. 이성이 요청하는 사회적 정의는 "헌법에 명문이 있든 없든 상관없이"[16)] 법으로서 힘을 갖기 때문이었다. "사실의 규범력"에 대한 미노베의 신념은 "이성의 발현"으로서의 근왕론勤王論과 민권자유설民權自由說이 훗날 왕정복고와 헌법의 발포라는 "과실"[17)]로 이어졌다는 역사적 사실에 의해서도 뒷받침되고 있었다.

그렇지만 사회적 정의에 대한 미노베의 확신이 지나친 실정법 경시를 가져와 법과 도덕의 경계를 모호하게 하는 결과를 초래한 것도 사실이었다. 법에서 정의의 계기는 자연법의 존재나 저항권 문제에서

---

14) 美濃部達吉, 「剩餘金支出論」 『法學協會雜誌』 1915년 6월/ 『時事憲法問題批判』, 210쪽.
15) 美濃部達吉, 「議會ノ國民ノ代表機關ナリ」 『憲法及憲法史研究』, 279쪽.
16) 이상, 美濃部達吉, 「議會ノ國民ノ代表機關ナリ」, 283~284쪽.
17) 美濃部達吉, 『日本國法學』, 175쪽.

보다시피 법학 혹은 법철학에서 커다란, 그러나 해결 불가능한 난제로 존재했다. 그럼에도 미노베는 "원래 법과 도덕은 그렇게 확연히 구분 지을 수 없는 것"[18]이라고 강변하며 오히려 "오늘날 법률가들이 가장 소홀히 여기는"[19] 정의 감각의 결여를 문제시할 뿐이었다. 그가 법실증 주의적 의미의 '악법도 법'이라는 입장을 주로 개념법학의 제정법 만능 주의로 이해하고 그것을 일축하는 것은 그러한 이유에서였다. 시대와 함께 변천하는 정의의 내용을 발견하고 법과 정의의 조화를 목표로 하는 미노베 헌법학의 관점에서 볼 때 법과 도덕의 관계는 반드시 일치해야 하는 것이었다.

이러한 점은 같이 '법의 사회화'를 주장하면서도 스에히로 이즈타로 末弘嚴太郎(1881~1951)가 자신의 해석법학을 "하나의 법질서를 논리적 모 순이 없는 규범체계로서 이해하는 것을 목적으로 하는 학문"[20]이라고 규정하고 있는 사실과 대조적이었다. 스에히로가 비판하는 "소위 사회 법학적 비논리", 즉 "본래 타당계통妥當系統을 달리하는 각종 법규범에 법원法源으로서 가치를 부여하고 (중략) 그 논리적 근거에 대해 충분히 설명하지 않는"[21] 점에서 사회적 정의, 국가 목적, 헌법 정신 등을 중시하는 미노베도 예외가 아니었다.[22]

---

18) 美濃部達吉, 『憲法講話』, 437쪽.
19) 美濃部達吉, 『憲法講話』, 443쪽.
20) 末弘嚴太郎, 「解釋法學に於ける法源論について」, 末弘嚴太郎, 『民法雜記帳』, 日本 評論社, 1940, 277쪽.
21) 末弘嚴太郎, 「解釋法學に於ける法源論について」, 280~281쪽.
22) 당시 일본의 법학계에서는 민법이나 형법 분야를 중심으로 법의 해석·운용을 통해 다양한 사회 요구를 해결하려는 '자유법 운동'이 한창이었다. 자유법 운동은 형식 논리에 입각한 법 적용을 비판하며 법의 사회화를 주장했는데, 이때 법 해석의 기준이 된 것은 관습법, 판례법, 정의 등이었다. 미노베가 자유법 운동을 "정당한 사상"(美濃部達吉, 『日本憲法』, 69쪽)이라고 평가하는 것은 법사상의 유사성과 해석 중심의 학문 형태에서 당연한 일이었다.

미노베가 말하는 정의는 결국 미노베가 생각하는 정의에 지나지 않았다. 그는 이법理法의 발견을 법학자의 임무라고 강조했지만 그렇게 발견된 이성의 요구가 어떤 법적 절차를 거쳐 사회적 정의의 지위를 획득하게 되는가에 관해서는 아무런 언급이 없었다. 정의를 지향하는 미노베의 목적론적 해석법학은 정치적 의의의 민주주의와 마찬가지로 지나치게 정신론적 성격을 띠는 점에서 차이가 없었다. 미노베에게는 다행스럽게도, 그가 생각하는 이성의 요구는 다이쇼 데모크라시 운동이 추구하는 정치 목표와 일치했다. 그렇기에 국가법인설·천황기관설은 시대를 견인하는 헌법 학설이 될 수 있었다. 하지만 그러한 구도가 붕괴했을 때 미노베의 헌법학과 데모크라시의 관계가 과연 어떻게 변화할지는 여전히 문제로 남아있었다.

제5절 국가와 자유

미노베가 주장하는 법의 사회화는, 한마디로 사회적 정의에 국가의 법을 종속시키는 것을 의미했다. 사회법 우위의 법사상은 앞에서 국가와 법의 발생 과정에서 확인한 바와 같이 국가에 앞서 존재하는 사회생활의 법에 바탕을 두고 있었다. 사회 속에서 탄생하는 국가는 태생적으로 사회에 의해 구속되는 존재였다. 이러한 '사회의 법' 대 '국가의 법'의 구조는 통치권과 주권으로 구성된 미노베의 주권론과 함께 통치조직으로서의 국가(협의의 국가)에 대한 전체사회적 국가(광의의 국가)의 가치적 우위와 연쇄하고 있었다.

미노베의 법사상은 국가 상태 이전에 법의 존재를 인정하는 점에서 자연법론과 유사한 점을 갖고 있었다. 자연법이 "근본 사상에서 의심할 여지가 없는 진리를 포함하고"[1] 있고, "개인주의 자유사상은 본래 어느 정도 정당한 사상"[2]이라는 평가가 내려지는 배경에는 자연법과 자유주의가 근대입헌주의의 출발 사상이었다는 점도 있지만 국가의 법을 국가 이전의 법으로 상대화하는 법사상의 유사함도 거들고 있었다. 하지만 미노베는 자연법에 대한 공감에 이어서 곧바로 이렇게 말했다.

---

1) 美濃部達吉, 『日本憲法』, 429쪽.
2) 美濃部達吉, 『日本憲法』, 453쪽.

자연법학자가 인간의 자유를 국가 이상의 절대 불가침의 가치로 여기고, 국가계약설로써 이를 설명하는 것은 전혀 정당한 설명이 아니다.[3]

국가계약설은 "국민이 국가권력에 복종하는 근거를 국민 자신의 의지"[4] 속에서 찾는 점에서, 다시 말해 국가 존립의 근거를 '사회심의' 내지 '사회의식'에서 구하는 점에서 일면의 진리를 포함하고 있었다. 그러나 그것이 국가를 인위적 계약의 소산으로 보고 인간의 자유를 국가 이전의, 국가 이상의 가치로 삼아 결과적으로 주권재민설로 귀결하는 점은 결코 수긍할 수 없었다. 자연법에 대해 양면적인 평가가 내려지는 것은 이러한 이유에서였다. 미노베는 국가계약설에서 파생하는 국민주권설의 문제점을 다음과 같이 지적했다.

국민주권설의 근본적인 오류는 국가를 오직 국민 각 개인의 집합으로서만 바라보고 국가 스스로가 목적을 가진 영속적 단체라는 사실을 명백히 의식하지 못한 점에 있다. 국가가 국민의 단체이고, 따라서 국가의 모든 통치권은 국민의 이익을 위해 행사되어야 하고, 또 통치권은 국민 심리에 존립의 근거를 가지는 것은 진리이지만 (중략) 현재의 국가는 과거 몇 대에 걸친 사고와 활동의 결과이고, 앞으로도 여러 세대를 낳을 전제가 되므로 단지 오늘날의 국민 각 개인의 집합체에 그치는 것이 아니다. 다시 말해서 국가는 영속적인 존재를 가진 단체로서 그 스스로가 목적의 주체이므로, 통치권은 필연적으로 단체로서의 국가에 속한다. 단체 내부에서 어떤 기관이 국가 활동의 주뇌자主腦者의

---

3) 美濃部達吉, 『日本憲法』, 429쪽.
4) 美濃部達吉, 『憲法撮要』, 12쪽.

지위에 있을지는 국가 정체政體의 문제이다. 그것은 각국의 역사와 국민적 성정性情과 사회 사정에 따라서 결정될 문제로, 결코 국가에 수반하는 필연적인 성질이 아니다.5)

국민주권설의 문제점은 대략 두 가지 점으로 요약할 수 있었다. 먼저, "모든 국가에 적용되는 필연적인 조건이 아니라 각국의 통치조직에 관한 한 가지 주의에 지나지 않는"6) 주권 소재의 문제를 국가에 수반하는 필연적인 성질로 오인하여 주권재민을 민주주의의 필수조건으로 한 데에 국민주권설의 오류가 있었다. 형식적 의의의 민주주의가 그에 해당하는데, 이에 대해 미노베가 정치적 의의의 민주주의를 대치한 점은 이미 언급했다.

그러나 국민주권설이 갖고 있는 더욱 근원적인 문제는 그것이 국가와 국민을 분리하여 전자를 후자의 집합체로 인식한 점이었다. 즉 국가 자신이 갖는 독자성을 간과하고 국가를 국민의 이익과 자유를 위한 인위적 수단으로 생각하는 점이야말로 국민주권설의 가장 큰 문제점이었다. 이는 국가와 인간의 사회생활을 동일시하는 전체사회적 국가관에서 볼 때 당연한 비판이었다.

국가 성립의 기원은 인민의 계약에 있는 것이 아니라 인류의 사회적 천성에 있다. 인류는 원시 상태에서도 완전한 자유 상태에 있는 것이 아니다. 국가생활은 인류의 필연적 요구로, 국가를 떠나 인류의 생활은 상상할 수 없다.7)

---

5) 美濃部達吉, 『日本憲法』, 389~390쪽.
6) 美濃部達吉, 「近代政治の民主的傾向」 『時事憲法問題批判』, 402쪽.
7) 美濃部達吉, 「近代政治の民主的傾向」, 400~401쪽.

이러한 사유 구조 속에는 자연 상태의 자유가 존재할 리 없었다. 인간은 태어나면서부터 사회·국가 내적 존재였다. 따라서 인간의 자유도 처음부터 국가 내의 자유로 한정되어야 했다. 태생적으로 '국가 대 자유'의 구조를 갖지 못하는 전체사회적 국가관은 원리적으로 '국가로부터의 자유'를 사유할 수 없었다. 국가계약설이 부정되는 근본적인 이유는 여기에 있었다.

미노베에게 국가 이전의 법은 자연법에서 말하는 개인의 자유가 아니라 영속하는 단체로서의 국가의 독자성과 연결되는 것이었다. 국가단체설은 유기적 단체로서 국가의 독자성과 우월성을 나타내는 국가 학설이었다.

> 단체설의 주안은 국가가 단지 현재 국민뿐만 아니라 먼 조상으로부터 생명을 이어받아 후대의 자손에게 생명을 전하는 국민 전체의 결합으로 구성되는 단일체로서, 그 분자인 국민 각 개인의 생명과는 달리 영구적 생활체를 이루고, 그 자신의 목적과 의사력을 갖고, 그리고 특히 통치의 힘이 이 단체적 단일체에 속한다는 사실을 주장하는 데 있다.[8]

되풀이하지만 국가단체설에서 군주와 인민은 두뇌와 세포의 관계처럼 공동의 목적을 위해 활동하는 기관이었다. 군주나 인민에 대한 유기체 국가의 우위는 국가단체설의 논리 필연적인 결론이었다. 따라서 천황기관설·국가법인설을 평하여 "국가법인설은 민주 사상을 법학이라는 체로 걸러내 압착한 것이다. (중략) 군주가 주권자라는 사실을 배척하는 것이 국가법인설의 본의"[9]라고 말한 우에스기 신키치의 공격

---

8) 美濃部達吉, 『憲法撮要』, 15쪽.

미노베 다쓰키치美濃部達吉의 『헌법촬요
憲法撮要』(1923)

은 미노베의 민주주의를 과도하게 경계한 보수적 언설이었다.

미노베는 "개체로서 개인의 생존은 국가의 일원으로서 비로소 완성될 수 있는 것으로, 모든 개인의 생활은 국가의 보호를 존립 기초로 한다"10)고 생각하는 점에서 결코 무조건적인 민주주의의 찬미자가 아니었다. "아니 민주주의는 전 국민의 힘으로 국가의 무게를 담당하려는 것으로 국가주의 정신에 가장 잘 부합한다"11)는 발언에서 볼 수 있는 것처럼 그는 오히려 자신을 진정한 국가주의자로 자부했다.12)

자유를 국가 내부의 가치로 생각하는 미노베의 사유 구조는 오야마나 요시노에게도 찾아볼 수 있다. 앞서 지적한 것처럼 오야마가 말하는 주권과 자유의 절충이나 요시노의 국가 강제권 대 개인 자유의 합리적 관계 등은 모두 민주주의를 기본적으로 계승하면서도 개인 자유의 독주를 견제하려는 의도에서 비롯된 문제의식이었다. 이를 위해 그들은 개인주의 국가관과 주권론으로서의 민주주의를 특수한 역사적 상황의 산물로 치부했다. 오야마의 '근대 데모크라시론'은 역사적 산물로서

---

9) 上杉愼吉, 「國體に對する異說」『最近憲法論』, 34~36쪽.
10) 美濃部達吉, 『日本憲法』, 528쪽.
11) 美濃部達吉, 「近代政治の民主的傾向」『時事憲法問題批判』, 418쪽.
12) 지금까지의 연구는 미노베의 이러한 발언을 주로 보수 진영을 의식한 전략적 대응으로 평가하는 것이 일반적이었다. 그러나 이미 언급한 것처럼, 또 앞으로 살펴볼 것처럼 미노베는 자신의 민주주의와 국가주의를 모순 관계로 인식하지 않았다.

의 자유를 논증한 것이었다.

[16세기 종교개혁에서 비롯된 개인의 해방을 시작으로 17, 18세기의 인민주권, 국가계약설에 이르기까지의 | 인용자] 자유 운동이 군주전제하에서 발달한 사실은 근세 민중운동을 해석하는 데 중대한 의의를 지닌다. 새삼 지적할 필요도 없지만 군주전제는 기왕의 산만한 신성로마제국의 조직을 타파하고 견고한 중앙집권하에서 민족 관계 혹은 국민 관계를 기초로 하는 근대 국가 건설을 위해 필요한 과정이었다. 근세에서 독립 국가의 모습을 갖춘 행운의 국가들은 모두 빠르든 늦든 한 번은 군주전제 시대를 통과한 국가가 대부분이다. 군주전제하에서 국가의 기초가 다져지고 나서 비로소 자유의 요구가 나타나고, 개인의 정신적·물질적 생활의 한 부분을 국가권력의 간섭 밖에 두려는 운동이 싹트기 시작했다. 이 경향은 특히 종교 신앙 방면에서 가장 현저하게 표현되었다. 이러한 사실로 미루어 보아 근세의 자유는 국가 내부의 자유이다. 국가가 있고 나서 비로소 자유의 요구가 발생했다.13)

근대의 자유는 "국가를 떠난 자유가 아니라 국가 내의 자유"였다. 자유를 얻기 위해서는 "국가 자체를 우선 확립해야 했다."14) 그럼에도 국가 이상의 자유를 주장하는 계약설이 탄생한 이유는 국왕의 전제 때문이었다. "전제의 잘못을 알리고 자유를 부르짖음으로써 과감하게 국왕에 반항"하기 위해, 다시 말해 "인민의 의탁依託에 반하여 폭정을 행하는 국왕에 대해 혁명의 권리"를 고창하기 위해 계약설을 주장했고,

---

13) 大山郁夫,「街頭の群集 : 政治的勢力としての民衆運動を論ず」『大山郁夫著作集 第1卷』, 110쪽.
14) 이상, 大山郁夫,「デモクラシーの政治哲學的意義」『大山郁夫著作集 第2卷』, 11쪽.

국가 이상의 자유는 그러한 혁명 과정에서 생겨난 역사적 산물이었다. 오야마는 정치학자로서 "오늘날의 관점에서 보면 기괴하기 그지없는 계약설도 당시에는 단순히 논리적 유희가 아니라 고통에 찬 영혼의 목소리"15)였던 점을 간과하지는 않았지만, 계약설이 주장하는 자유는 일시적인 부산물에 불과한 것으로 결코 민주주의의 본질적 요소가 될 수 없었다.

> 국민의 진정한 자유는 국가 안에서만 누릴 수 있다. 국가 확립을 위해서는 전제주의를 거칠 필요가 있었지만 국가가 확립된 이후에도 전제주의가 타성으로 존속할 때 이에 대한 반대운동이 자유의 요구로 나타난 것은 불가항력적 역사의 논리였다.16)

근대의 자유는 국가 내의 자유였다. 국가 이전의, 국가 이상의 자유가 아니었다. 후자의 자유는 전제주의와의 대결 과정에서 생겨난 기괴한 일탈에 지나지 않았다. 근대의 자유는 어디까지나 "국가권력의 보장 아래서의 자유를 그 특징으로 하는"17) 것이었다. "적어도 역사적으로 고찰할 때 국가는 자유를 부여한 존재이지 그것을 빼앗은 존재가 아니었다."18) 이렇게 말하는 오야마의 사고 속에는 애당초 '국가 대 자유'라는 구조가 성립할 수 없었다.

국가 내의 자유를 기조로 하는 근대 데모크라시론은 국가 이상의 자유를 특수 유럽적 정치 상황에서 생겨난 '역사적 자유'로 자리매김했

---

15) 이상, 大山郁夫, 「デモクラシーの政治哲學的意義」, 12~13쪽.
16) 大山郁夫, 「デモクラシーの政治哲學的意義」, 12쪽.
17) 大山郁夫, 「世界に於ける政治の民衆化的傾向及び其特徴的諸現象」 『大山郁夫著作集 第2卷』, 63쪽.
18) 大山郁夫, 「世界に於ける政治の民衆化的傾向及び其特徴的諸現象」, 64쪽.

다. 이후 국가사상은 "개인적 자유주의에서 시작하여 점차 민족적 집합주의로"[19] 옮겨갔고, 그 결과 "사회의 권리가 개인의 권리 이상으로 존중받게"[20] 되었다. 오야마가 말하는 국가적 개인은 그러한 국가사상의 변화에 부합하는 새로운 개인상으로 제안된 것이었다.

오야마가 추진하는 자유의 역사화 작업은 요시노에 의해서도 이루어졌다. 요시노에 의하면 19세기 이래 서양의 데모크라시는 "삼대 변천", 즉 제1기의 천부인권론 그리고 "불행한 계급투쟁"을 통해 "제3계급의 권리 신장"을 가져온 제2기를 거쳐 제3기에 이르고 있는데, "오늘날의 민본주의"는 "국가를 조직하는 분자가 각자 국가경영에 관해 진력하는 적극적인 분담을 갖는 데 근거"[21]하고 있었다.

요시노가 말하는 '역사로서의 천부인권론'은 오야마에 의한 자유의 역사화에 비해 논리적 치밀함이 떨어지는 것이 사실이지만, 그럼에도 인민주권에 근거하는 데모크라시가 시대에 뒤떨어진 것이라고 주장하기에는 충분했다. "근세 초기의 개인 자유의 외침이나 인민주권과 같은 주장은 실로 용암庸暗한 군주전제에 반항하여 일어난 국가위력의 목소리"[22]였다는 요시노의 역사 인식은 국가 이상의 자유를 유럽의 역사적 상황의 산물로 생각하는 오야마의 그것과 대동소이했다. 요시노는 19세기 이후 개인중심주의가 걸었던 길을 다음과 같이 정리해 보였다.

원래 19세기 초에 개인 중심적인 자유론이 일어난 것도 그 앞

---

19) 大山郁夫, 「世界に於ける政治の民衆化的傾向及び其特徴的諸現象」, 62쪽.
20) 大山郁夫, 「デモクラシーの政治哲學的意義」 『大山郁夫著作集 第2卷』, 20쪽.
21) 吉野作造, 「國民思想統一論者に與ふ」 『中央公論』 1918년 12월/『吉野作造選集 第3卷』, 岩波書店, 1995, 254~255쪽.
22) 吉野作造, 「'國家威力'と'主權'との觀念に就て」 『吉野作造選集 第1卷』, 96쪽.

시대의 극단적인 국가중심주의의 폐해로, 그것이 유일한 원인이 아니라고 해도, 나타난 결과이다. 그런데 개인중심주의를 극단적으로 주장한 데서 비롯하는 폐해도 19세기 후반에 이르러 절실하게 느껴져, 나라마다 이르고 늦은 차이는 있지만, 드디어 국가중심주의가 다시 세력을 떨치려 하고 있다. (중략) 요컨대 오늘날의 형세는 두 주의가 이제부터 대 조화를 이루기 위해 서로 크게 싸우고 있다고 보아도 좋을 것이다.[23]

이러한 개인중심주의의 궤적을 데모크라시의 삼대 변천과 종합하면, 제1기의 천부인권론과 제2기의 계급투쟁은 극단적인 개인중심주의의 폐해의 한 예였다. 그리고 오늘날의 민본주의는 양 주의의 '대립·충돌'을 넘어 '대 조화'의 경지에 도달하기 위한 모색의 단계가 되는데, 요시노는 그 가능성을 프랑스의 사회연대주의 속에서 발견하곤 했다. "어디까지나 개인 본위의 근거 위에서 단체적 결속의 가치를 역설하는"[24] 사회연대주의는 그가 이상으로 여기는 전체와 부분의 유기적 종합 위에 성립하는 국가와 많은 유사점을 갖고 있다고 생각했기 때문이다.[25]

오늘날의 민본주의는 지난날의 천부인권론이나 인민주권을 바탕으로 하는 것이 아니었다. 민본주의의 지향점은 국가와 개인을 분리하지 않고 "국가를 구성하는 **분자, 즉 개인의 충실, 발달**도 고려하며 국가의

---

23) 吉野作造,「國家中心主義個人中心主義 : 二思潮の對立·衝突·調和」『吉野作造選集 第1卷』, 124~125쪽.
24) 吉野作造,「國家中心主義個人中心主義 : 二思潮の對立·衝突·調和」, 138쪽.
25) 요시노는 사회연대주의에 관해서 민법학자 마키노 에이이치牧野英一의『형법과 사회 사조刑法と社會思潮』로부터 많은 시사를 얻은 사실을 밝히며 사의를 표명했다. 吉野作造,「國家中心主義個人中心主義 : 二思潮の對立·衝突·調和」, 138쪽.

근본적 융성을 밑바닥부터 만들어 가는"[26] 데 있었다. 요시노는 그것이 야말로 "**진정한 국가중심주의**"[27]라고 생각했는데, "가장 정련되고 순수한 모습에서 국가중심주의와 개인중심주의는 논의로서 아무런 괴리도 없고 모순된 관계가"[28] 아닌 점에서, 그것은 '진정한 개인중심주의'라고도 할 수 있는 것이었다.

　데모크라시 정치를 진정한 국가 발전을 위한 한 계제로 생각하는 점에서는 오야마도 차이가 없었다. 그도 "건전한 국가주의와 건전한 개인주의가 결국 서로 일치하는 것은 원래 당연"[29]하다고 생각했다.

26)　吉野作造,「國家中心主義個人中心主義：二思潮の對立·衝突·調和」, 146쪽.
27)　吉野作造,「國家中心主義個人中心主義：二思潮の對立·衝突·調和」, 145쪽.
28)　吉野作造,「國家中心主義個人中心主義：二思潮の對立·衝突·調和」, 116쪽.
29)　大山郁夫,「轉換期に瀕せる民衆政治：英獨二國に於ける政治的傾向に關する考察」
　　　『新小說』 1918년 2월/ 『大山郁夫著作集 第2卷』, 105쪽.

제6절 입헌주의의 양상

다이쇼 데모크라시 정치사상이 추구한 것은 정치적 자유의 확대 그 자체가 아니었다. 그들이 지향한 궁극적인 목표는 국민의 자발성을 바탕으로 하는 진정한 국가주의의 조성이었다. 따라서 자유의 확대는 하나의 자기 완결적인 가치로서가 아니라 언제나 국가 발전의 한 방법으로서 이야기되는 것이 보통이었다. 그들의 데모크라시론이 국민의 정치적 자유의 신장에서 시작하여 결국 국가 결속력의 차원으로 수렴되어 간 이유는 바로 거기에 있었다. 자유는 건전한 국가주의와의 상관관계 속에서 거론되는 이차적 가치에 머물렀다. 오야마는 입헌정치의 의의를 다음과 같이 말했다.

입헌정치는 그 자체가 최종 목적이 아니다. 따라서 그 자체에 절대 가치를 포함하는 것이 아니라 그것이 오늘날의 국제적 및 국가적 환경 아래서 국민정신을 순조롭게 발전시켜 국가생활에 생기와 조화를 가져오는 가장 유효한 수단이기 때문에 비로소 의미가 있고 생명이 있는 것이다.[1]

---

1) 大山郁夫, 「政黨界の近狀と我國憲政の前途」 『中央公論』 1917년 2월/ 『大山郁夫 著作集 第1卷』, 355쪽.

입헌정치는 "국민이 국가의 운명에 대해 공동이해를 느끼고 공동책임을 지게 하기"[2] 위한 수단이었다. 오야마는 메이지 천황의 5개조의 서문을 일본에서 "국민의 국가 공동경영시대의 여명을 알리는 효종曉鐘"[3]으로 평가했는데, 입헌정치는 국가 공동경영 시대를 짊어질 국민의 책임감을 환기하는 데 그 목적이 있었다.

선거권의 행사가 "의무가 지휘하는 바에 따라 모든 정실情實과 이익을

오야마 이쿠오大山郁夫(1880~1955)

국가 목적의 재단 위에 희생"[4]하는 행위로서 이야기되고, 참정권의 확대가 "국가 관념을 진흥하는"[5] 계제로서 의미를 지니는 것은 정치적 자유의 확대가 자족적인 가치가 아니라 국가 공동경영을 위한 수단으로 여겨졌기 때문이다. 오야마는 오히려 자유의 독주를 경계했고 자신의 데모크라시론이 그렇게 받아들여지는 사태를 회피하고자 노력했다.

정당한 의미의 여론정치가 요구하는 바는 당해 국민의 역사적 전통을 무시하고 국무의 일체를 모두 민의의 직접 표현에 따라 결정하려는 것이 아니다. 오히려 단지 국민을 선거라고 하는 추대 행위에 참가시켜 각자의 국가적 양심에 비추어 적당하다고 생각되는 인재를

---

2) 大山郁夫,「政黨界の近狀と我國憲政の前途」, 361쪽.
3) 大山郁夫,「政黨界の近狀と我國憲政の前途」, 355쪽.
4) 大山郁夫,「我が政治道德觀」『大山郁夫著作集 第1卷』, 12쪽.
5) 大山郁夫,「轉換期に瀕せる民衆政治」『大山郁夫著作集 第2卷』, 110쪽.

국민의 대표자로 선출할 기회를 부여해 (중략) 국민이 스스로 국민의 대표자를 감독하는 임무를 지게 함으로써 국가경영상의 공동책임을 사실상 부담시키는 것을 요구하는 것이다. 단지 이뿐이다. 더 이상의 요구는 정당한 여론정치의 요구 밖에 있는 것으로, 자칫하면 폭민 정치의 단서가 되는 것이다.[6]

여론정치는 국가경영상의 공동책임의 외연을 확장하는 데 목적이 있을 뿐 거기에서 더 나아가 국정 전반을 민의의 지배하에 두려는 것이 아니었다. 근대 데모크라시는 "절대적으로 사회생활의 각 방면에 자유를 확립"[7]하려는 것이 아니라 "단지 일반 민중이 추대해야 할 위인偉人을 스스로 결정하고 그렇게 하여 정해진 위인에게 민중의 억제할 수 없는 애심의 희망을 전하기 위해 정치적 기회균등주의를 실현"[8] 하는 것을 요청할 뿐이었다. 선거와 대표를 통해 "국가 기관의 운영과 민중의 억누를 수 없는 갈구 사이에 하나의 확실한 맥락"이 생길 때 비로소 "국가의 윤리적 기초"가 다져지고 "국가적 종합"[9]이 이루어진다고 오야마는 생각했다.

이러한 책임으로서의 참정권 이론에서는 권리가 의무로 이야기되고, 국민의 이익에 관해서도 언제나 희생이 강조되었다. "국민과 대표 사이에 사리사욕(개인적, 지방적, 계급적, 또는 당파적)이 날뛰는 것을 허용한다면 그것은 이미 건전한 여론정치가 아니"[10]라거나, "선거권의 정당한 행사는 입헌정치하의 국민에게 권리임과 동시에 의무이다.

---

6) 大山郁夫, 「與論政治の將來」 『大山郁夫著作集 第1卷』, 348쪽.
7) 大山郁夫, 「政治的機會均等主意」 『新小說』 1916년 3월/『大山郁夫著作集 第1卷』, 123쪽.
8) 大山郁夫, 「政治的機會均等主意」, 130쪽.
9) 大山郁夫, 「政治的機會均等主意」, 130~131쪽.
10) 大山郁夫, 「與論政治の將來」 『大山郁夫著作集 第1卷』, 348쪽.

진정한 애국심이나 공공심은 국가에 대한 의무의 자각에서 생겨나는 것이다"[11] 등과 같은 발언은 국가 공동경영에 대한 책임론에서 생겨난 전도된 권리 인식의 한 예였다.

오야마에게 보이는 의무로서의 참정권은 요시노의 보통선거론 속에서도 거의 그대로 발견할 수 있다. 이미 언급한 것처럼 요시노는 천부인 권론에 입각한 민주주의를 역사적 산물로 인식했는데, 그도 자신의 논의가 "자유 보장을 헌정의 근본 뜻으로 하는 구시대의 관습을 답습한 것"[12]으로 비추어지는 것을 경계했다.

자유의 신장을 목적으로 하는 종래의 민본주의는 "정치상의 원칙으로서 결코 절대적 가치를 지니는" 것이 아니었다. 그것은 또 하나의 주의, "예를 들면 '국가의 이름으로 인민의 자유를 구속하는 주의'와 병존했을 때 비로소 그 가치를 인정할 수 있는 상대적인 원칙"[13]에 지나지 않았다. 이에 주목한 것이 "국가경영의 적극적 책임 분담"으로서의 참정권이었는데, 요시노는 그것을 "공공의 의무라고 해도 혹은 국민의 권리라고 해도 본뜻에서는 차이가 없다"[14]고 말했다.

국가 이전의, 국가 이상의 자유를 부정하면서 출발한 다이쇼 데모크라시 정치사상은 정치적 자유의 확대를 중요한 요소로 내포하면서도 그것을 어디까지나 국가 발전을 위한 수단으로 생각하는 입헌정치관을 낳았다. 그래서 거기에는 언제나 국가 가치의 우위가 현저했다. 국민의 권리가 의무의 맥락에서 이야기되는 것도 민주주의 가치의 과잉, 즉 자유주의 계기의 과소에서 유래하는 현상이었다. 자유의 확대에서

11) 大山郁夫, 「與論政治の將來」, 344쪽.
12) 吉野作造, 「民本主義の意義を說いて再び憲政有終の美を濟すの途を論ず」『吉野作造選集 第2卷』, 117쪽.
13) 이상, 吉野作造, 「民本主義の意義を說いて再び憲政有終の美を濟すの途を論ず」, 101쪽.
14) 吉野作造, 「民本主義の意義を說いて再び憲政有終の美を濟すの途を論ず」, 127쪽.

시작된 데모크라시론이 국가 공동경영의 책임 분담론으로 수렴되어 가는 원인은 거기에 있었다.

그렇다면 권리가 의무로 이야기되는 데모크라시론에서 국민은 어떠한 존재였는가? 사익의 실현을 여론정치의 타락으로 인식하는 참정권 이론에서 어느 정도 예상할 수 있듯이 그들의 데모크라시론은 한 사람 한 사람의 구체적인 국민의 의사가 아니라 일체적인 국민 의사를 전제로 성립하고 있었다. 따라서 그 국민은 매우 추상적이고 관념적인 존재였다. 예를 들어 오야마는 민중을 다음과 같이 파악했다.

> 최근의 데모크라시를 철저하게 이해하려면 인간이라는 말을 단지 한 사람 한 사람의 인간, 혹은 개개인의 집합을 가리키는 것으로 보는 데 그치지 않고 단일체로서의 민중, 즉 조직된 인민을 가리키는 것으로 보아야 한다. 데모크라시가 특수한 개인, 또는 특수한 개인의 집단으로서의 일정 계급의 특권에 반항하여, 그 결과 정치적으로 보통 평등 선거권을 주장하는 것은 단일체의 민중, 즉 조직된 인민의 입장에 비롯하는 것으로, 한 계급의 특권에 반대하는 또 다른 계급의 특권을 주장하기 위해서가 아니다.[15]

근대 데모크라시가 보통선거를 주장하는 이유는 개인이나 한 계급의 권익을 실현하는 데 목적이 있는 것이 아니라, 단일체로서 민중의 의사와 국정 사이를 선거와 대표로 연결하여 국가에 대한 국민의 자발적 책임감을 환기하기 위해서였다. 오야마가 루소의 일반의지를 해석하여 "인민 한 사람 한 사람의 단독 의사의 총화를 가리키는 것이 아니라, 종합적 일체로서 인민의 의사, 즉 사회 의사"[16]라고 말하는

---

15) 大山郁夫, 「デモクラシーの政治哲學的意義」 『大山郁夫著作集 第2卷』, 22쪽.

것도 일체적 국민관의 연장선상의 발언이었다.

오야마의 조직된 인민의 입장은 요시노가 말하는 "시민적 입장" 내지는 "전 사회적 입장"[17]과 상통하는 것이었다. 요시노는 보통선거를 실시함으로써 기대할 수 있는 정치적 효과를 다음과 같이 생각했다.

> 선거권을 극도로 보급한다는 것은 정계의 계급적 편견을 타파한다는 것이다. 정계에서 가장 지양해야 할 일은 계급적으로 사물을 생각하는 것이다. 자본가는 자본가적으로 사물을 생각하고, 노동자는 노동자적으로 사물을 생각해서는 천하 국가의 대문제를 공정하게 해결하는 것을 기대할 수 없다. 계급적 이해를 논하는 장소는 따로 있다. 적어도 의회에서는 계급적 편견을 초월하여 한 사람의 국민으로서 공평불편公平不偏의 견식을 갖길 바란다. (중략) 요컨대 의회의 본질에서 볼 때 그 구성에 참여하는 사람은 계급적으로 사물을 생각해서는 안 된다. 한 사람 한 사람은 계급적으로 사물을 생각해도 전체로서는 계급적 색채가 묻어나지 않도록 해야 한다. 이러한 의미에서 보통선거는 가장 이상적인 제도라고 할 수 있다.[18]

의회정치의 현실에 대한 요시노의 불만과 초조감에 대해서는 다시 언급하기로 하고, 우선 여기서는 그가 보통선거의 정치적 효과를 계급 정치의 극복에서 찾고 있는 점을 확인하고자 한다. 국가 "공동경영의 방법으로서 제도가 있고, 그 제도를 운용하는 방침으로서 인격적 자유

---

16) 大山郁夫, 「デモクラシーの政治哲學的意義」, 18쪽.
17) 吉野作造, 「選擧理論の二三」 『國家學會雜誌』 1923년 5월/ 『吉野作造選集 第2卷』, 181쪽.
18) 吉野作造, 「普通選擧主張の理論的根據に關する一考察」 『國家學會雜誌』 43권 12호, 1920/ 『吉野作造選集 第2卷』, 166~167쪽.

의 존중이라는 문제가 있다. (중략) 정치적 자유의 문제가 발생하는 것은 이 점에서이다."[19] 이 발언은 요시노에게 정치적 자유의 문제가 국가경영의 적극적 책임과 함께 발생한 것임을 말해주고 있다. 그런 이유로 참정권은 계급적 편견을 초월하여 국민의 관점에서 행사되어야만 했다. 시민적 입장이나 전 사회적 입장은 계급 이해를 초월한 공공의 의무로서의 참정권 행사를 의미했다. 따라서 노동조합이나 소작조합과 같은 조직은 "사회적으로 그 존재를 크게 보호하고 발달을 조장"해야 하지만, 결코 "그 자체로서 정치적 단위"[20]가 되어서는 곤란한 것이었다. 요시노는 대리代理에 대해 아래와 같은 거부감을 표명했다.

> 단순히 대리로도 충분할 것 같으면 정치는 그야말로 어리석은 군중의 발호跋扈로, 귀중한 인류 생활의 일면을 동물성動物性의 지배하에 두는 것이나 다름이 없다. 우리의 생활을 이성의 지배에서 타락시키지 않고자 열심히 희망하는 한, 그리고 인성의 부단한 진보를 믿는 한, 우리는 가장 현량賢良하다고 신뢰하는 동료의 한 사람을 추대하여 그에게 대변의 임무를 맡기고 또 그의 지도에 따르는 것이 가장 적당한 방법이다. 그래서 말한다. 선거제도는 본래의 이상에 비추어 말하면 반드시 대표주의에 근거해야만 한다.[21]

대리에 대한 요시노의 거부감은, '개인적, 지방적, 계급적, 또는 당파적' 대표에 대한 오야마의 반감과 함께, 국가경영상의 공동책임론에서 파생하는 논리 필연적인 귀결이었다. 국민의 정치적 각성은 설사 그것

---

19) 吉野作造,「普通選擧主張の理論的根據に關する一考察」, 169쪽.
20) 吉野作造,「選擧理論の二三」『吉野作造選集 第2卷』, 182쪽.
21) 吉野作造,「選擧理論の二三」, 178쪽.

이 "자기주장의 본능에서 발하는 불가항력적 갈구"라 할지라도 어디까지나 "이해타산을 초월"[22]하는 것이어야 했다. 계급적 대표나 직접민주주의와 같은 "극단적인 민주제"[23]는 공공의 의무에 사적인 이해타산을 개입시키는 것이나 다름이 없었다.[24]

유기체 국가에서 국민의 권리는 한 명 한 명의 구체적인 개인의 권리와는 다른, 말하자면 '국민권國民權'과 같은 것이었다.[25] 그것은 국민의 정치적 자유의 신장이나 권익의 관철을 목적으로 하는 것이 아니라 '국가 목적이라는 제단 위에' 국민의 권익을 희생하는 '권리'였다. 미노베는 이러한 성격의 참정권을 단적으로 '공무'라고 말했다.

참정권의 내용은 국가의 기관으로서 공무에 참여할 수 있다는

---

22) 大山郁夫, 「政治を支配する精神力」 『大山郁夫著作集 第1巻』, 185쪽.
23) 大山郁夫, 「政治を支配する精神力」, 186쪽.
24) 후일 요시노는 길드사회주의의 대표론을 다음과 같이 비판했다. "대표라는 말을 자기의 의사를 타인에게 대행시킨다고 생각하기 때문에 잘못이다. 어떤 사람을 대표자로서 신임한다는 말은 그 사람의 의사를 취해 자신의 의사로 한다는 것이다. (중략) 이렇게 생각하지 않으면 대표의 의미가 보잘것 없게 된다. 이 점에서 콜(G. D. H. Cole ㅣ 인용자) 등이 생각하는 근거는 조금 천박하다." 그는 이렇게 말하며 길드사회주의가 "새로운 시대에 정통의 위치를 차지할 사상이 아니"(이상, 吉野作造, 「現代通有の誤れる國家觀を正す」 『吉野作造選集 第1巻』, 298쪽)라고 결론 내렸다. 계급적 대표에 대한 요시노의 거부감은 격렬했다.
25) 국민권은 미조구치 유조溝口雄三가 『中國の公と私』(研文出版, 1995) ; 『中國の衝撃』(東京大學出版會, 2004) 등에서 한 말이다. 미조구치는 근대 중국의 권리 의식의 한 특징으로 국민권을 논했는데, 아시아 사회, 더 나아가 비 서구사회에 보이는 개인권 발상의 부재는 그 지역의 근대가 주로 외발적이었고 주권의 위기 상황 속에서 근대국가 수립이 이루어졌다는 사실을 고려해야 할 것이다. 이러한 점에 관해서는 Benjamin Schwartz, 平野健一郎 역, 『中國の近代化と知識人 : 嚴復と西洋』(東京大學出版會, 1978) ; 佐藤愼一, 『近代中國の知識人と文明』(東京大學出版會, 1996) ; 李曉東, 『近代中國の立憲構想 : 嚴復·楊度·梁啓超と明治啓蒙思想』(法政大學出版局, 2005) 등의 연구가 많은 시사점을 제공하고 있다.

것이다. 그 권리는 국가의 공무를 행하기 위해 인정한 것이므로 주로 국가 공익을 위해서이지 각 개인의 이익을 위한 것이 아니다. 따라서 참정권은 한 면에서는 항상 참정 의무의 성질을 동시에 갖고 있고, 권리를 가진 자는 반드시 권리를 행할 의무를 동시에 진다.[26]

선거권은 국가 기관으로서의 국민이 국가 공무에 참여하는 참정의 의무였다. 선거가 "개인적 행위가 아니라 국가의 공적 행위"[27]이므로 국민에게는 그 권리를 개인으로서가 아니라 국민으로서 행사할 의무가 따랐다. 미노베가 의회를 "국민의 위임에 의한 대표 기관이 아니"[28]라고 단정하는 이유도 바로 여기에 있었는데, 선거가 개인을 위한 행위가 아닌 이상 의회가 개인의 권익을 실현하는 장이 아닌 것은 당연했다. "선거와 대표 사이에는 법률상 아무런 관계도 없다"[29]는 미노베의 발언에는 대표와 선거인 사이의 강제적 위임 관계를 부정하고 의회를 국가 공익을 위한 장으로 만들려는 의도가 내포되어 있었다. 이러한 생각은 선거권을 "공권의 일종임과 동시에 국가를 위한 도덕적 의무"[30]로 설명하는 요시노의 선거권 이론과 완전히 일치했다. 미노베의 국가 단체설에서 국민은 다음과 같은 존재였다.

국가가 국민의 단체이고, 따라서 국가의 모든 통치권은 국민의 이익을 위해 행사되어야 하고, 또 통치권이 국민 심리에 존립의 근거를 두는 것은 진리이지만, 이 경우의 소위 국민이란 반드시 현재 생존하고

26) 美濃部達吉, 『憲法撮要』, 190쪽.
27) 美濃部達吉, 『憲法撮要』, 328쪽.
28) 美濃部達吉, 『議會制度論』, 日本評論社, 1925, 79쪽.
29) 美濃部達吉, 『議會制度論』, 86쪽.
30) 吉野作造, 『普通選擧論』, 萬朶書房, 1919, 70쪽.

있는 개인의 집합을 이르는 말이 아니다. 현재 생존하는 국민은 단지 과거에서 장래에 걸쳐 오랫동안 계속되는 단일한 단체로서 국가의 현재 구성원에 지나지 않는 것으로, 통치권은 결코 현재 구성원의 이익을 위해서만 행사되어야 하는 것도 아니고, 또 현재 구성원의 심리에만 그 근거를 두는 것도 아니다.[31]

미노베 헌법학의 주어는 언제나 국가였다. 국민은 영속하는 국가 속에 일시적으로 생존하는 관념적이고 추상적인 존재에 지나지 않았다. 선거를 국가적 공익 실현을 위한 공무 행위로 설명하는 미노베의 참정권 이론은 부분·국민에 대한 전체·국가의 우위에 근거하고 있었다.

요시노는 개인을 정의하여 "국민이라는 단체로 한 묶음으로 할 수 있는 특별한 공동표식을 가진 사람들"[32]이라고 했다. 오야마는 인간을 "단일체로서의 민중, 즉 조직된 인민"[33]으로 파악했다. 국민을 추상적인 단일체로 사고하는 점에서 두 사람의 생각은 미노베와 다를 바가 없었다. 그들이 요구하는 정치적 자유는 일체적 국민 의사의 형성에 참여하는 권리를 의미했다. 이 경우 현존하는 다양한 국민의 의사는 일체적 국민 의사에 의해 제약을 받을 수밖에 없었다. 국가 공동경영의 수단으로서 자유의 문제가 발생하고, 자유는 그 태생적 제약으로 말미암아 자기 완결적인 가치로 자립할 수 없었다. 참정권이 국가경영의 책임 분담의 수단으로 의미가 전환되는 구조는 일체적 국민 의사의 창출을 목표로 하는 다이쇼 데모크라시 정치사상이 다다를 수밖에

---

31) 美濃部達吉, 『日本憲法』, 389쪽.
32) 吉野作造, 「國家中心主義個人中心主義 : 二思潮の對立·衝突·調和」 『吉野作造選集 第1卷』, 118쪽.
33) 大山郁夫, 「デモクラシーの政治哲學的意義」 『大山郁夫著作集 第2卷』, 22쪽.

없는 논리 필연적인 결과였다.

다이쇼 데모크라시 시기의 정치적 자유는 국가 공동경영의 한 수단으로서 생겨나 국가적 책임으로 회귀하는 제자리걸음의 순환을 반복했다. 민본주의자들이 이야기하는 '민의'는 국가의사에 대한 민의의 반영이 아니라 자발적 충성의 문맥으로 왜소화되어 갔다. 국민은 국가의사를 떠받치는 존재이기는 해도 형성하는 주체가 될 수는 없었다. 이러한 데모크라시론은 군주에 의한 국가의사의 독점을 상대화하는 데 성공했지만, 보수적 철학자 이노우에 데쓰지로井上哲次郎(1856~1944)가 이야기하는 "통치 방법상의 요령"[34]으로서의 데모크라시론과의 구별을 불가능하게 만들었다. 요시노는 이렇게 말했다.

> 정신적으로 이야기하면 역시 과거 정치처럼 오늘날도 소수의 현명한 사람의 의견이 나라를 움직인다. 그러나 예전처럼 현명한 소수자가 자기의 현명함을 믿고 독단적으로 행동해서는 일반 인민이 승복하지 않는다. 현명한 소수자의 의견을 일단 인민의 정신에 불어넣어 그것을 여론이라는 형태로 변형시킨 뒤, 그 여론을 대표하는 자격으로 다시 정견政見을 행하는 우회적인 방법을 취해야 하는 시대가 되었다. 그렇게 하는 편이 빨리 다스릴 수 있다.[35]

이런 발언이 설사 계몽적 의도나 보수주의자의 공격을 피하기 위한 전략적 판단에서 비롯된 것이었다 할지라도, 그것은 야마카와 히토시山川均(1880~1958)가 비판하는 "일종의 지배술governing art"[36]로서의 민본주

---

34) 井上哲次郎,「國民思想の矛盾」『東亞之光』1913년 2월/ 太田雅夫 편,『資料 大正 デモクラシー論爭史 (下)』, 28쪽.
35) 吉野作造, ,「民本主義と國體問題」『大學評論』1917년 10월/ 太田雅夫 편,『資料 大正デモクラシー論爭史 (下)』, 55~56쪽.

의로부터 결코 자유로울 수 없었다. 야마카와가 정확하게 지적한 것처럼 경세가를 자부하던 민본주의자들의 데모크라시론에는 어딘가 지배술의 분위기가 묻어나는 것이 사실이었다. "대의제도의 가장 중요한 정치적 가치"를 "혁명운동을 방지하는 데 큰 효과가 있는"[37] 점에서 찾는 미노베의 의회관은 통치 방법상의 요령으로서의 데모크라시론의 한 예였다.

"우리 사랑하는 무산 애국자에게 국가적 자각을 부여함과 동시에 국가의 무게를 부담하게 하는 것이 우리나라에서 보통선거의 정신이어야 한다."[38] 이는 당시 민본주의자들을 공격한 우에스기 신키치의 말이지만, 이러한 국민총동원으로서의 보통선거론과 민본주의자들의 그것의 차이가 현실의 정치적 대립만큼 선명하지 못한 것은 그들의 데모크라시론을 따라다니는 국가 가치의 우위 때문이었다. 실제로 오야마는 보통선거의 의의를 '진정한 거국 일치'에서 찾았다.

'거국 일치'를 주창하는 것은 실로 좋은 일이다. 그러나 진정한 거국 일치는 다수 국민의 억누를 수 없는 공동이해 관념에서 출발하는 것이어야 한다. (중략) 우리는 진정한 거국 일치란 국민의 공동이해에 대한 통절한 의식에서 출발하고, 또 공동이해의 통절한 의식은 참정권 보급에 따라 국민이 국가 경영상의 공동책임을 부담할 때 비로소 가능하다고 믿기 때문에, 국가의 생물적 필요를 심령心靈적 필요의 하위에 두고, 적어도 내정의 범위 안에서는 **힘의 관계를 윤리적 관계**에 복속시킬 것을 주장하고, 동시에 반동적 정치사상에 대항하려는 것이다.[39]

---

36) 山川均, 「民を本とせざる民本主義」, 山川均, 『社會主義の立場から : デモクラシーの煩悶』, 三田書房, 1919, 317쪽.
37) 美濃部達吉, 『日本憲法』, 412쪽.
38) 上杉愼吉, 『政治上の國民總動員』, 日本學術普及會, 1927, 165쪽.

오야마의 거국 일치론이 단순히 반동적 정치사상을 의식한 전략적 수사가 아닌 점은 당시 그가 자신의 문화국가주의를 "종래 우리나라의 민력民力 규합의 자물쇠로서 존재해 왔던 황실 중심주의"40)를 대신하는 새로운 국민 통합의 수단으로 생각하고 있었던 사실에서도 확인할 수 있다. "지금 메이지 유신의 원훈들이 점차 추풍낙엽처럼 사라져가고 있고 남은 자도 도저히 영원한 생명을 기대할 수 없는 상황에 이르러" 국민은 이 "엄중한 현실 앞에서 숙연하게 각자가 부담하는 국가적 의무의 중대함"41)을 자각할 필요가 있었다. 국가 공동경영의 책임으로서의 데모크라시는 이러한 상황 속에서 거국 일치적 민력 규합의 한 수단으로서 제출된 것이었다.42)

다이쇼 데모크라시 정치사상이 의회 중심주의와 보통선거를 본격적으로 주장하기 시작한 것은 1910년대의 일이었다. 이때 그들 앞에 펼쳐진 상황은 정치적 중심의 공백과 거리에 넘치는 민중의 모습이었다. 메이지 천황의 죽음과 원로의 정치 일선으로부터의 퇴장, 그리고 두 번의 정변을 거쳐 개막한 다이쇼 시대가 전자를 상징하는 사건이라면, 민중적 시위운동으로 대표되는 개인적 가치의 분출은 후자를 상징하는 현상이었다. 그들의 문제의식은 '공'과 '사'의 분열을 막고 안정적인 정치 공간을 재구축하는 데, 바꾸어 말하면 공적 질서에서 벗어나기 시작한 개인을 다시금 공동체 질서 내부로 불러들이는 데 있었다. 민본주의자들이 민중적 시위운동을 '헌정의 실패'로 인식하고 군중의

39) 大山郁夫, 「國家生活と共同利害觀念」 『大山郁夫著作集 第1卷』, 384~385쪽.
40) 大山郁夫, 「軍國的文化國家主義 : 獨逸國民生活の一面」 『大山郁夫著作集 第1卷』, 170쪽.
41) 大山郁夫, 「輿論政治の將來」 『大山郁夫著作集 第1卷』, 346~347쪽.
42) 오야마가 5개조의 서문을 일본에서 국가 공동경영 시대의 출발로 자리매김한 사실은 이미 소개했다. 5개조의 서문과 오야마의 거국 일치론은 정치 주체의 확대를 국가적 통일성을 강화하는 수단으로 하는 점에서 일치했다.

'발작적 맹동盲動'에 경계를 소홀히 하지 않은 것은, 본래 그들의 데모크라시론이 국가공동체의 안정적인 질서를 일차적 목표로 삼았기 때문이다.

다이쇼 유신은 새로운 공의 창출, 즉 천황이나 원로를 대신하여 국민적 기초 위에 성립하는 또 다른 형태의 국가를 모색하는 시도였다. 보통선거는 거국 일치적 공을 창출하는 수단이었고, 의회는 일체적 국민 의사가 생겨나는 장이었다. "지금 세계의 대세는 하루하루 민중적 경향으로 점점 나아가 멈출 줄을 모른다. 우리나라 혼자 이 대세에 역행하면 그 위험은 이루 가늠할 수 없을 정도이다. 위험을 방지하고 우리의 영광스러운 국체를 옹호하기 위해서는 대세에 순응하여 우리 국체와 민중적 경향의 조화를 꾀할 수밖에 없다."[43] 이렇게 생각하는 그들이 서구 헌정사에서 배운 교훈은 "국가의 강약치란強弱治亂은 국가 혼과 개인적 의사와의 관계의 깊고 얕음으로"[44] 결정된다는 사실이었다. 그 과정에서 태어난 그들의 데모크라시론은 국민의 자유를 국가 결속력을 다지기 위한 자발적 충성심의 수단으로 왜소화해 갔다.

그럼에도 다이쇼 데모크라시는 국내외적 상황에 의해 뒷받침된 상승기의 입헌주의 운동임에는 틀림이 없었다. 민중운동을 통해 표출된 사회의 다양한 가치와 영미의 승리로 끝난 세계대전은 데모크라시가 세계의 대세라는 사실을 사람들에게 깊이 각인했다. 미노베의 입헌주의 헌법학과 요시노와 오야마의 데모크라시 정치학이 1910년대를 통해 시대를 견인하는 사상으로 존재할 수 있었던 이유이다. 그러나 다이쇼 데모크라시 정치사상은 1920년대를 거치면서 커다란 변화를 맞이하게

---

43) 美濃部達吉,「罰則を定むる命令」『法學新報』1918년 12월/『時事憲法問題批判』, 160~161쪽.
44) 吉野作造,「國家魂とは何ぞや」『吉野作造選集 第1卷』, 80쪽.

된다. 1920년대는 사회과학의 방법을 둘러싸고 다양한 모색이 이루어
졌던 사상적 격변기였다. 특히 존재와 당위의 구별에 입각하는 한스
켈젠Hans Kelsen의 법학은 계몽적 언론 활동과 학문 연구의 경계가 불분
명했던 다이쇼 데모크라시적 지의 존재 형태에 일대 지각변동을 가져
왔다.

1920년대 이후 다이쇼 데모크라시 정치사상은 로야마 마사미치蠟山政
道, 야베 데이지矢部貞治, 마키노 에이이치牧野英一(1878~1970) 등에 의해
계승되어 갔다.45) 로야마의 '사회공익주의'와 야베의 '공동체적 중민주
의衆民主義' 그리고 법의 정의적 구현을 추구하는 마키노의 '자유법론自由
法論' 등은 모두 다이쇼 데모크라시 정치사상을 계승한 것이었다. 그들
의 사상에 보이는 유기체 국가관, 법사상, 입헌정치관 등은 1910년대를
이끌었던 민본주의자들의 사상을 거의 그대로 받아들인 것이었다.
로야마, 야베, 마키노를 다이쇼 데모크라시 정치사상의 계승자로 보는
이유는 사상적 연속성을 발견할 수 있기 때문이다.

다이쇼 데모크라시 정치사상의 계승에는 위와 같은 형태만이 존재했
던 것은 아니다. 미야자와 도시요시宮澤俊義는 미노베의 헌법학을 계승
하면서도 다이쇼 데모크라시적 지의 비판적 계승 또는 극복을 지향했
다. 미야자와는 그러한 자신의 법학 연구를 미노베나 사사키 소이치佐々
木惣一의 '형이상학 단계'의 헌법학과 구별되는 '실증 단계'의 헌법학으로

---

45) 1895년생인 로야마나 1902년생인 야베에 비해 1878년생인 마키노는 미노베
와 거의 같은 세대에 속하는 인물이었다. 이런 점에서 마키노를 다이쇼
데모크라시 정치사상의 계승자로 보는 것은 정확하지 않다고도 할 수 있다.
그러나 1910년대 이래 마키노의 언론 활동은, 천황기관설 사건으로 사회적
발언의 기회를 박탈당한 미노베나 1933년에 사망하는 요시노 그리고 1920년
대에 들어 급격하게 사상적으로 변화한 오야마 등의 경우와 달리, 전시
하를 통해 계속되었고, 그 자신도 자신의 사상적 일관성을 자부하였다. 이런
의미에서 마키노의 사상을 다이쇼 데모크라시 정치사상의 계승, 전개의 한
형태로 읽는 데는 큰 무리가 없을 것이다.

자리매김했다. 그의 데모크라시론은 자유주의적 경향을 강하게 띠고 있었다. 법 사회 이전의 '완전한 자유', 즉 '개인권個人權'에 최고의 가치를 두는 미야자와는 개인의 자유와 민주주의 제도를 목적과 수단의 관계로 이해하고 근대입헌주의의 역사에서 탄생한 입헌제도를 개인의 자유를 확보하기 위한 국가, 정치 형식이라고 생각했다. 자유주의를 기조로 하는 미야자와의 데모크라시론은 다이쇼 데모크라시 정치사상이 경시하거나 적대시한 개인의 자유를 입헌정치의 궁극적인 목적으로 삼는 점에서 커다란 차이를 보였다.

1920년대에 들어 다이쇼 데모크라시 정치사상은 두 가지 데모크라시론으로 분기해 갔다. 아래 장에서는 다이쇼 데모크라시 정치사상을 비판적으로 계승하여 실질적인 국민주권을 추구한 미야자와의 자유주의 헌법학을 주된 길잡이로 삼아 다이쇼 데모크라시 정치사상의 역사적 전개에 관해 이야기하고자 한다. 먼저 살펴볼 것은 미야자와 헌법학의 기본적인 틀이 확립된 1920년대의 사상 상황이다. 미야자와의 사상은 사회과학의 방법을 둘러싸고 다양한 모색이 이루어진 방법론의 시대 속에서 형성된 것이었다.

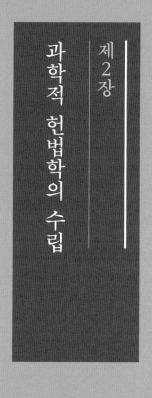

제2장

과학적 헌법학의 수립

大日本帝國憲法
　第一章　天皇
第一條　大日本帝國ハ萬世一系ノ天皇之
　ヲ統治ス
第二條　皇位ハ皇室典範ノ定ムル所ニ依
　リ皇男子孫之ヲ繼承ス
第三條　天皇ハ神聖ニシテ侵スヘカラス
第四條　天皇ハ國ノ元首ニシテ統治權ヲ
　總攬シ此ノ憲法ノ條規ニ依リ之ヲ行フ
第五條　天皇ハ帝國議會ノ協贊ヲ以テ立
　法權ヲ行フ
第六條　天皇ハ法律ヲ裁可シ其ノ公布及
　執行ヲ命ス
第七條　天皇ハ帝國議會ヲ召集シ其ノ開
　會閉會停會及衆議院ノ解散ヲ命ス
第八條　天皇ハ公共ノ安全ヲ保持シ又ハ
　其ノ災厄ヲ避クル爲緊急ノ必要ニ由リ
　帝國議會閉會ノ場合ニ於テ法律ニ代ル
　ヘキ勅令ヲ發ス
　此ノ勅令ハ次ノ會期ニ於テ帝國議會ニ
　提出スヘシ若議會ニ於テ承諾セサルト
　キハ政府ハ將來ニ向テ其ノ效力ヲ失フ
　コトヲ公布スヘシ
第九條　天皇ハ法律ヲ執行スル爲ニ又ハ
　公共ノ安寧秩序ヲ保持シ及臣民ノ幸福
　ヲ增進スル爲ニ必要ナル命令ヲ發シ又
　ハ發セシム但シ命令ヲ以テ法律ヲ變更
　スルコトヲ得ス

제1절 방법론의 시대 : 1920년대

국제법학자 요코타 기사부로橫田喜三郞(1896~1993)는 1925년에 출판된 로야마 마사미치의 『정치학의 임무와 대상 : 정치학 이론의 비판적 연구政治學の任務と對象 : 政治學理論の批判的研究』[1]를 서평하는 논문 안에서 당대의 학문 상황을 "자연과학 만능 시대"라고 형용했다. 그러한 경향을 대표하는 연구로 요코타가 든 것은 오야마 이쿠오의 『정치의 사회적 기초 : 국가권력을 중심으로 한 사회투쟁의 정치학적 고찰政治の社會的基礎 : 國家權力を中心とする社會鬪爭の政治學的考察』[2]이었다.

[정치학을 정치 현상의 법칙학이라고 말하는 오야마의 주장은] 인용
재 정치 현상의 실재성의 고찰에서 출발하여 그것을 지나치게 중시한
결과, 문화과학으로서 정치학의 성립을 부정하고 법칙과학으로서 정
치학의 독재를 주장하는 것이다. 오야마 씨의 주장을 끝까지 철저하게
하면 결국 과학은 자연과학을 말하게 되는 것으로, 자연과학 이외에
과학은 존재하지 않는다는 과학계의 자연과학 독재론에 이르게 될

---

1) 蠟山政道, 『政治學の任務と對象 : 政治學理論の批判的研究』, 嚴松堂書店, 1925.
2) 大山郁夫, 『政治の社會的基礎 : 國家權力を中心とする社會鬪爭の政治學的考察』, 1923, 同人社書店 / 『大山郁夫著作集 第4卷』, 岩波書店, 1987.

것이다.3)

요코타의 이러한 평가의 당부는 차치하고 여기서는 우선 오야마가 당시 일본에서 "가장 명백히 그리고 극단적으로"4) 법칙과학으로서의 정치학을 추진하는 인물로 거론된 사실에 주목하기로 하자. 지금까지 살펴본 오야마의 데모크라시론을 떠올릴 때 그의 정치학이 자연과학 독재로까지 받아들여지는 사태를 상상하기 어렵기 때문이다.

앞에서 본 것처럼 1910년대를 통해 오야마의 정치학은 정치 현상의 실재성의 고찰을 제쳐둔 채 '국가 이상'을 탐구하는 당위의 학으로서 존재했다. 본래 오야마도 "국가의 기원은 강자가 약자에 대해 자행한 억압과 약탈의 결과이고, 법은 강자가 약탈한 것을 보기 좋게 확보하는 수단"에 지나지 않는다는 주장을 과거의 국가와 법에 대한 설명으로는 "일리 있는 견해"5)라고 인정하였다. 하지만 국가에 대한 존재론적 접근은 그가 지향하는 바가 아니었다. 오야마가 자신의 정치학의 "사명"으로 설정한 것은 "현실 국가를 이상 국가로 나아가게 하는 방법을 강구"6)하는 일이었는데, 그것은 처음부터 국가적 존재로 태어나는 인간에게 주어진 불가항력적 선택이기도 했다. 1910년대에 주창된 문화국가주의나 국가적 개인은 모두 국가의 이상을 실현하기 위한 오야마 자신의 당위의 표명이었다. 그러나 그의 사상은 1920년을 전후해서 크게 변모하기 시작했다.

---

3) 橫田喜三郎, 「文化科學としての政治學の方法論 : 蠟山政道著「政治學の任務と對象」について」『國家學會雜誌』39권 5호, 1925/ 橫田喜三郎, 『純粹法學論集 II』, 有斐閣, 1977, 228쪽.
4) 橫田喜三郎, 「文化科學としての政治學の方法論 : 蠟山政道著「政治學の任務と對象」について」, 228쪽.
5) 大山郁夫, 「我が政治道德觀」『大山郁夫著作集 第1卷』, 5쪽.
6) 大山郁夫, 「我が政治道德觀」, 7쪽.

먼저, 종래 문화국가주의를 이끄는 주체로서 상정되었던 일체적 존재로서의 국민과 민족이 민중과 계급으로 변화했다. 오야마는 자신의 사상의 변화에 대해 다음과 같이 말했다.

> 나는 이 기회에 (중략) 자신의 사상의 역사에 관해 한마디 하고자 한다. 나는 이전부터 '문화'라는 말을 자주 썼는데, 처음에는 주로 그것을 이른바 국민문화 혹은 민족문화와 관련지어 사용했다. 그러나 시사 평론가라는 직업상 넓게는 세계, 좁게는 우리나라의 정치적 사실이나 사회적 사실을 관찰하면서 나는 점차 한 국민 또는 한 민족을 단위로 하는 국민정신이나 민족정신보다도 현대 세계를 횡단하는 두 가지 주류적 시대정신, 즉 부르주아 정신과 민중 정신이야말로 오늘날 우리들의 현실 문화생활에 특징을 부여하고 있는 주요한 힘이라는 사실을 인정할 수밖에 없게 되었다.[7]

오야마의 정치학에서 주어로 군림해 오던 단일체로서의 국민은 여기에 와서 부르주아와 민중으로 분열되었다. 이때 민중은 "지금 현재 신흥의 기운에 있는 노동계급과 그와 공동이해를 느끼는 사람들의 무리"[8]를 가리켰다. 그가 생각하는 지식계급의 사명은 현대의 부르주아 문화를 상대화하고 민중 문화를 창조하는 일이었다. 이러한 국민관의 분화와 사명감의 변화가 오야마의 데모크라시론에 커다란 변화를 초래하는 것은 당연했다. 거국 일치적 국론 통일의 수단으로 여겨졌던 데모크라시 정치는 "사회의 각 구성원으로 하여금 '인간답게 사는'

---

7) 大山郁夫, 「民衆文化主義と自分 : 權田保之助氏の批難に答ふ」 『我等』 1920년 7월, 『大山郁夫著作集 第3卷』, 岩波書店, 1988, 250쪽.
8) 大山郁夫, 「民衆文化の世界へ」 『中央公論』 1920년 1월/ 『大山郁夫著作集 第3卷』, 104쪽.

것이 가능한 사회 상태를 건설하는 것을 목적으로" 하게 되었다. 그리고 언제나 부정의 대상이었던 국민의 사리사욕이 이번에는 "물질생활상의 분배의 공정"이나 "노동시간의 감축" 등으로 구체화되어, "진정한 데모크라시"는 그러한 요구를 "포함"9)하는 것이 되었다. 오야마의 정치학은 민중 문화에 개안함으로써 극적인 변화를 보였다.

당시 오야마는 국가와 사회를 바라보는 시점을 이상주의에서 현실주의로 급격하게 이동시키고 있었다. 그 결과 그는 더 이상 "어떤 고정된 이상 사회를 묘사하지 않게"10) 되었다. 현실주의의 관점에서 본 국가의 현실은 다음과 같았다.

> 그들[국가주의자나 애국주의자 | 인용자]은 또 국가의 '단일성Einheit'을 주장하지만, 우리들의 관점에서 보면 오히려 국가의 '복합성Vielheit' 쪽이 더욱 눈에 띄고, 그리고 일부 국가학자가 이야기하는 소위 '복합성 위의 단일성Einheit in Vielheit'과 같은 것은 우리에게 하나의 신화로밖에 여겨지지 않는다. (중략) 우리가 보면 예로부터 지금까지 국가 내부에서는 여러 투쟁군鬪爭群이 서로 대립해 왔는데, 이들 투쟁군은 결국 우승군優勝群과 열패군劣敗群으로 식별이 가능하고, 그 가운데 우승군은 정치적 지배 수단을 농단함으로써 항상 열패군을 경제적으로 착취하고 있다. 이러한 사정하에서는 국가의 이름으로 발포되고 유지되는 법이나 질서는 실은 우승군의 의사 표명이며 그들 군의 경제적 착취 행위를 합리화하는 도구이다.11)

---

9) 이상, 大山郁夫,「社會改造の根本情神」『我等』1919년 8월/『大山郁夫著作集 第3卷』, 14쪽.
10) 大山郁夫,「社會改造の根本情神」, 14쪽.
11) 大山郁夫,「社會觀察に於ける科學的態度」『我等』1921년 3월/『大山郁夫著作集 第3卷』, 404쪽.

이렇게 말하는 오야마에게 국가는 더 이상 공동문화 관념 위에 성립하는 혼연일체의 단일체도 아니고 인간의 사회성에서 비롯하는 필연적 존재도 아니었다. 사회과학적 관점에서 본 국가의 현실은 단지 "일정 지역 내의 경제적 착취군搾取群과 피착취군被搾取群의 병립 관계"에 지나지 않고, 그 국가는 "경제적 착취, 피착취 관계가 국가 발생과 동시에 발생"한 사실로 미루어 보아 "원시 국가의 정복, 피정복 관계의 연장"[12) 위에 존재하는 것이었다. 1920년 전후 오야마가 주장하기 시작한 '민중문화주의'는 국가의 기원이 경제적 착취계급에 의한 정복의 결과라는 사실을 인식하고, "국가 조직에 내재하는 정복국가주의가 민중의 새로운 생활로의 진전을 방해하는 장애물로"[13) 작용하고 있는 국가의 현실을 직시하면서 자본주의 이후의 사회를 지향하려는 것이었다.

1922년 전후의 작품으로 추정되는 「정치학 원리의 개조政治學原理の改造」[14)는 새로운 국가 연구의 관점에서 종래의 정치학을 비판적으로 정리해 보인 논문이었다. 거기에서 오야마는 "지금까지의 정치학은 개조되어야만 하는 운명"[15)에 놓여 있다는 말로 글을 시작해 "앞으로의 정치학은 과학적 입장에서 실증주의적으로 나아가야 한다"[16)라는 결론으로 논을 끝맺었다. 그가 보기에 "종래의 정치학은 조금도 과학적이지 않고 오히려 비과학적인 것이었다."[17) 오야마는 그 가장 큰 원인을 과학 연구에서 "연구자 자신의 주관적 척도"를 "순수한 과학 연구"에

---

12) 大山郁夫, 「征服國家から國際社會まで: 太平洋會議を背景として」『中央公論』 1921년 9월/『大山郁夫著作集 第3卷』, 431~432쪽.
13) 大山郁夫, 「征服國家から國際社會まで: 太平洋會議を背景として」, 439쪽.
14) 大山郁夫, 「政治學原理の改造」『大山郁夫著作集 第5卷』, 1988, 岩波書店. 이 논문의 발표 시기와 출전은 분명하지 않지만『大山郁夫著作集 第5卷』의 兼近輝雄, 「解說」에 따랐다.
15) 大山郁夫, 「政治學原理の改造」, 3쪽.
16) 大山郁夫, 「政治學原理の改造」, 48쪽.
17) 大山郁夫, 「政治學原理の改造」, 3쪽.

투영시킨 점, 다시 말해 "'그러한' 것과 '그러해야만 하는' 것을 혼동"한 데에서 찾았는데, 이런 점에서 종래의 법치국가주의, 복지국가주의, 문화국가주의 등은 모두 연구자의 주관적인 이상이 깊이 반영된 "커다란 오류"로, "실증주의의 태도에서 보면 모두 하나의 망상에 지나지 않는"[18] 것들이었다. "과학적 학문이란 가치의 비판이 아니라 사실의 인식이다"라고 말하는 오야마에게 "'그러해야만 하는' 따위의 주장은 실증주의적 증명이나 과학이 아니라 온전히 신앙의 영역"[19]에 속할 뿐이었다.[20]

'국가권력을 중심으로 한 사회투쟁의 정치학적 고찰'이라는 긴 부제가 딸린 『정치의 사회적 기초』는 '과학으로서의 정치학'의 출발을 알리는 작품이었다. 책을 관통하는 오야마의 문제의식은 "과학의 직분은 가치 비판에 있는 것이 아니라 대상의 본질을 있는 그대로의 모습으로 인식하는 것이어야 한다"[21]라는 말에 집약적으로 표현되어 있었다. 과학의 역할을 "가치의 주관적 측량이 아니라 객관적 사실 인식"에

---

18) 大山郁夫, 「政治學原理の改造」, 29쪽.
19) 大山郁夫, 「政治學原理の改造」, 30~31쪽.
20) 로야마 마사미치는 1949년에 출간한 『일본에서 근대정치학의 발달日本における 近代政治學の發達』(實業之日本社)에서 "만약 오야마 이쿠오 씨가 없었다면 이 시기 실증학파의 입장은 결국 정치학이라는 이름에 걸맞은 결실을 거두지 못했을 것이다. 실로 '과학으로서의 정치학'은 오야마 씨에 의해 초석이 마련되었다"(139쪽)고, 오야마 정치학의 의의를 정확하게 지적했다. 그러나 구로카와 미도리黒川みどり(『共同性の復權 : 大山郁夫研究』)가 지적하는 것처럼 과학으로서의 정치학이 "오야마의 사상적 전개의 도달점이 아니라, 과도기에 현상을 분석하는 한 시도로서 제기된"(198쪽) 점에도 유의해야 할 것이다. 실제로 오야마의 정치학은 그 뒤 무산계급 해방이라는 "정치적 실천을 위해 윤리 가치를 추구하는 방향으로 역류하는 동향"(松本三之介, 『近代日本の知的 狀況』, 174쪽)을 보였다. 그러나 여기서는 과학으로서의 정치학이 동시대 상황 속에서 갖는 정치학적·국가학적 의미로 한정시켜 오야마의 정치학을 논하기로 한다.
21) 大山郁夫, 『政治の社會的基礎』, 『大山郁夫著作集 第4卷』, 4쪽.

한정하는 오야마의 입장에서는 "절대 가치 개념 그 자체의 당부는 과학이 관여"[22]할 바가 아니었다. 지금까지 "모든 사회 이상이나 정치 이상은 본질적으로 과학적 인식에 근거하는 것이 아니라 일종의 신앙 또는 책략 위에 입각하는 것"[23]이었다는 오야마의 비판은 1920년 전후에 일어난 과학관의 전회가 낳은 발언이었다. 따라서 그가 『정치의 사회적 기초』에서 정치 현상의 실재로부터 모든 당위적 요소를 구축하고 법칙과학으로서의 정치학을 수립하고자 하는 것은 당연한 일이었다.

필자는 모든 정치현상을 가장 넓은 의미에서 사회현상의 일면을 나타내는 것으로 다루고 있다. 이러한 입장에서 출발하여 필자는 모든 정치현상에 작용하는 '사회법칙'을 탐구하는 것이 '과학으로서의 정치학'의 최종적인, 그리고 가장 중요한 일이라고 생각한다. 물론 필자는 '사회법칙'이라는 표현을 사회생활에 작용하는 '자연법칙' 그 자체의 의미로서 이해하고 있어, 결코 그것을 어떠한 의미에서도 '자연법칙'과 대립시키고자 하지 않는다.[24]

정치를 자연법칙적 사회현상의 일면으로 이해하는 오야마의 생각은 일찍이 정치를 "일정한 국가 목적을 달성하기 위해 일국 내에 현존하는 정신적·물질적 재료를 적당하게 처리·안배·사용하는 창조적·유지적인 행위"[25]로 인식하던 때와 커다란 차이를 보였다. 이처럼 『정치의 사회적 기초』는 정치학의 국가로부터의 이륙을 강렬하게 선언했는데,

---

22) 大山郁夫, 『政治の社會的基礎』, 26쪽.
23) 大山郁夫, 『政治の社會的基礎』, 35쪽.
24) 大山郁夫, 「校正を了へて」 『政治の社會的基礎』, vii쪽.
25) 大山郁夫, 「近代國家に於ける政論の地位及使命」 『大山郁夫著作集 第1卷』, 309쪽.

당시 그러한 경향을 대표하는 또 하나의 작품으로 하세가와 뇨제칸長谷
川如是閑(1875~1969)의 『현대국가 비판現代國家批判』[26]을 간과할 수 없다.
하세가와는 책의 서문에서 다음과 같이 썼다.

국가와 정치에 관한 고찰이 어떤 목적에 의해 지배받을 경우, 그에
관한 학문의 가치는 매우 의심스러운 것이 됩니다. 또 실재 국가가
생활 기구로서 진화를 계속하고 있음에도 불구하고 일반 사람이 그러
한 사실을 인식하지 못하는 것도 위험한 이야기입니다. 우리나라의
현상을 보면 국가에 관한 고찰은 자칫 의식적 또는 무의식적으로 어떤
목적에 의해 지배당하기 일쑤여서, 일반 사람들은 생활 사실로서의
국가에 대한 있는 그대로의 인식을 갖지 못합니다. 생활의 로맨스로서
의 소설과 같은 국가를 당당하게 국가에 관한 학문으로서 취급하는
일은 마치 일본이나 서양의 신화 속에 나오는 세계 창조를 자연과학에
서 거론하는 것과 마찬가지입니다.[27]

하세가와는 이렇게 말하며 『현대국가 비판』의 입장이 "국가의 신화
학Mythology"이 아닌 "국가의 박물학Natural History"에 있다고 선언했다.
여기서 국가의 박물학이란 국가의 신화학이 "국가의 형이상학"을 창조
하는 것을 목적으로 하는 데 비해 생활 사실로서의 국가를 "발생학적,
진화적"으로 관찰하는 "국가의 자연과학"[28]을 의미하는 말이었다. 기
성 학문을 비판하고 국가를 생활과 사회의 시점에서 고찰하는 하세가
와와 오야마의 정치학은 국가 가치의 하강 현상이 뚜렷했던 상황 속에

---

26) 長谷川如是閑, 『現代國家批判』, 弘文堂書房, 1921/『長谷川如是閑集 第5卷』, 岩波
    書店, 1990.
27) 長谷川如是閑, 「自序」『長谷川如是閑集 第5卷』, 228쪽.
28) 長谷川如是閑, 「自序」, 228~229쪽.

서, 말 그대로 시대를 상징하는 작품이 되었고, 이후 두 사람은 국가와 정치를 논할 때 그냥 지나칠 수 없는 존재가 되었다.

국가의 박물학과 과학으로서의 정치학이 방법론적 거점으로 삼은 것은 존재와 당위의 구별과 정치현상을 관철하는 자연법칙의 구명이었다. 당시 일본에서 "자연과학과 사회과학의 보조는 마치 토끼와 거북이의 걸음과 닮았다"[29]고 한탄하던 오야마는 오스트리아의 루트비히 굼플로비치Ludwig Gumplowicz(1938~1909), 구스타프 라첸호퍼Gustav Ratzenhofer (1842~1904) 등의 사회학적 방법론에 기대어 국가와 정치를 논했다. 그 결과 그의 정치학은 한없이 자연과학 쪽으로 다가갔지만, 그럼에도 오야마는 정치학을 "사회학의 한 분과"로 보는 것이 "정당"[30]하다고 말하는 데 주저하지 않았다.[31]

요코타 기사부로가 말한 '자연과학 독재론'이란 바로 이러한 법칙과 학을 향한 과도한 추구를 우려하는 관점에서 나온 발언이었다. 후일 로야마 마사미치가 지적한 것처럼 오야마의 사회학적 정치학은 "정치학을 사회학 속에 발전적으로 해소하는"[32] 것이었다. 『정치학의 임무와 대상』 또한 그러한 학문 상황에 대한 위화감에서 출발하는 저작이었는데, 로야마가 생각하기에 "방법론적으로 볼 때 실증주의의 독단, 더 적절하게 이야기하면 사회 사정의 변천에 지나치게 구애받는 근시안적 노력"은 정치학을 "사회학의 한 부분"[33]으로 전락시킬 위험성을

---

29) 大山郁夫, 「政治學原理の改造」『大山郁夫著作集 第5卷』, 42쪽.
30) 大山郁夫, 『政治の社會的基礎』, 『大山郁夫著作集 第4卷』, 115쪽.
31) 기존 학문에 대한 오야마의 강렬한 비판의식은 그의 『정치의 사회적 기초』가 가로쓰기 방식을 취하고 있는 점이나 로마자로 작성된 색인을 통해서도 확인할 수 있다. 이러한 파격은 일본의 정치학을 보편적 문맥에서 재정립하려는 오야마의 의지 표명이었다.
32) 蠟山政道, 『日本における近代政治學の發達』, 實業之日本社, 1949, 141쪽.
33) 蠟山政道, 「序言」『政治學の任務と對象』, 3쪽.

로야마 마사미치蠟山政道 『정치학의
임무와 대상政治學の任務と對象』(1925)

갖고 있었다. 그런 만큼 로야마는 먼저
정치학의 '방법'과 '대상'을 확정하는 작
업부터 착수해야 했다. 그의 학계 데뷔
작품인 『정치학의 임무와 대상』은 "정치
학을, 한편에서 국가학의 굴레에서 벗어
나게 하고, 다른 한편에서 사회학의 지배
에서 벗어나게 하려는 의도"[34]에서 집필
된, 정치학의 독자적인 존재의의와 방법
론을 밝히기 위한 모색의 기록이었다.[35]

일본의 정치학은 1920년을 전후해서
크게 변모하기 시작했다. 오야마의 정치
학은 국가의 이상을 이야기해 오던 그때까지의 문화국가주의를 자기비
판하며 국가의 현실을 폭로하는 법칙과학으로서의 정치학으로 거듭나
려 하고 있었다. 이때 그가 의거한 방법은 종래의 정치학에 따라다니던
당위적 요소를 불식하고 "실증주의적이고 객관적인 태도로써 사회현
상과 정치현상을 귀납적으로 설명"[36]하는 것이었다. 그렇게 하여 오야

34) 蠟山政道, 『政治學の任務と對象』, 45쪽.
35) 로야마의 정치학에 관해서는 다음 연구를 참조했다. 三谷太一郎, 「日本の政治
   學のアイデンティティを求めて：蠟山政治學に見る第一次世界戰爭後の日本の政治
   學とその變容」『成蹊法學』49호, 1999년 3월 ; 松澤弘陽, 『日本社會主義の思想』,
   筑摩書房, 1973 ; 田口富久治, 『日本政治學史の展開：今中政治學の形成と展開』,
   未來社, 1990 ; 富田宏治, 「一九三〇年代の國內政治體制'革新'構想：蠟山政道の場
   合 (1), (2), (3)」名古屋大學 『法政論集』 105, 106, 107호, 1985년 8월, 11월,
   1986년 3월 ; 富田宏治, 「'自由-民主主義'と'生活-民主主義'：蠟山政道の'社會進步
   主義的デモクラシー'について」名古屋大學 『法政論集』 117호, 1987년 12월. 방법
   론에서 시작된 로야마의 정치학은 후일 비상시 상황의 전개에 따라 점차
   '정치학의 시대적 사명'을 이야기하게 되는데 이 점에 관해서는 후술하기로
   한다.
36) 大山郁夫, 「政治學原理の改造」 『大山郁夫著作集 第5卷』, 49쪽.

마는 자신의 정치학에서 주어로 존재해 오던 국가와 국민을 버리고 사회와 민중으로 다가갔다.

같은 무렵 학문 연구를 시작한 로야마도 실증주의 방법론을 비판적으로 의식하면서 "정치학에서 국가 개념의 사용을 매우 제한된 의미로 사용할 것을 주장하기 위해 정치 개념을 구성하는 데 있어 국가 개념의 선천적 도입을 배척"[37]했다. 국가 가치의 하강이 현저했던 1920년대는 방법론의 시대였다.

새로운 방법론을 모색하는 점은 법학계도 예외가 아니었다. 요코타가 로야마의 저작에 주목하는 이유도 그 자신 또한 "방법론적 무반성과 무자각이 얼마나 현대의 사회적 경험과학에 해를 끼치고 있는지"[38]를 걱정하는 점에서 로야마와 공감대를 형성하고 있었기 때문이다. 요코타는 당시 연구자들을 향해 단편적인 지식의 축적이나 그 안배에 치중하는 작업을 지양하고 "사회과학의 과학적 기초에

한스 켈젠Hans Kelsen(1881~1973)

관한 비판적 성찰"[39]의 필요성을 제안하고 있었는데, 그렇게 하여 그가 당도한 것이 순수법학純粹法學이었다. 존재와 당위의 구별에 입각하는 한스 켈젠의 법학은 다이쇼 데모크라시적 법학의 존재 형태에 커다란 균열을 가져오는 일대 사건이었다.

---

37) 蠟山政道,「序言」『政治學の任務と對象』, 7쪽.
38) 橫田喜三郎,「文化科學としての政治學の方法論」『純粹法學論集Ⅱ』, 249쪽.
39) 橫田喜三郎,「文化科學としての政治學の方法論」, 249~250쪽.

하나의 완결된 논리적 규범과학을 지향하는 순수법학은 일본의 법학
계에서 개념법학槪念法學의 극단적인 연장으로 받아들여지는 경우가
많았다. 예를 들어 미노베에게 순수법학은 "논리에만 편중된 결과
법이 사회적 규율이라는 본질을 무시하고 법과 사회를 격리하여 법학
을 실재 사회를 고려하지 않는 공허한 논리적 유희"[40]로 만드는 것에
지나지 않았다.

> 법학은 결코 수학이나 논리학처럼 다른 연구의 수단으로서 사유
> 법칙을 연구하는 것이 아니라 문법학이나 윤리학과 같이 현재 사회를
> 움직이고 있는 실재 현상을 연구 대상으로 삼는 것이다. 켈젠이 수학이
> 나 논리학을 법학이나 문법학과 동렬에 놓고 이를 모두 '규범과학
> Normative Wissenschaft'의 성질을 지닌 것으로 여기는 점은 근본에서 이미
> 잘못된 생각이다. 수학이나 논리학이 단지 사유 방법에 관한 학문,
> 즉 방법론Methodenlehre인 데 반해 법학, 윤리학, 문법학 등은 사회현상의
> 학문으로, 그 자체가 사회과학Sozialwissenschaften의 일부이다. 법은 사회
> 속에 존재하고 사회와 함께 변천한다. (중략) 따라서 사회적, 심리적
> 요소는 결코 켈젠이 말하는 초법적metajuristisch 요소가 아니라 오히려
> 법의 본질적 요소로서, 이를 도외시해서 법학이 성립할 수 없는 것은
> 명료한 사실이다.[41]

미노베가 생각하는 켈젠의 근본적인 문제점은 법을 타율적 규범으로
만 파악하여 법의 사회적 기초를 법학의 인식 대상에서 추방한 데에
있었다. 즉 법의 본질적 요소를 강제로 보는 법사상이야말로 순수법학

---

40) 美濃部達吉, 「論文集第三卷序」『ケルゼン學說の批判』.
41) 美濃部達吉, 『ケルゼン學說の批判』, 26쪽.

의 가장 중대한 오류였다. 미노베는 순수법학의 실정법 중시를 향해 "켈젠은 전제군주국가에서 전제군주가 명령하는 바가 곧 법이라고 말한다. 강도의 명령은 어떤 점에서 그것과 본질을 달리하는가?"[42]라고 반론했는데, 켈젠의 법사상은 사회심의에 근거를 두는 미노베의 그것과 근본에서 충돌하고 있었다.

앞장에서 살펴본 것처럼 미노베는 법의 본질적 요소를 강제가 아니라 정의 속에서 구했다. 법의 실정성은 법의 정당성에 의해 담보되고 있었고, 사회적 정의 감정에 반하는 법은 얼마 가지 않아 법으로서 효력을 잃을 것으로 여겨졌다. 이러한 법사상이 전체사회적 국가관에서 기인하는 점은 지적한 대로이다. 사회심의에 근거하고 사회 속에 존재하며 사회와 함께 변천하는 법은 미노베 헌법학의 기저를 관통하는 법사상이었다. 법이 사회의 산물이고 사회가 인간에 의해 구성되는 이상, "사회 성립이 인간의 천성인 사회성에 기인하는 것처럼, 사회의 법 또한 인간의 천성에 기인하여 성립"[43]하는 것이었다. 요컨대 인간의 천성이야말로 "법의 최종적인 근거"로, 헌법학의 임무는 인간의 천성에 기인하는 "포괄적인 사회적 정의 의식"의 구체적 내용을 밝히는 데 있었다. 법학이 "사회과학의 일부"가 되는 것도 그런 의미에서였다. 따라서 켈젠이 초법적 요소로서 법학에서 추방한 사회심리적 요소는 "정의는 곧 법으로서 힘을 갖는다"고 생각하는 미노베의 입장에서는 법의 본질적 요소나 다름없었고, "그것을 도외시해서 법학은 성립할 수"[44] 없었다.

미노베가 보기에 순수법학은 "개념법학의 결함을 가장 극단적으로

---

42) 美濃部達吉, 『ケルゼン學說の批判』, 17쪽.
43) 美濃部達吉, 『ケルゼン學說の批判』, 28쪽.
44) 이상, 美濃部達吉, 『ケルゼン學說の批判』, 33쪽.

추진한"[45] 실정법 만능주의에 지나지 않았다. 특히 자연법에 대한 켈젠의 생각은 이법理法을 중시하는 미노베의 법사상과 정면으로 충돌했다. 그런 만큼 순수법학에 대한 평가도 "법학의 사도邪道", "법학의 자멸", "자살적 사상"[46] 등과 같은 원색적인 비난으로 일관했다.[47]

미노베에게 보이는 자연법 입장에서의 초월적인 켈젠 비판은 당시 일본의 법학계에서 일반적인 현상이기도 했다. 예를 들어 법철학을 연구하는 다나카 고타로田中耕太郎(1890~1974)는 다음과 같이 켈젠을 비판했다.

자연법은 켈젠이 말하는 것처럼 실정법과 대립하는 것이 아니라 실정법의 형식을 구비具備해서 출현한다. (중략) 요컨대 실정법은 자연법의 여러 원칙 및 실정법적 확정을 내용으로 하는 외곽外郭으로서 자연법과 밀접한 관계에 있다. 그런 이유로 실정법도 마찬가지로 인간의 본성에 기초한다. 실정법의 많은 제도는 합리적이고 인간 상식에 의해 시인될 수 있는 것으로서, 이를 단순히 인위적이라고 할 수는 없다. 켈젠이 자연법과 실정법을 전혀 성질을 달리하는 것으로 해석하는 것은 자연법과 실정법의 본질을 충분히 통찰하지 못한 독단이다.

---

45) 美濃部達吉, 『ケルゼン學說の批判』, 116쪽.
46) 차례대로 美濃部達吉, 『ケルゼン學說の批判』, 1, 16, 145쪽.
47) 미노베는 켈젠의 국제법 우위론에 대해서도 거부감을 표명했다. 국내법의 기초가 국제법에 근거한다는 켈젠의 주장을 미노베는 다음과 같이 비판했다. "일본제국을 만세일계萬世一系의 천황이 통치하는 것은 우리 제국의 가장 근본적인 국가법으로서, 국제법에 그 효력의 근거가 있다고 하는 따위의 주장은 국가를 모욕하는 것이다. 그것은 국제법과는 전혀 무관하게 우리나라가 시작된 이래 엄연히 존립하는 국가법으로서, 국가 그 자체에만 근거를 두는 것이다."(美濃部達吉, 『ケルゼン學說の批判』, 142쪽) 이러한 반응은 일찍이 그 자신을 괴롭혔던 국체의 이름을 빌린 학설 공격을 연상시키기 충분한 것이었다.

(중략) 실정법을 권력자의 명령으로 생각해 자연법을 떠나 허공에 존재하는 것으로 사고하는 것은 사실에 반하는 생각일 뿐 아니라 진실을 왜곡하는 논리이다.[48]

다나카에게 순수법학은 "신칸트주의의 사상으로서의 무력無力", 다시 말해 "순수하게 합리주의적이고 논리적인 법의 인식론이 얼마나 공허하고 무력한지"[49]를 증명하는 한 예였다. 그는 또 "올바른 형이상학을 부정하는" 순수법학에서 "인간이란 무엇인가, 인간은 무엇을 위해 사는가, 인간의 사회적 성질, 정의의 실질 문제" 등을 고찰하지 않는 "오만함"[50]을 읽었다.

실정법을 중시하는 순수법학을 정의의 관점에서 비판하는 것은 당시 흔히 볼 수 있는 켈젠 이해 혹은 오해였다. 형법학자이자 법철학자인 기무라 가메지木村龜二(1897~1972)는 "켈젠의 주장에는 아무런 라이덴샤프트leidenschaft(정열 | 인용자)도 포함되어 있지 않다. 그것은 차가운 논리의 전개에 지나지 않고 (중략) 실정법의 현실주의적 시인 혹은 긍정"[51]이라고 단정했는데, 이는 순수법학을 "형식주의에 기인하는 사상적 백지의 입장"[52]이라고 비판한 다나카와 궤를 같이하는 발언이었다.[53]

---

48) 田中耕太郎, 「ケルゼンの純粋法學の法律哲學的意義及び價値 : 殊に其の自然法否定論及び相對主義に就て」, 杉村章三郎 편, 『筧敎授還曆祝賀論文集』, 有斐閣, 1934, 781~782쪽.
49) 田中耕太郎, 「ケルゼンの純粋法學の法律哲學的意義及び價値 : 殊に其の自然法否定論及び相對主義に就て」, 759~761쪽.
50) 田中耕太郎, 「ケルゼンの純粋法學の法律哲學的意義及び價値 : 殊に其の自然法否定論及び相對主義に就て」, 820~821쪽.
51) 木村龜二, 「ケルゼンの自然法否定の理論」 『國家學會雜誌』 45권 5호, 1931.
52) 田中耕太郎, 「ケルゼンの純粋法學の法律哲學的意義及び價値」, 764쪽.
53) 일본의 켈젠 수용에 관해서는 아래 연구를 참조했다. 山下威士, 「わが國における法の純粋理論の受容とその問題性 : 日本法學史硏究のためのひとつの資料として」, 山下威士, 『憲法學と憲法』, 南窓社, 1987. 자연법에 대한 구도자적 정열을 갖고

순수법학에 대한 일본 법학계의 비판은 주로 자연법에 대한 인식 차이에서 유래했다. 즉 자연법을 형이상학으로 치부하여 법학의 대상에서 추방한 켈젠을 미노베 등이 자연법 옹호의 입장에서 비판하는 구도였다. 이러한 것은 당시 미노베와 켈젠이 처한 헌법 상황이나 정치 상황의 차이에서 비롯하고 있었다.

켈젠의 자연법 비판에는 '소유적 개인주의'의 상대화라는 계기가 강하게 작용했다. 당시 켈젠은 시장사회와 자본주의의 극복을 모색하고 있었는데, 이를 위해 그는 데모크라시와 자본주의를 서로 관계가 없는 개념으로 분리하여 자본주의적 시장사회를 지탱하는 소유적 개인주의, 나아가 그 철학적 기초로서 자연법을 법의 영역에서 추방할 필요가 있었다. 즉 켈젠은 자본주의 이후의 사회를 전망하기 위해, 자연법이 자본주의적 시장사회를 정당화하는 이데올로기에 지나지 않고, 본래 데모크라시 제도와 아무런 상관이 없다는 점을 논증할 필요성에서 자연법을 비판한 것이다.[54]

이에 비해 미노베가 처한 상황은 전혀 달랐다. 한편에서 보수주의자들은 헌법 조문을 근거로 천황 대권을 주장하고 있었고, 또 한편에서 사법의 현실은 다양한 사회적 요구의 분출에도 불구하고 실정법의 '논리적' 대응으로 일관하고 있었다. 미노베가 법의 변천이나 사회적

독자의 법철학을 구축한 다나카 고타로에 관해서는 다음 연구가 있다. 三谷太一郎, 「田中耕太郎の近代批判」『二つの戰後：權力と知識人』, 筑摩書房, 1988.
54) 켈젠이 처한 정치 상황에 관해서는 다음 연구를 참조했다. 長尾龍一, 「法理論における眞理と價値 (1)~(5·完)」『國家學會雜誌』78권 1호, 2호, 11호, 12호, 1965 ; 碧海純一, 「純粹法學」『法哲學講座 第4卷』, 有斐閣, 1957 ; 今井弘道, 「思想史的ケルゼン硏究·序說」『北大法學論集』32권 1호, 1981 ; 今井弘道, 「第一次大戰後ケルゼンの'憲法體驗'·'政治體驗'·'政治思想'：『ケルゼニズム考』(手島孝著 木鐸社刊) の批判的檢討を手がかりに (1)-(4·完)」『北大法學論集』32권 2호, 3호, 33권 1호, 6호, 1981-1982. 이 중에서도 특히 이마이 히로미치今井弘道의 연구에서 많은 시사를 얻었다.

정의 의식을 무기 삼아 실정법 만능주의에 맞서 싸웠던 것은 그러한 상황 속에서의 일이었다. '법의 사회화'가 이야기되고 실정법 만능주의를 시정하는 근거로서 자연법이 호출되는 것은, 다나카 고타로의 말처럼 "형이상학에 목말라 있는"[55] 시대 상황이 요구하는 바였다. 방법론의 유행이 "법 현상 자체에 관한 진지한 연구를 모멸하는 방향으로 흐르는" 사태를 걱정하는 다나카가 방법의 논리적 선행을 "생명에서 멀어져 단순히 개념을 가지고 노는 현학 취미 혹은 학자적 허영심의 발로"[56]라고 일축하는 이유는 자연법에 대한 확신과 순수법학이 초래할 수 있는 실정법 정당화에 대한 위기감 때문이었다.

1920년대에 들어 수용되기 시작한 켈젠의 법사상은 정의를 기조로 하는 일본의 법학계에 커다란 파문을 불러일으켰다. 그중에서도 과학 이론에서 당위적 요소의 구축을 주장하는 켈젠의 사상은 데모크라시 운동을 주도해 온 해석 위주의 헌법학과 근본적으로 충돌했다. 그런 만큼 미노베는 순수법학과 같은 "잘못된 학설이 하루빨리 학계에서 사라지기"[57]를 바라며 켈젠을 비판했지만, 그럼에도 존재와 당위의 구별이 제기하는 문제는 법학계뿐만 아니라 다이쇼 데모크라시 시기의 실천 지향적인 과학 전반에 지적 혁명을 가져오기에 충분했다. 미야자와 도시요시의 사상은 이러한 방법론의 시대 속에서 형성되었다.

여기서 미야자와의 헌법학에 대한 분석에 들어가기에 앞서 1920년대의 학문 상황을 이해하는 데 간과할 수 없는 또 하나의 계기로 다원적 정치론의 문제를 언급하고자 한다. 국가 주권의 단일성에 대해 부분사회의 의의를 강조하는 다원적 정치론은 다이쇼 데모크라시적 지의

---

55) 田中耕太郎, 「ケルゼンの純粹法學の法律哲學的意義及び價値」『筧教授還曆祝賀論文集』, 815쪽.
56) 田中耕太郎, 『法と宗教と社會生活』, 改造社, 1927, 17~18쪽.
57) 美濃部達吉, 『ケルゼン學說の批判』, 192쪽.

존재 형태에 순수법학과 버금가는 충격을 가해 마땅했지만, 결론적으로 이야기해서 그것은 전체사회적 국가관 속에 용해되는 형태로 일본의 지적 세계에 이렇다 할 흔적을 남기지 못했다. 이하에서는 다원적 정치론이 당시 정복국가설이나 순수법학과 같은 영향을 끼치지 못한 이유에 대해 국가관의 문제에 한정하여 간단히 언급하기로 한다.

요시노 사쿠조의 '사회의 발견'을 설명하는 부분에서 이미 이야기한 바와 같이 민족공동체를 실질 내용으로 하는 전체사회적 국가관은 처음부터 다원적 사회 위에서 구상된 것이었다. "우리들의 사회생활에는 종교 방면이 있고, 경제 방면이 있고, 통치 방면이 있다"[58]거나 "인류의 생활은 극히 다방면에 걸쳐 있어 국가생활은 그 가운데 한 방면에 지나지 않는다"[59]와 같은 발언에서 알 수 있듯이 전체사회적 국가관은 출발 당시부터 이미 전체사회로서의 민족공동체와 부분사회로서의 국가(통치 방면, 국가생활)를 구분하고 있었다. 길드사회주의가 제안하는 주권 분할과 직접민주주의적 대표론을 강하게 비판하는 요시노가 다원적 정치론에 대해서는 이렇다 할 거부감을 표명하지 않는 것도 바로 그런 이유에서였다.

정치학자 이마나카 쓰기마로今中次麿(1893~1980)는 당시 다원적 국가론을 논평하여 "국가가 사회와 동일한 개념이 아니라 사회 속의 한 조직체, 즉 단체라는 사실은 굳이 다원적 국가론에 기댈 필요도 없다. 국가가 단체라는 것은 이미 중세의 신비적 유기체설 시대부터 명확하게 이야기되어 온 사실"[60]이라고 했는데, 이는 전체사회적 국가관이 처음부터 다원적 정치론을 포섭할 수 있었다는 점을 말해주고 있다.

---

58) 吉野作造, 「木下尙江君に答ふ」 『吉野作造選集 第1卷』, 81쪽.
59) 美濃部達吉, 『ケルゼン學說の批判』, 47쪽.
60) 今中次麿, 『政治學に於ける方法二元論』, ロゴス書院, 1928, 273~274쪽.

따라서 사회 속에 존재하는 단체가 국가의 단일성을 부정하지 않는 이상, '사회의 발견'이 전체사회적 국가관에 이렇다 할 의미를 갖지 못하는 것은 당연한 일이었다.

당시 일본에서 다원적 정치론을 가장 적극적으로 받아들였던 사람 중의 한 명인 나카지마 시게루中島重(1888~1946)도 "민족이 기본사회이고 국가는 단체"[61]라고 하는 점에서 요시노 등과 인식을 같이했다. 나카지마는 헤겔의 '국가 전체사회설'을 비판하고 '국가 주식회사설'에 공감을 표명했지만, 국가 주식회사설의 문제점으로 "국가 이외의, 국가 이상의, 그 기초가 되는 사회가 따로 엄연히 존재한다는 사

나카지마 시게루中島重(1888~1946)

실을 명확히 인식"[62]할 필요성을 제기하고 있었다. 국가를 수단적 존재로 보는 데 대해 "정신상의 망설임"을 느끼는 나카지마는 "개인이 결코 단순히 개인이 아니라 사회를 형성하고 도덕적 향상의 목적을 갖는 사회적 인격자로서의 개인이라는 점을 인식"[63]함으로써 그러한 심리적 부담감에서 해방될 수 있다고 생각했다. 국가 이전에 국가 이상의 사회를 전제하고, 개인을 사회적 존재로 인식하는 나카지마도 전체사회적 국가관을 공유하고 있었다. 다원적 정치론이 다이쇼 데모크라시적 지의 존재 형태에 커다란 지각변동을 가져오지 못한 이유는 민족공동체를 기반으로 하는 전체사회적 국가관이 '사회의 발견'이

61) 中島重, 『多元的國家論』, 內外出版, 1922, 163쪽.
62) 中島重, 『多元的國家論』, 38쪽.
63) 中島重, 『多元的國家論』, 31쪽.

제기하는 충격을 그 내부로 포섭했기 때문이다.

제2절 학설이원론

　　1920년대의 방법론의 시대 속에서 경험적 문화과학으로서의 헌법학을 지향하던 미야자와 도시요시에게 켈젠이나 오야마가 제기하는 문제는 피해 갈 수 없는 것들이었다. 이에 대한 미야자와의 응답은, 존재와 당위의 구별에 준거하여 과학의 방법적 순수성을 확보하려 한 점에서 켈젠과 입장을 같이한 한편, '문화과학'으로서의 법학의 독자적인 존재가치를 주장하는 점에서 자연과학의 독재를 부정했다고 정리할 수 있다. 1925년의 논문「법률에서 과학과 기술 : 또는 법률에서 존재와 당위法律における科學と技術 : 又は, 法律における存在と當爲」[1]는 약관 26세의 나이에 발표한 것이지만 이후 미야자와의 헌법학을 관통하는 방법론적 거점으로 존재한 기념비적 작품이었다. 그것은 사회과학의 방법을 둘러싼 1920년대의 모색에 대한 미야자와의 응답과 출발을 알리는 논문이었다.[2]

---

1) 宮澤俊義,「法律における科學と技術 : 又は, 法律における存在と當爲」『國家學會雜誌』39권 8호, 9호, 1925/ 宮澤俊義, 『法律學における學說』, 有斐閣, 1968.
2) 지금까지 미야자와에 대한 연구는 주로 헌법학 영역에서 이루어져 왔다. 중요한 연구를 열거하면 다음과 같다. 미야자와 사망 후 『ジュリスト』1977년 3월 임시증간호에 수록된 小林直樹,「宮澤憲法學の軌跡」; 芦部信喜,「宮澤憲法學の特質」과 좌담 기록 ; 杉原泰雄·奧平康弘·樋口陽一·影山日出彌,「シンポジウム 憲法學の方法」『法律時報』1968년 10월 ; 樋口陽一, 『近代憲法學にとっての論

미야자와는 먼저 '법 사회학'과 '법 해석학'의 관계와 구별을 통해 과학으로서 법학의 입장과 방법을 논했다. 이때 법 사회학은 "이론 법학"이라고 해도 무방한 것으로 "경험적 실재를 법 가치와 연관시켜 고찰하는 문화과학"을 의미했다. 따라서 그것은 "**논리적**으로는 사회학과 아무런 특별한 관계가"3) 없었다. 법 사회학은 법학을 사회학의 일부로 해소하지 않고 "경제학, 정치학, 사회학 등과 함께 병립하는 하나의 독립된 경험적 문화과학"을 지향하는 것이었다. 이에 반해 법 해석학은 경험적 문화과학에 속하지 않는, 그래서 "오히려 기술이라고 부르는 편이 적절한"4) 것이었다. 미야자와는 경험적 문화과학의 임무에 대해 다음과 같이 말했다.

> **경험과학은 이론적 인식만을 섬긴다.** 그러나 여기서 **이론적**이란 순수하게 학문적 욕구를 만족시키는 일 외에 어떠한 관심도 없는 인식 그 자체를 말하는 것으로, 가치판단은 결코 그 임무가 아니다. 본래 모든 인식은 반드시 가치판단이라는 의미에서, 이론적 인식이라 할지라도 이론적 당위를 예상하는 것은 물론이다. 그러나 그럼에도 다른 **실천적** 가치판단과 구별하여 그것을 존재 인식이라고 부르는 데는 지장이 없다. 그리고 이러한 의미의 존재 인식만이 이론적 문화과학의 임무가 될 수 있는 점은 새삼 지적할 필요도 없을 것이다.5)

理と價値：戰後憲法學を考える』, 日本評論社, 1994 ; 長谷川正安, 「憲法學史(下)」 『講座日本近代法發達史 第9卷』, 有斐閣, 1960 ; 押久保倫夫, 「戰前の宮澤憲法學に關する覺書(1)~(4)」 『東亞大學硏究論叢』 29호, 31호, 『東亞法學硏究論叢』 2호, 4호, 1993~1999 ; 愛敬浩二, 「歷史認識という陷穽：戰時期宮澤憲法學再讀とその現代的意義」 『法律時報』 2000년 9월 ; 高見勝利, 『宮澤俊義の憲法學史的硏究』, 有斐閣, 2000. 본서의 과제는 미야자와의 헌법학을 사상사의 문맥에서 자리매김하는 것이다.
3) 이상, 宮澤俊義, 「法律における科學と技術」 『法律學における學說』, 37쪽.
4) 이상, 宮澤俊義, 「法律における科學と技術」, 36쪽.

미야자와에게 '경험과 가치', '이론과 실천', 그리고 '법 사회학과 법 해석학'은 서로 대응하는 개념으로 존재하고 있었다. 법 사회학은 "a, b, c의 사안에 대해서는 지금까지 언제나 a′, b′, c′와 같은 법 해석을 해왔고, 또 x, y, z의 사실은 법률상 x′, y′, z′라는 결과를 가져올 것이라는 개연성을 제시"할 뿐, "거기에서 멈추고 결코 더 이상 나아가지 않는"[6] 것이었다. 법

미야자와 도시요시宮澤俊義(1899~1976)

사회학은 "법이 과거에 무엇이었고, 지금 무엇이고, 그리고 앞으로 무엇일 것인지(개연성)를 연구"하는, 달리 이야기하면 법의 역사적, 경험적, 실재적 측면을 고찰하는 경험적 인식의 영위로서, "그것이 이론적 인식에 종사하는 이상 결코 법이 **무엇이어야 할지**를 결정할 수 없는"[7] 것이었다.

이에 비해 "지금 **있는** 법의 발견이 아니라 항상 **있어야 할** 법의 발견"을 목적으로 하는 법 해석학은 **"구체적인 경우의 정법正法의 발견"**을 위한 "가치판단"으로, "실천적 당위의 정립"을 지향하는 학문이었다. 그것을 기술이라고 부르는 편이 적절한 이유도 바로 그 점에 있었다. 법 해석학의 목표는 어디까지나 "正richitig이지 眞wahr"[8]이 아니었다. 따라서 법의 이상을 실현하기 위한 노력이자 실천적 수단의 탐구인 법 해석학은 하나의 경험적 문화과학으로서 성립할 수 없는 것이었다.

---

5) 宮澤俊義, 「法律における科學と技術」, 47~48쪽.
6) 宮澤俊義, 「法律における科學と技術」, 45쪽.
7) 宮澤俊義, 「法律における科學と技術」, 46쪽.
8) 이상, 宮澤俊義, 「法律における科學と技術」, 45~46쪽.

법 사회학과 법 해석학의 구분에서 보듯이 미야자와는 법 해석을 기술적 차원의 정책으로 과학의 영역에서 추방함으로써 법학의 방법적 순수성을 확보하려고 했다. 이러한 생각이 앞에서 본 오야마나 켈젠의 입장과 공명하는 것임은 새삼 지적할 필요도 없다. 법 사회학과 법 해석학은 후일 각각 '법 과학'과 '법 해석' 혹은 '이론적 학설'과 '해석론적 학설' 등으로 표현되기도 했지만, 양자의 관계와 구분에는 변함이 없었다.

법에 대한 "이론적 인식의 성과의 체계적 종합"인 법 과학은 "객관적 진리 가치만을 섬기는 것이기 때문에 당연히 객관성이 그 본질"이어야 했다. 따라서 그것이 대상으로 하는 법은 "이미 경험으로서 우리에게 주어져 있는" 법, 즉 실정법이었다. 이에 반해 "구체적인 상황에서 '정법'의 탐구"를 목표로 하는 법 해석은 "정치적 혹은 윤리적 가치를 섬기는 것이기 때문에 본질적으로 주관적인 성격을 갖는" 경향이 있고, "존재하는 법을 관찰하는 것이 아니라 아직 존재하지 않는 법을 만드는 것"[9]을 목적으로 했다. 법 과학과 법 해석을 구별하는 미야자와의 학설이원론學說二元論은 "'실천적'이고, '창조적'이고, '생산적'이고, '초과학적'이고, '주관적'인"[10] 법 해석학을 경험과학의 외부에 둠으로써 이론적 인식과학으로서 법학의 원리적 순수성을 확보하기 위한 이론이었다.

학설이원론은 다른 한편에서는 자연과학 독재의 시대 속에서 법학의 독자적인 존재의의를 밝히는 시도이기도 했다. 이미 언급한 것처럼 미야자와는 법 사회학을 사회학의 한 분야로 여기지 않고 그 자체로서

---

9) 宮澤俊義, 「法律學における'學說' : それを'公定'するということの意味」『法學協會雜誌』 54권 1호, 1936/ 『法律學における學說』, 69~74쪽.
10) 宮澤俊義, 「法律學における'學說' : それを'公定'するということの意味」, 71쪽.

성립하는 하나의 경험적 문화과학이라고 생각했다. 이런 점에서 **법 사회학**이란 이름은 결코 적당하지"[11] 않았지만, 미야자와는 "사회학은 과학이며 고로 자연과학"[12]이라는 식의 단순하고 소박한 사회학 독재 론에 대해서 거부감을 나타내고 있었다. 이는 경험적 문화과학이 존재 로서의 문화를 인식 대상에 포함하는 이상 당연한 일이었다.

법 과학은 가치 일반을 과학의 대상에서 추방하려 한 것이 아니었다. 물론 실재로부터 유리된 가치가 홀로 경험적 문화과학의 대상이 되는 일은 없었지만, 법 과학은 여전히 "가치와 상관된 경험 실재", 달리 말해 "가치를 그 무대인 실재에서 고찰하는"[13] 일을 과제로 하고 있었 다. 이런 의미에서 미야자와의 법 과학은 오야마 등이 주장하는 자연과 학 독재론과 대립했다. 미야자와가 추구한 것은 존재와 가치의 구별을 주체적으로 받아들이면서 경험적 문화과학으로서 법학의 독자적 존재 의의를 발견하는 일이었다. 법의 실정성과 정당성의 분리 위에 입각하 는 학설이원론은 그 방법론적 근거였다. 미야자와는 법 사회학이 출현 하게 된 학문 상황을 다음과 같이 말했다.

> 법 사회학을 제창하게 된 것은 지금까지 법학이 기술적 방면에만 주목하고 이론적 방면을 지나치게 무시해 왔기 때문에 그 반동으로 이론적 방면을 사회학적 방법을 유추하여 생각함으로써 강제할 필요가 있었기 때문이다. 다시 말해 종래 법 영역에서 법 기술만이 있고 법 과학, 즉 정치학, 경제학 등과 병립하는 하나의 경험적 문화과학으로서 의 이론적 법학이 존재하지 않았기 때문에 과학적 법학의 수립을 강하

---

11) 宮澤俊義, 「法律における科學と技術」『法律學における學說』, 37쪽.
12) 宮澤俊義, 「法律における科學と技術」, 61쪽.
13) 宮澤俊義, 「法律における科學と技術」, 42쪽.

게 제창하게 된 것이다.[14]

　미야자와는 "'방법'이라면 법 해석의 방법밖에 모르고, '방법론'이라
면 법 해석의 기술에 관한 연구라고"[15] 생각하는 일본의 법학계에
강한 의문을 품고 있었다. "과학 이론의 가치를 비속한 법 해석적
'실익'의 척도로써 가늠하려는 것은 명백한 방법적 혼동"[16]이라고 비판
하는 미야자와가 신칸트주의의 입장에 서서 과학으로서의 법학을 지향
한 것은 그러한 법학계에 대한 위화감에서 비롯했다. "만약 **존재하는**
법'을 발견하고 기술하는 일이 법학의 임무라면 경험적으로 **존재하는**
법과 모순되는 '학설'은 명백하게 오류라고 말하지 않으면 안 된다.
'사실'과 배치되는 '학설'은 반드시 잘못된 것이다."[17] 이러한 미야자와
의 발언 속에는 존재의 법을 탐구하려는 법학자의 결의와 법학의 방법
론적 거점과 과학으로서의 존립을 모색하려는 위기감이 녹아들어 있었
다.
　당시 일본에서 미야자와와 함께 과학으로서의 법학을 지향하던 또
한 명의 인물로서 요코타 기사부로를 간과할 수 없다. 요코타는 "법학이
하나의 과학이 되기 위해서는 설사 일면적이라 할지라도 일정한 입장
과 방법에 입각하는 동질적이고 통일적인 인식을 지향"[18]해야 한다고
생각하는 점에서 미야자와와 방향성을 같이하고 있었다. 그는 또 종래

---

14) 宮澤俊義, 「法律における科學と技術」, 43~44쪽.
15) 宮澤俊義, 「わが國の法哲學」『法律時報』8권 11호, 1936.
16) 宮澤俊義, 「公法と私法」『法學協會雜誌』54권 5호, 1936/ 宮澤俊義, 『公法の原理』,
　有斐閣, 1967, 25쪽.
17) 宮澤俊義, 「佛國裁判所の法律審査權 : '事實'と'學說'との對抗」『國家學會雜誌』39
　권 2호, 1925/ 宮澤俊義, 『憲法と裁判』, 1967, 有斐閣, 145쪽.
18) 橫田喜三郎, 「純粹法學の一般理論」『法律時報』3권 10호, 1931/ 橫田喜三郎, 『純
　粹法學論集 I』, 有斐閣, 1976, 48쪽.

의 법학을 "과학과 정책의 혼합이고 타협"[19]이라고 비판하는 점에서도 미야자와와 인식을 같이했다. 요코타는 당시 법철학자 다나카 고타로가 "켈젠의 친구, 혹은 켈젠의 이방인의 사도 바울"[20]이라고 부를 정도로 일본에서 가장 투철한 순수법학자의 입장을 견지하고 있었는데, 그에게도 법학은 "어디까지나 실정법의 과학"을 의미했다. 존재로서의 법을 대상으로 하는 것이 "과학의 숙명"이고, 거기서 더 나아가는 일은 "과학을 구제하는 것이 아니라 파괴하는"[21] 결과를 초래할 것이라고 요코타는 생각했다.

그러나 법학계의 현실은 요코타와 미야자와가 강조하는 방법론적 반성과는 거리가 멀었다. 법 과학과 법 해석의 방법적 혼동은 "법학계 전반, 특히 공법학의 논의를 지배"[22]하고 있었다. "본래 혼동해서는 안 되는 두 개의 원리적 입장, 즉 이론적 입장과 실천적 입장의 혼동"은 공법학 논의에서 "언제나 보이는 현상"으로, "사람들은 걸핏하면 주관적인 것을 객관적인 것처럼 생각하고 또 그렇게 다른 사람들을 향해 주장"[23]하고 있었다. 이러한 상황 속에서 미야자와는 공법학 논의에 산재하는 "방법적 무반성이 사회적으로 무엇을 의미하는지, 그리고 반성 없는 사유의 결과가 어떠한 이데올로기적 기능을 수행하는지"[24]

---

19) 橫田喜三郎,「法律の解釋」『國家學會雜誌』48권 12호, 49권 1호, 2호, 1934~1935/『純粹法學論集 II』, 85쪽.
20) 田中耕太郎,「ケルゼンの純粹法學の法律哲學的意義及び價値」『筧敎授還曆祝賀論文集』, 750쪽.
21) 이상, 橫田喜三郎,「裁判と法律」『法學協會五十周年記念論文集 第1部』, 法學協會, 1933/『純粹法學論集 II』, 120쪽.
22) 宮澤俊義,「公法・私法の區別に關する論議について : 方法的反省の必要」『國家學會雜誌』49권 9호, 1935/『公法の原理』, 3쪽.
23) 宮澤俊義,「公法人と私法人の異同」『自治硏究』11권 6호, 1935/『公法の原理』, 34쪽.
24) 宮澤俊義,「公法・私法の區別に關する論議について」『公法の原理』, 16쪽.

에 주목하기 시작했다.

존재와 당위의 혼합과 과학 이론의 이데올로기적 역할에 대한 오야마와 켈젠의 가차 없는 비판을 의식하며 자신의 관점을 정립한 미야자와는 지금까지 공법학이 수행해 온 정치적·실천적·현실 긍정적 기능에 대한 분석에 착수했다. 과학 이론을 표방하는 종래의 학설에서 당위적 요소를 발견해 내 그것을 과학의 영역에서 추방하려는 젊은 날의 미야자와의 문제 관심은, 그 뒤 비록 "독일풍의 논리적 치밀함"25)에서 뒤떨어지지만 "간결과 명석의 취미"26)로 넘쳐나는 프랑스 공법학을 참조하며, 근대 헌법 이론을 원점에서 재조명하는 작업으로 이어졌다.

미야자와가 생각하는 영국과 프랑스의 헌법 이론은 "교설教說적 해명"을 특징으로 하는 독일의 그것과 "첨예한 대립"을 보이고 있었다. "명석하고 분명한 형태로 설명하고, 많은 부분이 일반인의 상식 속에 녹아들어 있는" 영불의 헌법 이론에 비해 독일의 경우는 "매우 현학적인 형태로" 설명하는 "궤변적"27) 이론이 많았다. 예를 들어 공법학의 비정치화를 표방한 파울 라반트Paul Laband의 예산법은 예산에 대한 의회의 자유로운 승인권을 부정하는 이데올로기적 성격을 강하게 지닌 이론이었다. 영국과 프랑스의 헌법 이론은 이러한 "독일식 법적 형이상학"과 현저한 대조를 보였는데, "역사적·비교적 방법"에 의한 아데마르 에스멩Adhémar Esmein(1848~1912)의 정치사적 헌법 연구, 사회학적 방법에 입각한 레옹 뒤귀Léon Duguit(1859~1928)의 "가차 없는 실증주의", 이데올로기적 공법 이론의 "무력함과 빈약함"을 비판한 조제프 바르텔르미Joseph

---

25) 宮澤俊義, 「法律における科學と技術」『法律學における學說』, 36쪽.
26) 宮澤俊義, 「フランス公法學における諸傾向」『フランスの社會科學』, 刀江書院, 1930/『公法の原理』, 73쪽.
27) 이상, 宮澤俊義, 「ドイツ型像算理論の一側面」『國家學會雜誌』52권 10호, 11호, 1938/ 宮澤俊義, 『憲法の原理』, 岩波書店, 1967, 245~247쪽.

Barthélemy(1874~1945)의 연구 등은 미야자와에게 큰 영향을 준 대표적인 이론들이었다.[28]

그중에서도 레옹 뒤귀에 대한 미야자와의 인식은 일반적인 이해와 큰 차이를 보였다. 뒤귀의 '권리 부정론'을 "자유주의 시대 말기"의 개인주의적 법 이론의 "진화"의 한 시론으로서 수용한 나카지마 시게루 나,[29] "사회 본위의"[30] 개인의 창출을 목표로 하는 관점에서 뒤귀의 권리 부정론을 "신이상주의의 발견"[31]으로 받아들인 마키노 에이이치 牧野英一 등과 같이, 뒤귀는 당시 권리 부정론자로 읽히고 있었다. 뒤귀의 사상에 그러한 측면이 없는 것은 아니었지만,[32] 미야자와는 나카지마 가 말하는 권리 부정론자로서의 뒤귀에 대해 이렇게 반론했다. "뒤귀의 실증주의를 충분히 고려하지 않고 단지 그가 '권리'를 부정하고 '의무'만 을 인정했다고 한다면, 그것은 오해를 불러일으키기 쉽다. 왜냐하면 뒤귀는 법규범을 오로지 실증적으로 개념하고 있으므로, 그런 의미에 서 그는 당위적 의미의 '권리'와 '의무' 모두를 부정하기 때문이다."[33] 미야자와는 뒤귀의 "설익은 실증주의"가 결국 "맹목적인 사회학주의·과학주의에 빠져"[34] 사회학의 독재로 귀결될 것을 걱정하면서도, 그가 뒤귀에게 배우려 한 것은 어디까지나 '가차 없는 실증주의'였다.[35]

젊은 날의 미야자와는 영·불 공법학계의 역사과학적·사회과학적·

---

28) 宮澤俊義,「フランス公法學における諸傾向」『公法の原理』.
29) 中島重,『社會哲學的法理學』, 岩波書店, 1933, 376쪽.
30) 牧野英一,『現代の文化と法律』, 有斐閣, 1917, 450쪽.
31) 牧野英一,『現代の文化と法律』, 377쪽.
32) 樋口陽一,「現代法思想における個人主義の役割 : 第三共和制フランス公法學から見たナチズム法思想の論理構造」, 樋口陽一,『權力·個人·憲法學 : フランス憲法研究』, 學陽書房, 1989.
33) 宮澤俊義,「フランス公法學における諸傾向」『公法の原理』, 87쪽.
34) 같은 논문, 90쪽.
35) 뒤귀가 활동한 시기의 프랑스 공법학에 관해서는 다음 연구가 상세하다. 樋口陽一,『近代立憲主義と現代國家』, 勁草書房, 1973.

경험과학적 헌법 연구를 통해 다음과 같은 결론에 도달했다.

> 법이 끝없이 변화하는 인간사회의 규범인 이상, 사회생활의 변화와
> 함께 법이 변천하는 것은 당연하다고 할 것이다. 엄연한 법전의 형식을
> 갖춘 **경성硬性**의 '千古不磨의 大典'도 실질적으로는 이와 다를 바가 없다.
> 헌법은, **살아 있는** 헌법은 그것이 연성軟性이든 경성이든 모두 추이의
> 대상이 될 수밖에 없다.[36]

미야자와에게 법은 "본질적으로 **살아 있는** 사회의 규범"이었다. 따라서 "**생명이 없는** 법, **죽은** 법은 설사 성문상에 남아 있다고 해도 전혀 법이"[37] 아니었다. 미노베 헌법학의 헌법 변천이 의회 중심주의적 헌법 해석을 정당화하는 '해석 이론'이었다면, 미야자와 헌법학의 헌법 변천은 법사회학적 관찰에서 얻어진 '과학 이론'이었다. "법은 두말할 것도 없이 역사의 소산이다."[38] 법의 사회학적 고찰을 통해 도달한 이러한 결론에는 미야자와가 평생토록 고민한 법과 역사 또는 법과 정치의 문제가 이미 모습을 드러내고 있었다. 방법론의 시대와 격투하면서 사상체계를 형성한 미야자와의 헌법학은 이렇게 출발했다.

---

36) 宮澤俊義, 「硬性憲法の變遷 : 米國憲法に於ける中央集權的傾向について」『國家學會雜誌』 38권 8호, 9호, 1924/ 『憲法の原理』, 67~68쪽.
37) 이상, 宮澤俊義, 「硬性憲法の變遷 : 米國憲法に於ける中央集權的傾向について」, 110쪽.
38) 宮澤俊義, 「憲法の比較的·歷史的研究について」『警察研究』 7권 10호, 1936/ 『公法の原理』, 149쪽.

제3절 법의 실정성과 정당성

　미야자와에게 "진정한 법"은 인간이 "공동생활에서 당연히 구속력이 있다고 여기는 **살아 있는** 규범"[1]이었다. 따라서 법은 인간의 공동생활과 함께 끊임없이 변화하는 것이었다. 그래서 그는 헌법의 변천을 인정하지 않는 사사키 소이치佐々木惣一의 '헌법 휴지론休止論'에 대해 "그것은 너무나 '헌법'을 형식적으로, 생명이 없는 존재로 관찰하는 것이 아닐까?"[2]라고 의문을 표했다.

　그런데 이러한 미야자와의 '살아 있는 법'은 얼핏 "법을 제정된 형식에 관해서만 고찰하지 않고 현실 사회를 실제로 규율하는 양태에 관해 이해"[3]할 것을 주장하는 자유법론自由法論의 '살아 있는 법'과 유사한 것처럼 보인다. 자유법론의 대표적인 논객이었던 마키노 에이이치에게도 "법은 두말할 필요도 없이 역사적 산물"로서 존재하고 있었고, "현재의 공동생활을 규율하는"[4] 살아 있는 규범이 바로 법이었다. 이런 점에서 마키노와 미야자와는 차이가 없었다.

　그러나 이미 소개한 바와 같이 존재의 법을 고찰하는 미야자와는

---

1)　宮澤俊義,「硬性憲法の變遷」『憲法の原理』, 110쪽.
2)　宮澤俊義,「硬性憲法の變遷」, 111쪽.
3)　牧野英一,『法律における倫理と技術』, 有斐閣, 1934, 198~199쪽.
4)　牧野英一,『現代の文化と法律』, 65~67쪽.

마키노 에이이치牧野英一(1878~1970)

해석 중심의 일본의 법학계에 강한 불만을 토로하고 있었다. "법학자를 단순한 법 해석의 기술자로 타락시키고, 법에 관한 진정한 과학적 탐구를 무비판적으로 '개념법학'이라고 건성으로 비난하는"5) 자유법론의 방법적 무반성에 대해 미야자와는 유감을 표명했다. 학설이원론은 그러한 학계 상황에 대한 위화감과 방법론적 반성 속에서 생겨난 것으로, 법 해석을 법 기술적 정책으로 일단 과학의 세계에서 추방하면서 출발한 것이 미야자와의 헌법학이었다.

법 과학과 자유법론 사이에는 살아 있는 법에 대한 공감과 방법적 혼재를 둘러싼 이질감이 공존하고 있었다. 이하에서는 양자 간의 법사상의 차이에 유의하면서 미야자와의 헌법학과 마키노의 자유법론, 그리고 미노베 헌법학과의 관계를 살펴보기로 한다. 두 진영의 법사상과 법학관의 차이를 밝히는 작업은 미야자와가 수립하려고 했던 과학적 법학의 문제 관심의 소재를 선명하게 드러낼 수 있을 것이다.

자유법론의 대표적인 이론가였던 마키노는 형법과 민법의 분야에서 '법의 사회화'를 추진하고 있었다. 자유법론은 법의 형식 논리적 적용을 유일한 목적으로 하는 개념법학적 사법의 현실에 의문을 제기하면서 법의 해석과 운용을 통한 사회문제 해결을 주장했다. 이때 법 해석의 척도가 된 것은 관습법이나 '사회적 정의' 등이었다. 마키노는 정의에 입각한 적극적인 '사회 입법'을 통해 노동문제와 농촌문제에 대처하려

5) 宮澤俊義,「公法と私法」『公法の原理』, 26쪽.

고 했다. 사회적 정의의 구현을 목표로 하는 마키노마키노 에이이치牧野
英一의 자유법론은 정의를 기조로 하는 다이쇼 데모크라시적 법학의
계보를 잇는 것이기도 했다. 미노베가 자유법운동에 공감을 표시한
이유는 법사상과 법학관의 유사성 때문이었다.

한편 학설이원론은 기왕의 해석 중심의 법학, 그중에서도 자유법론
의 방법적 무반성을 비판하면서 출발했다. 법 해석의 본질은 "무엇보다
도 그것이 '실천적'이고 '창조적'이고 '생산적'이고 '초과학적'이고 '주관
적'인 점에"[6] 있었다. 실천적 당위를 정립하는 가치판단의 학문인 법
해석학은 같은 법을 대상으로 하면서도 존재의 법을 인식하는 법 과학
과는 전혀 다른 영역에 속한다고 미야자와는 생각했다.

미야자와에게 법학은 객관적 인식만을 섬기고 그로써 완결하는 경험
적 문화과학이었다. 그에 비해 마키노에게 법학은 "본질적으로 문화과
학"이자 "가치판단의 학문"이었다. "사실을 서술하는 학문이 아니라
규범 수립"[7]을 지향하는 학문이었다. '문화과학'이란 다음과 같은 의미
였다.

> 법은 정의의 실현을 목적으로 해야 한다. 바꿔 말하면 법 적용의
> 결과는 언제나 정의와 합치하지 않으면 안 된다. 그렇기에 법은 정의
> 그 자체와 다름없는 것으로, 이런 의미에서 법을 해석하는 일은 하나의
> 문화적 학문이 된다.[8]

문화과학으로서의 법학은 정의의 실현을 목적으로 하는 가치판단의

---

6) 宮澤俊義, 「法律學における'學說'」『法律學における學說』, 71쪽.
7) 이상, 牧野英一, 『民法の基本問題』, 有斐閣, 1925, 268쪽.
8) 牧野英一, 『民法の基本問題』, 236쪽.

학문, 즉 법 해석학을 가리키는 말이었다. "일정한 이상"을 갖고 "이상의 궁극을 정의로 하는" 마키노의 법학은 사회와 함께 변화하는 정의의 내용을 "이성의 활약"[9]을 통해 구명하는 것을 목적으로 했다. 따라서 그에게 존재와 당위는 일단 "구별되어야" 하지만, "그러나 그것을 구별하는 것은 인식 혹은 사유의 제1보"에 지나지 않고, 궁극적으로는 "지양되고 조화되어야만 하는"[10] 관계에 있었다. 법학의 "논리적 방면"이란 "법규에 존재하는 합리성"에 대한 "깊고도 높은 차원의 고찰"을 말했고, "실증적 방면"은 "법규를 널리 사회의 다양한 요구와 관련지어"[11] 사고하는 것을 의미했다. 마키노는 과학의 의의를 설명하여 이렇게 말했다.

하나의 곡선을 보고 이를 오목하다고 해석하는 것도 해석이다. 그것을 볼록하다고 하는 것도 하나의 해석이다. (중략) 그것이 해석인 이상 사람은 각자 보는 바를 달리할 수 있다. 따라서 본질에서 차이가 없는데 해석이 서로 다를 수 있다면 해석은 전혀 과학이 아니다. 그러나 과학은 해석을 통함으로써 비로소 우리 생활에 의의를 지닌다는 사실을 잊어서는 안 된다. 즉 과학 설명은 해석을 투과함으로써 과학의 과학에서 우리들 인간의 과학이 된다고 말할 수 있을 것이다.[12]

마키노에게 과학은 이차적인 가치로서 존재했다. 법학의 궁극적인 사명은 "사회를 '사회 그 자체'로서 이해하고 조화를 가져오는"[13] 데

---

9) 牧野英一, 『民法の基本問題』, 268~270쪽.
10) 牧野英一, 『法律における倫理と技術』, 145쪽.
11) 牧野英一, 『民法の基本問題』, 253쪽.
12) 牧野英一, 「はしがき」 『法律に於ける矛盾と調和』, 有斐閣, 1921, 4~5쪽.
13) 牧野英一, 『法律における倫理と技術』, 202쪽.

있었다. 과학은 이를 실현하기 위한 수단 혹은 방법으로서 존재의의를 가질 뿐이었다. 법 해석이 법학의 주요한 임무가 되는 이유는 바로 여기에 있었다. 마키노가 주장하는 "새로운 법학"은 "법 정문의 형식에서 권리 내용을 사고하는 것을 지양하고, 곧바로 법의 사명 자체를 논하여 사물의 합리적 필연성을 생각하고, 그에 따라 법 내용을 논정論定"[14]하는 것을 목표로 했다. 그는 그것을 "법을 과학의 손에서 빼앗아 인간의 손으로 옮기는"[15] 일이라고 표현하기도 했다. 자유법론은 성문법이나 전통적인 법 개념에서 해방되어 "생활상의 사실과 수요를 여실히 관찰하는 실증적 방법"[16]을 통해 해석의 무한함을 주장하는 실천의 학이었다. 마키노는 법과 법학의 관계를 다음과 같이 생각했다.

> 법은 나날이 움직이는, 실제로 움직이지 않으면 안 되는 것이다. 그러한 움직임 속에서 법을 관찰하고 이해할 때 우리는 법을 살아 있는 것으로 만들고, 또 실제로 법에 정신이 있다고 말한다.[17]

"진화를 계속하는, (중략) 그리고 진화를 계속하지 않으면 안 되는" 살아 있는 법에 대한 "동적 인식"이 마키노가 말하는 실증주의의 내용이었다. 법학자의 사명은 그러한 동적 인식을 통해 "현재 발생하고 있는 생활상의 문제에 대하여 내일 재판을 할 때 어떻게 규범을 구성할지를 고찰하는"[18] 일이었다. 자유법론은 살아 있는 법을 파악하는 외면적인 유사성에도 불구하고 아래에 보는 것처럼 미야자와의 학설이원론과

---

14) 牧野英一, 『法律における倫理と技術』, 31~32쪽.
15) 牧野英一, 「はしがき」『法律に於ける矛盾と調和』, 3쪽.
16) 牧野英一, 『法律における倫理と技術』, 277쪽.
17) 牧野英一, 『法律學の課題としての神』, 有斐閣, 1938, 188~189쪽.
18) 이상, 牧野英一, 『法律學の課題としての神』, 192~194쪽.

분명히 대립하는 것이었다.

실정법의 불명확·결함을 정정·보충하는 일은 주어진 법을 있는 그대로 인식하는 것을 목적으로 하는 법 과학의 권한에는 속하지 않는다. 그러한 정정·보충 행위는, 말 그대로 법 '해석'의 임무로서, 그것은 반드시 어떤 초 실정법적인 법 이상 또는 정치적 목적에 의해 비로소 가능하다. 더구나 그러한 법 이상이나 목적은 법을 이론적으로 '인식'함으로써 발견할 수 있는 것이 아니다. 어떤 실천적 입장에서만 비로소 정립할 수 있는 것이다.[19]

미야자와는 "어디까지나 의욕의 작용"인 법 해석을 "오성悟性 활동처럼 생각하는 것은 전적으로 환상"[20]이라고 말했다. 금주법을 제정하는데 "어느 쪽이 wahr(진眞 ㅣ 인용자)인지 이론적·과학적으로 결정할 수 없는"[21] 것처럼, 실정법의 정정·보충은 과학이 관여할 수 있는 영역이 아니었다. 법 과학과 법 해석을 나누는 경계선은 경험이었다. 이론적 학설이 대상으로 하는 법은 이미 경험으로 주어져 있는 법으로, 과학은 현재 주어진 법을 있는 그대로 인식할 뿐이었다. "주어진 법이 좋은지 나쁜지, 정의에 적합한지 아닌지, 또 의미가 명확한지 불명확한지, 구체적인지 추상적인지, 그러한 것들은 여기서 전혀 문제가"[22] 되지 않았다. 그에 비해 법 해석은 아직 경험으로서 주어진 것이 아닌, "경험을 초월한 어떤 것을 경험의 세계로 가져오려는"[23] 데 그 목적이

---

19) 宮澤俊義, 「公法と私法」『公法の原理』, 27쪽.
20) 宮澤俊義, 「法律學における'學說'」『法律學における學說』, 76쪽.
21) 宮澤俊義, 「法律學における'學說'」, 76쪽.
22) 宮澤俊義, 「法律學における'學說'」, 73쪽.
23) 宮澤俊義, 「法律學における'學說'」, 70쪽.

있었다. 존재·경험으로서의 법을 인식하는 법 과학과 법의 정의적 구현을 목표로 하는 법 해석은 서로 다른 세계에 속하는 지적 영위였다.

마키노는 "'악법도 법이다'라고 말하는 것은 존재를 보고 당연히 당위라고 말하는 것"[24]과 같다고 비판했다. 법을 문화현상으로 논하고 가치판단을 법학의 사명으로 여기는 새로운 법학은 법을 "목적적 의의에서"[25] 바라볼 것을 요구했다. 따라서 악법의 구축은 법학의 중요한 임무 가운데 하나였다. 아니 악법의 존재는 법학의 책임이기까지 했다.

> 나는 유추의 논리적 무한성을 믿기 때문에 법에는 악법이 존재하지 않는다고 믿는다. 그러나 실제로 악법이 존재하는 것은 법학의 논리적 성격이 '악법도 법이다'라고 말하는 것이 아니라, 우리의 해석상의 연구가 법의 합리성을 충분하게 명확히 하지 못했기 때문이다. 이처럼 법학의 진보에는 끝이 없다.[26]

이에 대해 미야자와는 이렇게 반론했다.

> 우리도 법의 해석론에 있어서는 박사[마키노 | 인용자]와 마찬가지로 '악법은 법이 아니다'라고 생각한다. 왜냐하면 거기서의 목적은 언제나 구체적인 경우의 정법의 발견이기 때문이다. 이에 반해 법의 인식을 목적으로 하는 법 과학에서는 악법이 법이 아니라고 말할 수 없는 것은 당연하다. 법에 좋은 법과 함께 나쁜 법이 있는 이상, 그 모두가 법 과학의 대상이 되지 않으면 안 된다. 좋은 사회도 나쁜 사회도

---

24) 牧野英一, 『法律における倫理と技術』, 145쪽.
25) 牧野英一, 「はしがき」 『法律に於ける矛盾と調和』, 4쪽.
26) 牧野英一, 『民法の基本問題』, 251~252쪽.

모두 사회 인식을 목적으로 하는 사회학의 대상이 되어야 하는 것과 조금도 다를 바가 없다.[27]

한쪽은 정법의 발견이야말로 법학의 시대적 사명이라고 말했다. 다른 한쪽은 존재의 법을 관찰하는 것이 법학의 임무이고, 거기서 더 나아가는 일은 과학을 파괴한다고 말했다. 전자는 법 이상을 추구하고, 법의 목적론적 고찰을 주장하고, "우리는 자연법의 아들"[28]이라고 선언했다. 후자는 실정법을 정정·보충하는 것은 과학의 권한 밖의 일이며, "법의 이상이나 목적은 결코 법을 이론적으로 '인식'함으로써 발견되는 것이 아니"[29]라고 말했다. 요컨대 마키노가 법의 타당 원리로서 정당성을 최우선시하여 악법을 양법良法으로 바꾸는 데 법학의 임무를 설정한 데 비해, 실정성을 타당 원리로 하는 미야자와는 악법을 악법인 채로 인식하는 것이 과학의 임무라고 생각했다.[30]

본래 법의 정당성과 실정성은 요코타 기사부로가 지적하는 것처럼 타당 원리를 근본적으로 달리했다. 그래서 요코타는 마키노에게 적어도 과학이 "인식의 체계이고, 동일한 원리에 따라 정리된 인식의 전

---

27) 宮澤俊義, 「法および法學と政治」 『警察研究』 7권 10호, 1936/ 『公法の原理』, 129쪽.
28) 牧野英一, 『民法の基本問題』, 6쪽.
29) 宮澤俊義, 「公法と私法」 『公法の原理』, 27쪽.
30) 이런 점에서 이시카와 겐지石川健治가 "미야자와도 자유법 논자로서 출발했다"(「憲法學の過去·現在·未來」, 橫田耕一·高見勝利 편, 『ブリッジブック憲法』, 信山社, 2002, 283쪽)라고 말한 것은 미야자와와 자유법론의 차이를 과도하게 왜소화하는 발언이었다. 이시카와는 「경성헌법의 변천硬性憲法の變遷」 등을 그 논거로 삼았으나, 미야자와의 초기 작품은 법 사회학적 연구이기는 하지만 법 해석의 무한성을 주장하는 것과는 무관했다. 후술하는 것처럼 미야자와는 저항권 논의의 연장선상에서 자연법 문제를 계속 고민했지만, 그렇다고 법 과학이 '정의'에 귀의하는 일은 일어나지 않았다. 미야자와는 켈젠과 같은 투철한 순수법학자가 아닐지는 몰라도, 법 과학과 자유법론은 전혀 다른 성질의 것이었다.

체"[31]가 되고자 하는 한, 자유법론은 "더 이상 실정법의 과학이"[32] 아니라고 의문을 제기했다. 이렇게 말하는 요코타에게 켈젠은 "실천의 아버지"가 아니라 "과학의 아들"[33]로 존재하고 있었다. 하지만 미야자와나 요코타가 추구한 과학적 법학은 켈젠의 순수법학과 함께 당대 학계에서 주류적인 경향이 되지 못했다. 법학의 임

요코타 기사부로橫田喜三郎(1896~1993)

무를 법 과학에 한정하는 그들의 입장은 "법률적 소극주의"[34]로 치부되었고, 켈젠의 자연법 부정은 '실정법의 현실주의적 시인·긍정'[35]으로 받아들여졌다.

자유법론은 자연법 혹은 이법의 입장에서 실정법의 결함을 시정·보완하려는 점에서 다이쇼 데모크라시 정치사상의 적자라고 해도 무방한 위치에 있었다. 되돌아보면 미노베의 입헌주의는 실정법에 대한 사회법의 우위, 즉 '국가'에 대한 '사회'의 우월성에서 유래하는 것이었다. 미노베는 켈젠의 실정법 중시를 비판하며 사회와 법과 국가의 성립을 다음과 같이 논했다.

> 법은 궁극적으로는 사회심리에 입각하여 존재하는 것으로, 법의 근원을 오로지 국가의 의사로만 돌리는 학설의 오류는 이 점에 있다.

---

31) 橫田喜三郎, 「法律的積極主義 : 牧野教授の批評に答えて」 『國家學會雜誌』 46권 7호, 8호, 1932/ 『純粹法學論集 Ⅰ』, 303쪽.
32) 橫田喜三郎, 「法律的積極主義 : 牧野教授の批評に答えて」, 268쪽.
33) 橫田喜三郎, 「法律の解釋」 『純粹法學論集 Ⅱ』, 86~87쪽.
34) 牧野英一, 「法律の消極主義」 『法學志林』, 1932년 1월.
35) 木村龜二, 「ケルゼンの自然法否定の理論」.

일정한 지역에 정주하는 인민 전체 위에 사실상의 지배력이 성립하여, 그 지배력이 전체 일반심리에게 정당한 권위로서 인식됨으로써 국가가 성립하고, 동시에 국법이 성립하는 것이다. 국가 성립의 근거가 사회심리에 있는 것과 마찬가지로 국법의 설립 근거도 사회심리에 있다.[36]

이러한 법과 사회와 국가의 성립 과정에 대해서는 이미 소개했지만, 여기서 다시 한번 반복하면 미노베의 입헌주의는 국가에 선행하는 사회와 그 사회를 규율하는 이법이 국가와 실정법을 구속하는 구도 위에 성립하고 있었다. 그가 순수법학에 대해 격렬한 거부감을 나타내고, "제정법의 절대적 효력을 부정하고 이법의 효력을 강조하는" 자유법론에 "의심할 여지 없이 진리를 포함하고 있다"[37]고 공감을 표하는 이유는 정의를 기조로 하는 법사상의 유사성 때문이었다. 아래에 소개하는 마키노의 법사상은 미노베의 그것과 거의 동일한 것이었다.

공동생활이 성립하기 위해서는 그 단체에 일정한 규범이 존재하기 마련이다. 규범은 공동생활을 가능하게 하는 필요조건이다. 규범이 없는 공동생활이란 열이 나지 않는 불, 바람이 일지 않는 태풍과 같은 것이다. 사람이 있는 곳에 공동생활이 있고, 공동생활이 있는 곳에 규범이 있으므로, 법은 이러한 의미에서 인성 그 자체라고 보아야 한다. 적어도 사람이 살고 있는 곳에는 법이 존재한다.[38]

법은 공동생활의 산물이지 "국가의 소산"이 아니었다. 국가는 법을

---

36) 美濃部達吉, 『ケルゼン學說の批判』, 69~70쪽.
37) 美濃部達吉, 『ケルゼン學說の批判』, 36쪽.
38) 牧野英一, 『民法の基本問題』, 16~17쪽.

강제하는 역할을 담당할 뿐, "규범 그 자체는 국가의 행동 이전에, 또는 그 외부에서 성립, 발달"한 것이었다. "국가의 사회적 작용은 국가의 외부에서 성립한 법에 대해 그것을 강행하기 위해 자기의 힘을 빌려주는" 데 그쳤다. 따라서 국가는 법의 본질을 이해하는 데 이차적 존재에 지나지 않았다. 법학의 임무는 "우리가 공동생활에서 직접 창정創定한" 규범의 내용을 법 해석을 통해 밝히는 일이었다. 마키노가 말하는 "날마다 변화하는"[39] 법은 인간의 공동생활을 규율하는 살아 있는 규범을 의미했다.

국가와 사회와 법에 대한 마키노의 인식은 국가 이전에, 국가 이상의 사회를 상정하고, 인간의 공동생활이 낳은 사회 규범에 실정법을 넘어서는 가치를 부여하는 미노베의 그것과 일치했다. 마키노는 인간이 필연적으로 사회 내적 존재인 이상 "권리 주장을 하나의 의무로 보아야 한다"[40]고 생각하는 점에서도 다이쇼 데모크라시적 지를 계승하고 있었다.

생각건대 근세의 자유주의는 단지 사회에 대한 개인의 우위를 밝히는 데 그쳐 사회에 대한 개인의 책무를 분명히 하지 못했다. 개인의 각성이 사회 발전에 있어 하나의 진보였던 점은 의심의 여지가 없지만 현대 문화는 사회에 대한 개인의 책무를 요구하고 있다. 이러한 새로운 요구에 입각한 새로운 법제를 이해하기 위해서는 모름지기 개인적 견지에서 벗어나 새롭게 사회본위적 견지에 서지 않으면 안 된다.[41]

39) 이상, 牧野英一, 『民法の基本問題』, 24~25쪽.
40) 牧野英一, 『現代の文化と法律』, 76쪽.
41) 牧野英一, 『現代の文化と法律』, 450쪽.

'법의 사회화'란 근세 자유주의를 극복하고 "개인과 사회의 조화"와 "권리와 의무의 합일"을 지향하는 "법의 도덕화"[42]를 의미했다. 개인은 "국가의 일원으로서만 생존을 유지할 수 있다"고 확신하는 마키노는 "오늘날 제국주의하에서 개인의 권리는 개인이 국가에 대한 의무를 다하기 위해 주어진"[43] '권리'라고 주장했다. 그가 생각하는 근세 이후의 "시세의 변화"는 "개인의 각성"을 대신하는 "사회의 각성"[44]이었다. 이러한 변화와 함께 법 이상도 개인과 사회를 분리하지 않고 양자를 동화하는 방향으로 나아가야 했다. 소유권이 "공익상의 한 제도"[45]로 파악되는 것도 그런 이유에서였는데, 마키노가 보기에 개인의 소유권이 "사회의 번영을 위해" 인정된 '권리'인 이상, 그것은 "언제나 사회를 위해 행사"[46]되어야 하는 것이었다.

소유권에 대한 새로운 의미 부여에서 볼 수 있듯이 마키노의 법학은 "역사의 성과물인 법을 현재에 맞게 정당화하는", 다시 말해 "과거의 사상하에서 성립한 법을 현재의 사상하에서"[47]재해석하는 당위의 학문이었다.

> 백여 년 전의 프랑스 민법은 오늘날 아직 사회 규범으로서 존속하고 있다. 프랑스 민법의 배경은 개인주의, 권리 사상이었고, 오늘날의 배경은 공공질서, 선량한 풍속이다.[48]

---

42) 牧野英一, 『現代の文化と法律』, 79쪽.
43) 牧野英一, 『現代の文化と法律』, 24~26쪽.
44) 牧野英一, 『現代の文化と法律』, 23쪽.
45) 牧野英一, 『現代の文化と法律』, 34쪽.
46) 牧野英一, 『現代の文化と法律』, 385쪽.
47) 牧野英一, 『現代の文化と法律』, 69쪽.
48) 牧野英一, 『現代の文化と法律』, 72쪽.

이것은 살아 있는 법에 대한 동적 인식을 통해 도달한 마키노의 결론이었다. 법의 역사적 관찰을 통해 발견한 공공질서와 미풍양속이라는 법 이상을 내걸고 시세의 변화에 걸맞은 법의 재해석을 시도하는 마키노가 존재의 법을 인식하는 데 과학의 임무를 한정하는 순수법학을 '법률적 소극주의'라고 비판하는 것은 당연한 일이었다.

당시 순수법학에 대한 마키노의 비판에 가장 과감하게 맞선 사람은 요코타 기사부로였다. 그는 마키노의 비판에 대해 자유법론을 '법률적 적극주의'라고 응수했는데, 요코타의 관점에서 볼 때 "적어도 법의 과학적 인식을 목적으로 하고, 과학적 법학의 건설을 지향하는 한 법률적 적극주의는 배척되고 포기되어야"[49] 마땅했다. 그렇다고 이러한 발언을 단순히 과학을 위해 실천을 포기해야 한다는 의미로 받아들여서는 곤란할 것이다. 요코타는 순수법학의 혁명적 성격을 다음과 같이 이해하고 있었다.

순수법학은 실정법의 타당 근거를 추구하여 마지막으로 근본규범根本規範에 도달했다. 그리고 그것이 역사적인 특정 권력이고, 그 권력에 의해 사실적으로 정립된 것이라는 점을 발견했다. 그 권력도, 그 권력에 의해 정립된 것이라는 점도, 결국 단순한 사실로서, 그 자체에 실질적이고 절대적인 가치가 내재해 있는 것은 아니다. 더욱이 이 단순한 사실에 지나지 않는 것을 곧바로 당위로 가설함으로써 비로소 실정법이 당위, 규범으로 보일 수 있는 점을 명백히 밝혔다. 여기에 실정법의 전 체계가 가진 가치와 권위는 가장 적나라하게 드러났다고 할 것이다. 그리하여 그것은 곧바로 실정법의 전 체계 그 자체에 구애받지 않는 비판으로 이어질 것이다. (중략) 이렇게 보면 순수법학은 사정에 따라 혁명적이

---

49) 横田喜三郎, 「法律的積極主義」 『純粋法學論集Ⅰ』, 308쪽.

기까지 한 매우 진보적인 법 이론이라고 할 수 있지 않을까?[50]

당시 일본에서 순수법학이 널리 수용되지 못한 이유 중 하나는 그것
이 내포하고 있는 이러한 혁명적 성격 때문이었다. 실정법과 그 실정법
의 질서를 있는 그대로 인식하는 순수법학은 실정법 체계 전체에 대한
비판으로 이어질 가능성을 지닌 급진적인 법 이론이었다. 이 점은
법 과학도 마찬가지였는데, 미야자와가 1930년대에 전개한 과감한
이데올로기 비판과 국민주권 구상에 대해서는 다음 장에서 자세히
살펴볼 것이다.

다시 마키노로 이야기를 되돌리면, 법의 정의적 구현을 추구하는
자유법론은 다이쇼 데모크라시 이래의 주류적인 법사상을 계승하는
정통성을 등에 업고, 또 스에히로 이즈타로末弘嚴太郎라는 굴지의 이론가
를 얻어 적극적으로 '사회 입법'을 추진했다.[51] 그래서 미야자와는
개념법학의 문제점을 지적하는 자유법론의 공적을 평가하는 데 인색하
지 않았다. 본래 과학이 아닌 해석을 과학적으로 분장함으로써 체제
안정을 꾀한 개념법학의 이데올로기적 측면을 폭로한 자유법론의 공적
을 미야자와도 인정하고 있었다. 단지 그는 법학계가 '개념법학'이나
'개념 유희'라는 말을 남용하여, 법의 과학적인 개념 구성에 대해서조차
"무비판적으로 '단순한 개념 유희'라고 비판하는 것은 경험과학적 개념

---

50) 横田喜三郎,「純粹法學の哲學的基礎」『國家學會雜誌』50권 11호, 1936/『純粹法
學論集 I』, 67~68쪽.
51) 여기서 한 가지 지적해 둘 점은 스에히로末弘의 경우 마키노나 미노베에
비해 체계화·논리화에 대한 지향이 훨씬 강했다는 사실이다. 스에히로는
자신의 법학을 "하나의 법질서를 논리적으로 모순이 없는 규범체계로서
이해하는 것을 목적으로 하는 학문"으로 정의했다. 그래서 그는 켈젠의 이론
을 배척하지 않고 "해석법학의 기초"로서 받아들였다. 末弘嚴太郎,「解釋法學
に於ける法源論について」『民法雜記帳』, 277~278쪽.

구성의 본질에 관한 이해"[52]가 부족하기 때문이라고 개탄했을 뿐이었다.

　법의 정당성과 실정성을 둘러싼 양 진영의 대립은 각자가 입각하는 법사상이나 과학관의 차이에도 불구하고 당시 자유법론이 갖고 있던 적극적 존재의의에 대한 미야자와의 평가 등도 거들어 확연한 형태로 드러나지 않았다. 그러나 법의 목적론적 고찰을 주내용으로 하는 마키노의 법 해석학은 그 뒤 '법학의 정치화' 상황과 연동하면서 크게 변화해 미야자와의 입장과 결정적으로 분리하기 시작했다. 1930년대 후반 비상시를 타개하기 위한 국가 형태를 둘러싸고 두 진영은 서로 다른 태도를 보였다. 마키노가 '비상시 입법'을 제창하며 적극적으로 상황에 관여해 간 데 비해 국가 직능의 비대화를 걱정하는 미야자와는 시종 소극적인 태도로 일관했다. 이러한 서로 다른 반응과 양자의 법사상, 과학관의 변화에 관해서는 제4장에서 다시 언급하기로 한다.

---

52) 宮澤俊義, 「公法と私法」『公法の原理』, 24~25쪽.

제4절 자유주의적 입헌주의

미야자와가 수립하고자 했던 과학적 법학은 법사상, 과학관 등에서 당대의 자유법론이나 미노베의 헌법학과 커다란 차이를 보였다. 상황에 대한 적극적인 개입과 제언을 법학의 사명으로 여기는 후자에 비해 미야자와는 존재의 법을 있는 그대로 인식하는 것을 과학의 일차적 목적으로 삼았다. 후일 미야자와는 미노베와 우에스기 신키치上杉慎吉 간의 논쟁을 회고하며 자신의 위치를 다음과 같이 말했다.

> 미노베 선생님은 메이지 헌법을 **실제**보다 더 민주적으로 해석하려 한 데 대해 호즈미穗積·우에스기 선생님은 **실제**보다 더 반민주적으로 해석하려 했습니다. 메이지 헌법의 올바른 해석으로는 모두 다 지나친 감이 있었다고 생각합니다. 그래서 나는 메이지 헌법의 반민주적인 점은 그대로 반민주적인 것으로 이해하는 편이 과학적으로 올바른 태도라고 생각하여, 건방지게도 미노베 선생님의 설명과 다소 다른 설명을 한바, 그것은 '후퇴'라는 비평을 들은 적이 있습니다. 나는 그런 비평에 대해, 내가 '후퇴'한 것이 아니라 메이지 헌법 자체가 원래 '후퇴'한 것인 이상, 그에 대한 나의 설명도 '후퇴'한 내용이 되는 것은 당연하다고 변명하고 있습니다만.[1]

과학의 임무를 존재의 객관적 인식으로 한정하는 미야자와는 1934년도 헌법 강의의 '개강사開講の辭'에서 일본의 헌법학을 세 단계로 구분하여, 호즈미·우에스기를 '신학적 단계', 미노베를 '형이상학적 단계', 그리고 자신을 '실증적 단계'로 분류했다고 한다. 이런 발언에 실증적 단계의 헌법학의 효시가 되려는 강한 의지가 녹아들어 있음은 물론이다. 그런데 같은 개강사에서 미야자와는 "과학적 인식에 충실하기로 하는 한 실천에 대해 무력하다는 비판을 나는 오히려 상찬의 말로 받아들인다"라고 공언했다고 한다. 이를 접한 젊은 날의 마루야마 마사오丸山眞男(1914~1996)는 미야자와의 학문적 정열에 "강한 인상"을 받음과 동시에 실천적으로는 "무력감"을 느꼈다고 회고했다.[2]

---

1) 『日本の法學 : 回顧と展望』, 日本評論新社, 1960, 66쪽. 미야자와의 이러한 입장에 대해 학생으로서 미야자와의 강의를 들은 적이 있는 행정학자 쓰지 기요아키辻淸明는 후일 다음과 같이 회상했다. "강의는 매우 명쾌하고 논리적으로 정리되어 있었지만, (중략) 다소 불만으로 생각한 점은 (중략) [미노베, 로야마, 요코타, 야나이하라 등과 달리 | 인용자] 미야자와 선생님의 헌법학이 조금 시류에 대해 반대 입장을 확실하게 할 것으로, 젊은 시절이었기에, 약간 기대했지만, 그 점은 우리 기대에 못 미쳤지만, 학문이란 이런 것이라는 점은 미야자와 선생님 강의로 충분히 이해할 수 있었습니다." 座談「宮澤俊義を語る」『ジュリスト』 1977년 3월, 92쪽.

2) 이상, 座談「宮澤俊義を語る」, 94쪽. 1937년 『東大春秋』 신년호에 실린 마루야마 마사오의 「法學部三敎授批判」에서는 당시의 입장감 넘치는 미야자와 평을 들을 수 있다. 마루야마는 미야자와를 묘사하여 "원래가 실천적·투쟁적 성격이 아니고 예민한 감수성을 주체하지 못하는 회의적 인텔리의 전형"이라고 했다. 미야자와 헌법학의 방법적 근저에 순수법학이 있다고 확신하는 마루야마는 미야자와에게 "비非실천성·비정치성, 한마디로 말해서 반反가치판단적 경향"을 읽었다.(이상, 『丸山眞男集 第1卷』, 岩波書店, 1996, 36쪽, 40쪽) 이러한 평가는 마루야마의 순수법학관에서 비롯했다. 당시 마루야마는 "개인이 국가를 매개로 구체적으로 정립定立하고, 동시에 국가에 대해 끊임없이 부정적 독립을 보전하는" '변증법적 전체주의'를 통해 '시민적 국가관'과 '파시즘 국가관'을 초극하려고 했다. 이런 관점에서 볼 때 켈젠의 순수법학은 그 "정지적靜止的·합리적" 성격에서 변함없이 '근대적 사유 방법'의 연장에 지나지 않는 것으로, 이론적으로 아무리 훌륭하다 해도 사회적 혼란을 해결할 수 없는 무력한 이론이었다.(이상, 丸山眞男, 「政治學に於ける國家の槪念」 『綠會雜誌』

그렇다면 과학적 인식에 충실한 것은 곧 실천적 무력을 의미하는가? 이를 묻기 이전에 미야자와는 법의 과학으로써 법학의 임무는 완결된다고 생각했는가? 이 점에 대해 미야자와는 프랑스의 사회학자 르네 보름스René Worms(1869~1926)의 말을, 공감을 담아 소개하고 있다.

인간은 단지 '과학을 위한 과학'을 하지 않는다. 지식의 영역에서의 모든 정복은 행복의 영역의 정복을 그 결과로 가진다. 또 무지를 점차 털어내는 광명은 인간 세상의 고통을 떨쳐내는 데 도움이 된다. (중략) 그렇기에 과학자는 인식의 응용을 무시해서는 안 된다. 그러나 동시에 과학자가 응용을 끊임없이 걱정하는 일이 있어서도 안 된다. 그래서는 과학 자체를 그르칠 위험이 있다. 과학자는 관찰에 있어서는 모든 실제적 견지로부터 멀어질 필요가 있다. 사회과학 연구에서는 특히 그렇다. 얼핏 모순되어 보이는 두 가지 소망을 조화시키는 좋은 기준은 오로지 다음과 같다. 과학적 고찰을 할 때는 응용을 전혀 생각하지 말라. 그러나 과학적 노작이 완성되면 곧바로 그것을 실험으로 옮겨라.[3]

미야자와는 단순히 지적 호사가에 그치는 법의 과학자가 아니었다. 인간은 "더 많이, 더 잘 알 때 한층 더 올바르게 의욕한다. 그래서 과학은 모든 방면에서 기술에 영향을 미친다." 이 한마디에는 법 과학과 법 해석의 관계가 집약적으로 표현되어 있었다. 과학은 이론적 인식의 작용이고, 기술은 인식의 응용이다. 양자는 서로 다른 영역에 속하는 지적 영위이지만, "과학은 반드시 그에 대응하는 기술"을 갖고, 그때

8호, 1936년 12월/ 같은 책, 31, 24쪽)
3) 宮澤俊義, 「法律における科學と技術」 『法律學における學說』, 54~55쪽.

"지배자의 지위는 과학에 있고, 기술은 과학에 의존한다."[4] 미야자와가 생각하는 법 과학과 법 해석의 관계는 이러한 것이었다.

그러나 그럼에도 존재의 인식과 인식의 응용은 여전히 명확히 구별되어야 했다.

> 경험과학은 a가 있으면 b가 있고(자연법칙), 또 a가 있으면 b가 있을 것이라는(傾向律, 蓋然則) 사실을 알려준다. 그러나 거기에 그친다. 그 이상으로 나아가면 더 이상 이론적 인식만을 다루는 경험과학이 아니다.[5]

경험과학은 인간에게 "무엇을 할 수 있는지"를 이야기할 수 있지만, "무엇을 해야 하는지"를 가르칠 수는 없었다. "모든 인식은 반드시 가치판단이라는 의미에서 이론적 인식이라 하더라도 이론적 당위를 예상"할 수 있지만, 그럼에도 이론적 당위를 "다른 실천적 가치판단과 구분하여 그것을 존재 인식"이라고 불러도 무방하고, "그러한 의미의 존재 인식만이 이론적 경험과학의 임무"[6]라고 미야자와는 생각했다.

이 같은 미야자와의 태도가 법학계의 현실을 의식한 것임은 물론이다. 천황 대권의 절대성에 집착하는 신학적 단계의 법학은 말할 필요도 없고, 미노베 등의 형이상학적 단계의 법학도 사회적 정의를 추구하는 당위의 학으로서 존재하고 있었다. 거기에서 존재와 당위의 구별은 '사유의 제1보'에 지나지 않았고, 이론적 인식은 정의를 실천하기 위한 보조 수단 정도의 의미밖에 갖지 못했다. 이에 대해 실증적 단계의

---

4) 이상, 宮澤俊義, 「法律における科學と技術」, 53쪽.
5) 宮澤俊義, 「法律における科學と技術」, 48쪽.
6) 이상, 宮澤俊義, 「法律における科學と技術」, 48쪽.

법학은 보조 수단 혹은 사유의 제1보에 과학의 일차적인 임무를 설정하고, 실천적 가치판단과 이론적 인식을 원리적으로 구별할 것을 제언했다. 과학자는 인식의 응용을 무시해서는 안 되지만 응용을 위해 인식을 수단으로 삼아서도 안 되었다. 실천은 과학의 토대 위에서, 과학의 응용인 점을 자각하면서 이루어져야 했다.

그러면 과학적 법학은 인간에게 무엇을 말할 수 있는가? 미야자와는 법의 역사에서 어떠한 자연법칙을 발견했고, 어떠한 이론적 당위를 전망하고자 했는가? 이 점을 묻는 것이 이 절의 과제이다. 그것은 동시에 과학적 인식과 실천적 무력의 관계를 묻는 작업으로 연결될 것이다.

미노베나 마키노의 사회법 중심의 법사상은 전체사회적 국가관에서 유래했다. 법은 사회심의에 최종적인 근거를 갖는 공동생활의 규범으로서 국가와 실정법을 구속했다. 국가는 인간의 공동생활에서 발달하여 오늘에 이른 민족공동체를 말했다. 이에 반해 미야자와에게 법과 국가는 다음과 같았다.

> 원시적 법 사회에서 강제는 특별한 조직이 없었고, 강제 행위는 법질서에 의해 보호된 이익을 침해당한 자가 행하는 것이었다. 세계법(국제법) 사회는 오늘날도 여전히 그러하다. 그러나 법 사회의 조직 기술적 진화와 사회분업 원리의 결과, 강제 행위는 특정 인간의 전문으로 되었다. 강제 행위가 원칙에 따라 조직된 전문가의 손에 의해 독점된 법 사회, 즉 통치조직을 가진 법 사회를 국가라고 한다. 국가란 법 사회가 진화하는 과정에서 사회 기술적 필요에 따라 띠게 된 하나의 역사적 형태와 다름없다.[7]

---

7) 宮澤俊義, 『憲法講義案』(私家版), 1934, 2쪽.

미야자와에게 법은 강제규범의 체계이고, 국가는 그 강제규범에 의해 조직된 법 사회였다. 거기에는 사회적 정의로서의 이법도 존재하지 않았고, 민족의 단체생활을 의미하는 국가도 없었다. 법은 개인에 의해 집행되어도, 특정 전문가 조직에 의해 집행되어도 강제 행위인 점에서는 차이가 없었고, 강제규범으로서의 법이 존재하는 이상 그 사회는 국가였다.

미야자와는 1928년 구술필기를 엮어 『헌법대의憲法大意』라는 책을 만들었는데, 그 안에는 '제2절 국가 (1) 법 사회'라는 제목의 메모가 남아 있다고 한다. 그곳에는 인간과 사회와 법의 관계가 아래와 같이 나와 있다.

> 사람과 사람의 **결합** 또는 **관계**는 어떤 **질서(규범체계)** 없이는 존재할 수 없다. **하나의 통일적 결합체**, 즉 **사회**는 하나의 통일된 질서, 다시 말해 **사회질서**에 의해 비로소 가능하다. 따라서 사회와 사회질서는 개념 필요적으로 동반하는데, 사회질서가 반드시 **강제질서(법질서)**일 필요는 없다. '법이 없는 사회'(무정부주의[8] 이상)도 개념상으로는 충분히 가능하다('사회가 있는 곳에 법이 있다'라는 말은 진리가 아니다).
>
> 그러나 사회질서는 법질서가 되는 경향을 내재적으로 지닌다. 그것은 아마도 인간이 가진 욕망이 매우 다양함에도 모두를 만족시킬 만한 재화가 극히 한정되어 있기에 (중략) 사회에 강제가 필요불가결하기 때문일 것이다. 따라서 **경험적으로는** '사회가 있는 곳에 법이 있다'라고 말할 수 있다.[9]

---

8) 원문은 '아나르시스트'(프랑스어 anarchiste).
9) 高見勝利, 『宮澤俊義の憲法學史的研究』, 226~227쪽에서 재인용. 필자는 『헌법

이 메모에서 두 가지 점에 주목하고자 한다. 먼저 미야자와가 경험적으로는 사회가 있는 곳에 법이 있다고 말한 점인데, 이런 발언은 얼핏 미노베의 사회법 중심의 법사상을 연상하게 한다. 미노베도 인간이 있는 곳에 사회가 있고, 사회가 있는 곳에 법이 있다고 말했기 때문이다. 그러나 미야자와의 경우 법의 본질적 요소를 강제로 생각하는 점에서 미노베와 결정적으로 견해를 달리했다. 미야자와가 사회가 있는 곳에 법이 있다고 말할 때, 여기서 법은 강제를 의미했다. 따라서 그 사회는 법 사회, 즉 국가를 말했다. 일부러 '경험적으로는'이라고 단서를 단 이유도 그러한 강제의 법과 법 사회만이 경험적 문화과학의 대상이 될 수 있다는 점을 강조하기 위해서였을 것이다.

그런데 앞의 메모에서 또 하나 주목해야 할 것은 미야자와가 개념상으로는 사회가 있는 곳에 법이 있다는 말이 진리가 아니라고 한 점이다. 즉 법이 없는 사회도 개념상으로는 충분히 가능하다고 한 점이다. 실은 개념상으로 가능한 이 무정부 사회야말로 미야자와의 입헌주의의 출발점이었는데, 간단히 말해 그것은 법 사회 이전의 자연 상태, 다시 말해 국가 단계 이전의 강제 없는 사회를 의미했다. 미야자와는 이 자연 상태의 사회에서 국가 이전의, 국가 이상의 '완전한 자유'를 관념적으로 도출해 내 자유주의적 입헌주의를 완성했다. 미노베가 인간을 처음부터 사회적 존재로 파악해 인간과 국가를 불가분의 관계로 인식한 데 비해, 미야자와에게 인간은 법 사회 이전의 자연권적 자유를 갖고, 국가 단계 이후에도 여전히 '자유의 일부'를 계속 보유하는, 국가와 대립하는 존재였다.

사람은 국가로 들어갈 때 계약에 따라 각자가 자연 상태에서 보유

대의』를 직접 볼 수 없었다.

하는 '완전한 자유'의 일부를 국가에 제공한다. 그러나 그럼으로써 홉스가 말하는 것처럼 사람의 자유 전부가, 즉 전인격이 국가 안에 몰입되는 것은 아니다. 자유의 보장을 완전히 하기 위해 국가를 만드는 것이기 때문에 그로 인해 중요한 자유를 잃어서는 의미가 없다.[10)]

미야자와의 입헌주의는 강제 없는 사회의 완전한 자유에서 출발하는 것이었다. 그가 평생토록 고민한 저항권도 자연 상태의 사회가 국가 단계로 이행함으로써 발생하는 자유와 국가를 둘러싼 문제였다.

> 만약 국가권력의 무한성을 부인하고 국권으로부터 자유로운 개인
> 의 staatsfrei 범위를 강조하는 것을 주안으로 하는 사상을 넓게 자유주
> 의라고 한다면, 저항권 개념은 자유주의 사상의 핵심을 이룬다고 보아
> 야 할 것이다. 단순히 역사적 고찰뿐만 아니라 현대의 정치사상, 법사상
> 을 일반적으로 이해할 때도, 오늘날의 사상이 과거의 여러 사상의
> 성과인 이상, 마찬가지로 저항권을 사고 밖에 둘 수는 없다.[11)]

미야자와는 법을 강제규범의 체계로 파악하고 국가를 강제규범으로 조직된 법 사회로 정의했다. 이렇게 법과 국가의 본질을 강제로 인식함으로써 미야자와는 법 사회 이전의 완전한 자유를 발견할 수 있었다. 강제에서 출발해 자유에 이른 미야자와의 지적 궤적은, 미노베나 마키노가 강제로서의 법에 강한 거부감을 나타내면서도 결국 인간을 처음부터 사회적 존재로 파악한 결과 국가나 법에서 벗어난 인간의 자유를

---

10) 宮澤俊義, 「抵抗權史上に於けるロック」 『我等』 1925년 2월/ 宮澤俊義, 『憲法の思想』, 岩波書店, 1967, 244쪽.
11) 宮澤俊義, 「抵抗權史上に於けるロック」, 231쪽.

개념화하지 못한 점을 생각하면, 역설적이라고 할 수 있다. 그러나 인간의 자연 상태의 자유는 인간과 국가를 분리하고 법 사회를 강제로 인식함으로써 비로소 사유할 수 있는 것이었다. 자유주의 사상의 핵심을 이루는 저항권이 입헌주의의 역사를 고찰할 때뿐만 아니라 현대의 정치사상이나 법사상을 이해하는 데 피할 수 없는 문제라고 강조되는 것은 미야자와의 국가관과 법사상에서 매우 당연한 일이었다.

법과 국가의 본질을 강제로 인식하는 미야자와는 국가 단계 이전의 자연 상태에서 인간의 자연권적 자유를 발견했다. 그의 입헌주의는 이 "국가에 앞서 존재하고, 국가보다 상위에 있는"[12) '개인권個人權'에 가치를 두고, 그 논리적 귀결로서 국가의 권한을 한정적으로 보는 것이었다. 근대입헌주의의 역사가 낳은 민주주의 제도는 개인권을 실현하기 위한 적극적인 정치 형식이었다.

> 19세기 구미 국가들을 지배한 정치원리는 역시 자유주의와 민주주의였다. 이 두 원리는 어떤 의미에서는 성격을 달리 하지만 어떤 의미에서는 서로 결합할 수 있다. 그리고 양자의 결합이 거기서의 특색이었다. (중략) 의회제의 특색은 어느 것도 이 민주적 자유주의demoliberalism의 표현이 아닌 것이 없다.[13)

미야자와가 생각하기에 영국의 헌정사는 자유주의와 민주주의의 결합의 역사였다. 그의 영국 헌법 연구는 자유주의 제도의 원류를 영국사 속에서 찾는 작업이었는데, 그러한 과정을 통해 미야자와는

---

12) 宮澤俊義, 「立憲主義の原理」 『立憲主義と三民主義·五權憲法の原理』, 中央大學 刊, 1937/ 『憲法の原理』, 45쪽.
13) 宮澤俊義, 「立憲主義の原理」, 57쪽.

"현대 자유주의는 핵심에서, 사상적으로는 18세기 자연법 철학의 소산이지만 제도적으로는 영국 헌법의 아들"[14]이라는 결론에 도달했다. 영국의 경험은 미야자와에게 자유주의의 민주주의 제도로의 형식적 전화 과정이었다. 민주주의는 원래 "반국가적·반법질서적 원리인 자유주의가 적극적으로 국가·정치 형식의 기초가 되는 원리로 전화한" 것으로, 따라서 민주제는 "구조 본질적으로 리버럴한 것"[15]이었다. 민주주의는 자유주의라는 구조 본질적인 요소와 불가분하게 결합하여 수단과 방법의 관계로서 미야자와의 입헌주의를 구성하고 있었다.

민주적 자유주의에 입각하는 미야자와의 입헌주의는 주로 국정 참가의 자유를 요구하는 데 그친 감이 있는 다이쇼 데모크라시 정치사상과 비교하여 매우 특징적이었다. 참정권 운동의 대표적 논객 중 한 사람이었던 오야마 이쿠오에게 민주주의와 자유주의는 오히려 서로 대립하는 가치로서 존재했다. 오야마가 이해하는 근대입헌주의의 역사는 자유주의 '감퇴'와 그와 궤를 같이하는 민주주의 '발전'의 도정이었다.

시빌 리버티와 폴리티컬 리버티는 반드시 서로 병립, 병진할 수 있는 것이 아니라, 오히려 폴리티컬 리버티가 발전함으로써 시빌 리버티는 감퇴하는 경향이 있다. 근대 데모크라시가 발생했을 당시는 정치철학자가 시빌 리버티를 옹호했지만, 그 뒤 대세가 점차 이동하여 오늘날에는 폴리티컬 리버티를 존중하는 경향이 점점 현저해졌다.[16]

---

14) 宮澤俊義, 「大陸に於ける英國憲法研究の先驅」, 『國家學會雜誌』 41권 6호, 8호, 10호, 1927/ 『憲法の思想』, 121쪽.
15) 宮澤俊義, 「獨裁政理論の民主的扮裝」 『中央公論』 1934년 2월/ 宮澤俊義, 『轉回期の政治』, 中央公論社, 1937, 77~78쪽.
16) 大山郁夫, 「デモクラシーの政治哲學的意義」 『大山郁夫著作集 第2卷』, 18~19쪽.

오야마는 대세의 변화 속에서 "**사회의 권리가 개인의 권리** 이상으로 존중되는"[17] 경향을 읽어냈다. 그가 주장한 정치적 기회균등주의가 개인의 권리에 대한 사회의 권리의 우위를 주장하는 것이었다는 점과 1920년대에 들어 일련의 사상적 변화를 거쳐 종래의 참정권 이론과 결별한 사실은 이미 소개한 대로이지만, 오야마의 데모크라시론에 보이는 것처럼 다이쇼 데모크라시 정치사상에는 민주주의 가치의 과잉 또는 국가 가치의 우위가 늘 따라다녔다.

만약 이러한 데모크라시론을 민주주의적 입헌주의라고 한다면 미야자와의 그것은 자유주의적 입헌주의라고 할 수 있을 것이다. 전자의 경우 자유주의 계기가 자칫 민주주의 혹은 국가주의 가치로 수렴·해소되었던 데 대해 미야자와는 자유주의를 독자적이고 불가결한 가치로 삼았다. 그래서 그는 "리버럴하지 못한 민주제는 이미 일반적인 민주제가 아니다. 그것은 오히려 민주제의 부정"[18]이라고 생각했다. 민주주의 제도를 자유 보장을 위한 국가·정치 형식으로 생각하는 관점에서 볼 때 자유주의 없는 민주제는 민주주의의 자기부정과도 같은 것이었다.

그러나 자유주의적 입헌주의를 둘러싼 정치 상황은 이전 시대에 비해 크게 달라져 있었다. 1910년대 이래 데모크라시 운동의 중심 내용이었던 의회 중심주의는 정당의 부패 등으로 인해 이미 이전과 같은 공감대를 상실한 상태였다. 1920년대 정당정치의 현실을 "국가의 상인화商人化"라고 형용한 하세가와 뇨제칸長谷川如是閑은 "정치적 집단은 대체로 소유 본능을 만족시키기 위한 집단과 다름이 없다"[19]고 단정했는데, 상인 정치집단에 의해 구성된 의회가 더 이상 데모크라시 정치의

---

17) 大山郁夫, 「デモクラシーの政治哲學的意義」, 20쪽.
18) 宮澤俊義, 「獨裁政理論の民主的扮裝」『轉回期の政治』, 78쪽.
19) 長谷川如是閑, 「國家の商人化と政治否定」『我等』1921년 1월 / 『長谷川如是閑集 第5卷』, 岩波書店, 1990, 208쪽.

주역으로 여겨지지 않는 것은 당연한 일이었다. 하세가와가 생각하는 의회정치는 "다수자의 의사, 감정에 의한 정치가 아니라 (중략) 민중의 정치를 일단 소수 전제로 다시 녹여 만들어 그것을 민중의 이름으로 실행하는"[20] 기만적인 것에 지나지 않았다. 아래에 보는 것처럼 오야마도 하세가와와 문제의식을 공유하고 있었다.

> 오늘날 데모크라시 정치 아래에서 실제로 지배권을 쥐고 있는 자는 물론 민중 자신도 아니고 민중이 '추대'한 '선량選良'(이 '선량'이 또 매우 개념적인 것에 지나지 않는 사실은 각국의, 특히 우리나라 의회정치의 현실을 보면 곧바로 판명되지만)도 아니다. 그것은 실로 데모크라시 개념 안에서 아무런 지위도 갖지 않는 경제적 이해관계이자, 이 경제적 이해관계를 구체적으로 대표하는 정치적, 사회적 특권계급 그 자체이다.[21]

일찍이 국민의 공동이해관념 위에 성립하는 진정한 거국 일치를 주장해 온 오야마의 참정권 이론은 "부르주아라는 일대 사회군社會群의 공동이해 관계의 실현 도구"[22]로 전락한 의회정치의 현실 앞에서 커다란 수정을 피할 수 없게 되었다. 그렇게 하여 그는 국가의 이상을 논해 온 이전의 정치학과 결별하고 사회학적 국가 연구로 옮겨갔다.[23]

---

20) 長谷川如是閑, 「國家の商人化と政治否定」, 204쪽.
21) 大山郁夫, 『政治の社會的基礎』, 『大山郁夫著作集 第4卷』, 195쪽.
22) 大山郁夫, 『政治の社會的基礎』, 142쪽.
23) 스에히로 이즈타로도 의회정치 비판자 가운데 한 명이었다. 스에히로는 의회정치의 현실을 다음과 같이 비판했다. "의회는 드디어 한 소수집단에 의해 농단되어 오히려 '적법'하게, '평화'리에 다른 사람을 억압하는 기관으로 전락했다. 그것은 오늘날 일반 인민의 자유와 평등을 확보하는 기관이 아니다." 末弘嚴太郎, 『嘘の效用』, 改造社, 1923, 416~417쪽.

1920년대 의회정치에 관한 주된 문제는 정우회政友會의 이익정치로 대표되는 정당의 부패였다. 당시 정당은 이미 1910년대와 같은 국민적 공당公黨의 위치에서 급전직하로 추락한 상태였다. 정당의 상인화는 의회의 국민통합 기능을 중시하는 의회 중심주의자들에게 커다란 장애 요소였다. 의회 중심 정치와 책임내각 제도를 통해 국민적 정부의 출현을 기대했던 그들의 시나리오는 정당의 부패로 인해 처음부터 차질을 빚기 시작했다. 이런 상황에서 정당의 각성을 촉구하기 위해 요시노 사쿠조가 내놓은 것이 바로 "이독제독以毒制毒 의 수단"[24], 즉 독으로써 독을 제어하는 방법이었다. 요시노는 정당에 대해 다음과 같이 말했다.

> 정당은 민중의 양심을 반영하는 것이어야 한다. 민중의 양심을 반영한 정객 집단을 정당이라고 부른다고 해서 정당이 반드시 민중의 양심을 반영한다고 속단해서는 안 된다. 엄격한 의미에서 오늘날 우리 나라에서 진정한 정당이라고 인정할 만한 것은 하나도 없다고 생각된다.[25]

이러한 정당관의 시비나 '민중의 양심'이 갖는 주관성은 차치하더라도 요시노의 상황 인식은 당대 일본 사회의 정당관을 어느 정도 대표하고 있었다. 1920년대에 발표된 그의 국내 정치에 관한 평론은 사당으로 전락한 정당을 다시 공당으로 만드는 데 집중되었다. 제2차 호헌운동護憲運動을 바라보는 차가운 시선과 귀족원을 중심으로 하는 기요우라清浦 내각에 대한 기대, 1910년대의 양대 정당론과는 달리 소당 분립에

---

24) 吉野作造,「最近政變批判」『中央公論』1922년 7월.
25) 吉野作造,「最近政變批判」.

대한 지지, 중의원에 대한 일대 견제 기관으로서 귀족원 역할에 대한 재해석 등은 어느 것도 모두 정당의 각성과 국민적 공당으로의 회기를 촉구하는 이독제독의 수단으로서 제출된 것이었다.

의회정치의 상대화는 미노베에 의해서도 이뤄졌다. 1910년대 내내 누구보다도 정열적으로 의회 중심주의를 외쳤던 미노베는 1920년대에 들어 "의회는 입법권의 기관으로도 예산 협찬 기관으로도 결코 적당한 것이 아니"[26]라고 주장하기 시작했다. 1920년대에 발표된 일련의 의회 정치 개혁론은 그의 저서 『현대헌정평론現代憲政評論』[27]에 수록되었는데, 그것은 모두 정당 주도의 의회정치를 상대화하는 내용이었다. 이러한 문제의식의 변화는 종래의 의회 중심주의와 충돌하는 주장을 낳게 된다. 예를 들어 미노베는 원로元老나 내대신內大臣의 존재에 대해 "현재와 같은 일본의 정치 사정하에서는 어쩔 수 없이 필요한 제도로서 굳이 비난할 이유가 없다"[28]고 말하거나, 1929년 2월 귀족원이 다나카 기이치田中義― 수상의 문책결의안을 통과시킨 데 대해 "나는 이 일이 충분한 이유가 있다고 보기에 그 결의를 굳이 귀족원의 본분에 맞지 않다고는 생각하지 않는다"[29]는 소감을 표명하기도 했다.

정당에 대한 불신감은 선거제도 개혁으로 이어졌다. 미노베는 보통선거에 대한 기대를 접은 뒤 "일반 민중에 의한 선거는 어떤 방법으로도 완전하게 공정한 결과를 얻을 수 없다"[30]는 결론에 다다르게 된다.

---

26) 美濃部達吉, 「我が憲政の將來」『東方時論』 1921년 1월/『時事憲法問題批判』, 435쪽.

27) 美濃部達吉, 『現代憲政評論 : 選擧革正論其の他』, 岩波書店, 1930.

28) 美濃部達吉, 「淸浦內閣の成立と衆議院の解散」『改造』 1924년 3월/『現代憲政評論 : 選擧革正論其の他』, 180쪽.

29) 美濃部達吉, 「貴族院の大臣問責の決議」『法學協會雜誌』 1929년 4월/『現代憲政評論 : 選擧革正論其の他』, 340쪽.

30) 美濃部達吉, 「選擧革正論」, 『現代憲政評論 : 選擧革正論其の他』, 16쪽. 이 논문은 『國家學會雜誌』 1929년 6월호에 실린 「選擧制度に關する一の新提案」을 증보한

그래서 그는 단 한 번 치러진 보통선거의 결과를 보고는 비록 "선거권의 효과를 약화시킬지라도 선거 부패를 막기 위한 어쩔 수 없는 희생"으로서 "엄격 구속 명부식名簿式 비례대표" 제도를 제안했다. 그것은 모든 선거구를 폐지하고 "전국 선거"로 한 뒤, "투표용지에는 후보자 이름을 전혀 기재하지 않은" 채 "각 선거인은 오로지 정당에만 투표"하고, 매년 한 번씩 "연중행사"[31]로서 투표하는, 그야말로 기괴한 내용의 대표 선출 방식이었다. 정당정치에 대한 실망은 의회정치 그 자체의 상대화로 이어지고 있었다. 데모크라시 정치를 통해 국론통일을 이루어내려 했던 미노베에게 1920년대의 의회는 오히려 그 저해 요소로 비쳤을 것이다.

자유주의적 입헌주의는 의회 중심주의가 이미 현실적인 가능성을 상실한 상황 속에서, 다시 말해서 1910년대 이래의 다이쇼 데모크라시 정치사상이 동력을 잃어가고 있는 상태에서 구상된 것이었다. 정당의 부패, 그와 연동하는 '정치 부정'의 시대사조[32] 속에서, 기본적으로

것이다.

31) 이상, 美濃部達吉, 「選擧革正論」, 40~44쪽.
32) 당시 오야마 이쿠오는 소비에트나 길드 사회주의가 제창하는 "생산자 회의와 소비자 회의의 연립 제도"와 같은 형태 안에서 의회제도의 미래를 모색하고 있었다. 그는 '정치 부정'을 "지극히 자연스럽게 발생한 현상"이라고 평가하면서도 "앞으로 의회제도가 어떤 형식이 되든 (중략) 보통선거를 한 번은 완성하는 편이 가장 적당"하다고 생각했다.(大山郁夫, 「政治否定の傾向」『大觀』 1921년 2월/『大山郁夫著作集 第3卷』, 393~394쪽) 이에 반해 하세가와 뇨제칸은 의회정치와 완전히 결별했다. 그는 "회의에 의한 정치가 각 인간 인격의 이상적 지배라는 생각은 공상에 지나지" 않는다고 일축하며 이렇게 말했다. "정복국가의 전통적인 정치(오늘날의 정치는 그 연장이다)를 최대다수 의지의 참가로써 행하는 일은 정복국가의 존재를 가능한 합리화하는 방법이다. 기왕의 국가권력을 그대로 둔 채 정치를 계속하는 한, 정치의 집행자가 개인이든 계급이든, 그것이 인민에게 실제로 미칠 때는 모두 같다. 몽둥이를 누가 들든 몸에 닿았을 때는 다 같이 아프다. 그러나 그 몽둥이를 가능한 합리적으로 드는 것이 의회정치이다."(長谷川如是閑, 「議會政治の存在理由と崩壞」『解放』 1921년 2월/『長谷川如是閑集 第5卷』, 226쪽)

미노베의 입헌주의를 계승하면서 의회 중심주의와는 다른 새로운 입헌주의의 가능성을 모색해야 했던 미야자와는 자유주의와 구조 본질적으로 결합한 '광의의 민주주의'를 전망했다.

> 보통 '민주주의'는 두 가지 사상으로 구별된다. 즉 **적극적**으로 국민 자신의 참정, 국민 의사에 의한 정치를 주장하는 사상과, **소극적**으로 국가권력으로부터의 해방, 인민의 자유 보장을 주장하는 사상이 그것이다. 전자를 협의의 민주주의(데모크라시) 혹은 국민 자치라고 한다면, 후자는 자유주의(리버럴리즘)라고 할 것이다. 이 두 사상은 실로 근세 입헌 사상의 기본 사조로서, 적어도 입헌국으로 불리는 모든 나라에(물론 정도의 차는 심하지만) 보이는 특색이다.[33]

미야자와는 자유주의와 결합한 민주주의를 협의의 민주주의와 구별하여 "광의의 민주주의"[34]라고 불렀다. 이 광의의 민주주의를 근대입헌주의의 기본 사조로 생각하는 미야자와는 구미 헌정사가 낳은 일련의 민주주의 제도를 자유 확보를 위한 적극적인 정치 형식으로 정의했다. 이로써 민주주의는 입헌주의에서 주격의 자리에서 내려와, 자유를 보장하는 제도적 원리로 다시 정의되어, 광의의 민

호즈미 야쓰카穗積八束(1860~1912)

---

33) 宮澤俊義,「硬性憲法の變遷」『憲法の原理』, 74~75쪽.
34) 宮澤俊義,「硬性憲法の變遷」, 75쪽.

주주의를 구성하는 한 부분이 되었다. 따라서 미야자와가 권력분립주의를 "자유주의 정치원리의 제도적 표현으로서 19세기 의회제의 가장 큰 특징"[35]이라고 설명하는 것은 매우 자연스러운 일이었다. 법의 사회학적 연구를 통해 도달한 결론은 "헌법의 실정법적 분배 원리가 결코 개념 필연적인 것이 아니라 온전히 역사적인 것, 법 본질적인 것이 아니라 법사학적인 것"[36]이라는 사실이었다. 행정기관에 대한 입법기관의 우위를 주장하는 '법률 상위의 원리'도 결국 해당 국가의 "민주주의 세력에 의존"하는 것으로, "민주주의 세력이 강하면 강할수록 그 원리는 한층 더 완전하게 되고, 타당 범위도 넓어지게 되는"[37] 경향을 가질 뿐이었다.

이 점에서 볼 때 메이지 헌법은 본래가 의회 중심의 민주주의적 해석을 하기에는 "현저하게 민주성이 희박"하고, "입법기관의 권한이 다른 나라에 비해 크지 않을 뿐만 아니라 '법률 상위의 원리'도 해당 범위가 매우 좁은"[38] 헌법이었다. 여기에 호즈미 야쓰카穗積八束(1860~1912)나 우에스기 신키치로 대표되는 일본의 "정통적인 헌법 학설"에는 "민주주의 원리를 그다지 찾아볼 수 없고, 오히려 천황의 통치권 '총람總攬'에 대한 강조의 정도는 독재주의 원리가 지배하고 있는 점을 강하게 나타내고"[39] 있었다. 이러한 한계에도 불구하고 메이지 헌법을 실체 이상으로 민주적으로 해석하는 일은 현실의 독재적인 정치 상황을

35) 宮澤俊義, 「立憲主義の原理」『憲法の原理』, 30쪽.
36) 宮澤俊義, 「立法·行政兩機關の間の權限分配の原理 : 法律と行政行爲との關係」『國家學會雜誌』 46권 10호, 11호, 12호, 1932/『憲法の原理』, 124쪽.
37) 宮澤俊義, 「立法·行政兩機關の間の權限分配の原理 : 法律と行政行爲との關係」, 123쪽.
38) 宮澤俊義, 「法律による裁判」『筧教授還曆祝賀論文集』, 1934, 有斐閣/『憲法と裁判』, 25~26쪽.
39) 宮澤俊義, 「立法·行政兩機關の間の權限分配の原理」『憲法の原理』, 178쪽.

민주적인 것으로 위장할 위험성조차 안고 있었다.

물론 미야자와는 의회제도가 독재주의에 대한 민주주의의 투쟁의 결과이고, 법률 상위의 원리가 민주주의 원리의 실정법적 표현이라는 사실을 잘 알고 있었다. 그래서 그는 당시 가장 넓은 범위에 걸쳐 법률 우위를 인정하는 "미노베 박사의 주장이 아마도 가장 정확할 것"[40]이라고, 일단 미노베 헌법학에 대해 지지를 표명했다. 하지만 의회 중심의 입헌주의는 실정법상에 객관적으로 나타나 있는 개념 필연적인 인식의 소산도 아니고, 비교헌법사 연구를 통해 구할 수 있는 보편적인 사회법칙도 아니었다. 그것은 각 나라마다의 헌법 상황에 따라 정해지는 역사적·정치적 조건의 산물에 지나지 않았다. 더구나 메이지 헌법은 민주주의 원리가 매우 희박해 미노베처럼 해석하기에는 너무나도 많은 실정법적 한계를 갖고 있었다. 그리고 1920년대의 의회 정치의 현실은 의회 중심주의와 법률의 상위가 그대로 정치의 민주화를 가져오리라고는 상상할 수 없는 것이었다.

미야자와가 메이지 헌법에 대한 실체 이상의 민주주의적 혹은 독재주의적 해석에 대신하는 자유주의적 입헌주의를 전망한 것은 이러한 상황에서의 일이었다. 그가 실정법 이상의 의회주의를 주장하지 않고, 귀족원에 대해서도 그것이 "자유주의적 역할을 하는 데 그치고 거기서 더 나아가 반민주적인 역할"[41]을 하지 않는 범위 내에서 양원제의 "자유주의적 세력균형 원리"[42]에 기대를 표명하는 이유는 메이지 헌법이 갖고 있는 실정법적 한계와 의회정치에 대한 실망감 때문이었다.[43]

---

40) 宮澤俊義, 「立法·行政兩機關の間の權限分配の原理」, 181~182쪽.
41) 宮澤俊義, 「貴族院と樞密院」『中央公論』1934년 6월/ 宮澤俊義, 『日本憲政史の硏究』, 岩波書店, 1968, 147쪽.
42) 宮澤俊義, 「貴族院と樞密院」, 140~141쪽.
43) 여기서 미야자와의 귀족원 개혁안에 대해 간단히 언급하면 다음과 같다. 미야자와의 개혁안은 중의원에 대한 불신감에서 비롯한다는 점에서 미노베

자유주의적 입헌주의는 메이지 헌법의 한계와 1920년대의 의회정치의 현실에 의해 제약을 받으며 소극적으로 제안될 수밖에 없었다. 1910년대의 데모크라시 운동이 설사 자유주의 계기가 약하고 자칫하면 국론 통합적인 민주주의로 흐르기 일쑤였어도 정당내각이나 의회 중심주의에 대한 국민적 지지 위에서 전개된 상승기의 운동이었던 데 비해 자유주의적 입헌주의를 둘러싼 정치 상황은 명백히 데모크라시의 하강기였다. 미야자와의 입헌주의는 의회주의를 구가할 만한 객관적인 조건을 상실한 채 일단 근대입헌주의의 원류로 되돌아가 민주주의를 자유 실현을 위한 정치 형식으로 재정의함으로써 양자를 수단과 목적의 관계로 자리매김했다. 자유주의적 입헌주의는 종래의 다이쇼 데모크라시 정치사상에 보이는 민주주의 가치의 독주를 시정하는 점에서, 또 근대입헌주의에 대한 이해의 깊이와 폭에 있어서 중대한 의의와 풍부한 가능성을 내포하고 있었다.

하지만 그것은 당대의 의회정치 부진 등으로 인해 적극적인 방향 제시까지는 이르지 못했다. 앞서 살펴본 귀족원 개혁안과 같은 구체적인 제안은 오히려 미야자와에게 예외적인 현상이었다. 그의 입헌주의

와 문제의식을 같이했다. 그러나 의회에 국론통일 기능을 기대하는 미노베의 개혁안이, 의회를 건너뛰어 의회 외부의 "강력한 위원회"나 "원탁거두회의圓卓巨頭會議"에 기대감을 표명하는 등, 의회 중심주의로부터 급격하게 멀어져간 데 비해(미노베의 의회정치 개혁안은 美濃部達吉, 『議會政治の檢討』, 日本評論社, 1934에 수록되어 있다), 미야자와의 경우는 달랐다. 메이지 헌법의 관찰을 통해 미야자와가 얻은 결론은 그것이 매우 민주성이 희박하고 의회 중심의 해석을 하기에는 많은 실정법적 제약이 따른다는 사실이었다. 여기에 정당의 부패라는 의회정치의 현실이 더해져 미야자와는 권력분립을 제안했다. 따라서 그가 귀족원에게 자유주의적인 세력균형 역할을 기대한다 해도 그것은 귀족원의 '민선 의원화民選議員化'를 전제한 것으로, 국민 대표기관인 의회의 지위 하강을 의도한 것이 아니었다. 이 점에서 미야자와의 제안은 미노베의 개혁안(그것은 실질적으로 의회의 국민 대표적 성격을 희생한 위에서의 제언이었다)과 큰 대조를 보였다.

가 강력한 운동론이라기보다 정관적이고 분석적인 사색의 감을 주는
것은 그것이 하강기의 데모크라시 속에서 구상된 것이라는 객관적인
이유와, 당시 미야자와의 문제 관심이 어디까지나 과학적 법학의 수립
에 있었다는 사상 내재적인 동기에서 비롯했다. 이 시기 미야자와의
모습은 적극적인 실천자라기보다 인식과 이론에 충실한 법의 과학자에
가까웠다. 각국 법제에 나타난 "외교의 민주적 경향"을 논할 때도 미야
자와는 "단지 이런 경향이 현실적으로 존재한다는 사실을 지적하는
것으로 충분하다. 이런 경향을 시인할지 말지는 여기서 별문제로 한
다"[44]고, 어디까지나 금욕적인 태도를 보일 뿐이었다. 그러나 미야자와
헌법학의 과학의 시대는 독일에서 시작된 '정치의 시대'의 도래와 함께
종언을 맞이하게 된다.

---

44) 宮澤俊義,「外交に對する民主的統制 : '外交の民主化'の法律的考察」『外交時報』
   52권 2호, 1930/ 宮澤俊義,『憲法と政治制度』, 岩波書店, 1968, 102쪽.

제 3 장

독재정과 민주정

大日本帝國憲法

第一章　天皇

第一條　大日本帝國ハ萬世一系ノ天皇之ヲ統治ス

第二條　皇位ハ皇室典範ノ定ムル所ニ依リ皇男子孫之ヲ繼承ス

第三條　天皇ハ神聖ニシテ侵スヘカラス

第四條　天皇ハ國ノ元首ニシテ統治權ヲ總攬シ此ノ憲法ノ條規ニ依リ之ヲ行フ

第五條　天皇ハ帝國議會ノ協贊ヲ以テ立法權ヲ行フ

第六條　天皇ハ法律ヲ裁可シ其ノ公布及執行ヲ命ス

第七條　天皇ハ帝國議會ヲ召集シ其ノ開會閉會停會及衆議院ノ解散ヲ命ス

第八條　天皇ハ公共ノ安全ヲ保持シ又ハ其ノ災厄ヲ避クル為緊急ノ必要ニ由リ帝國議會閉會ノ場合ニ於テ法律ニ代ルヘキ勅令ヲ發ス

此ノ勅令ハ次ノ會期ニ於テ帝國議會ニ提出スヘシ若議會ニ於テ承諾セサルトキハ政府ハ將來ニ向テ其ノ效力ヲ失フコトヲ公布スヘシ

第九條　天皇ハ法律ヲ執行スル為ニ又ハ公共ノ安寧秩序ヲ保持シ及臣民ノ幸福ヲ增進スル為ニ必要ナル命令ヲ發シ又ハ發セシム但シ命令ヲ以テ法律ヲ變更スルコトヲ得ス

제1절 정치의 시대와 저항권

    1932년 2년간의 프랑스와 독일 유학을 마치고 돌아온 미야자와가 귀국 후 최초로 발표한 논문 「공법학에서 정치 : 현대 독일 공법학계의 한 경향에 대하여公法學における政治 : 現代ドイツ公法學界の一つの傾向について」[1]에는 '법의 시대'를 대신하는 '정치의 시대'에의 예감과 공법학계의 정치화가 가져올 비판 정신의 쇠락과 관용의 감소에 대한 위기감으로 가득 차 있었다.

    1920년대 후반 독일 공법학계는 카를 게르버Carl Gerber에서 시작하여 파울 라반트Paul Laband, 게오르크 옐리네크Georg Jellinek를 거쳐 켈젠의 순수법학으로 결실하는 법실증주의 전통에서 벗어나 '법 이상주의' 혹은 '정신과학 방법'으로 급격히 선회하고 있었다. 어떤 경우는 "법규의 윤리적 내용"을, 어떤 경우는 "이익"을, 또 어떤 경우는 "목적"을 고려할 것을 주장하는 그러한 학설들은 "모두 공법의 개념 구성에서 실정 법규만을 염두에 두는 태도를 부정하고, 실정 법규 외에 일반적으로 그 '목적'을 (중략) 고려에 포함하려는" 점에서 공법학을 "다시금 '정치'에 다가가게 하는" 것이었다. 유학 중 미야자와가 목격한 독일

---

1) 宮澤俊義, 「公法學における政治 : 現代ドイツ公法學界の一つの傾向について」 『法學協會雜誌』 50권 9호, 1932/ 『公法の原理』.

공법학계는 "사면초가에 처한"[2] 법실증주의 방법론에 대한 정치적 공법학의 도전이라는 현실이었다.

독일 학계의 정치적 공법 학설은 "그 저자들의 주관적 정치관이 종래의 학설보다 한층 더 강하게 또 노골적으로 나타나 있는" 점에서, 다시 말해서 "이론적 인식이 저자의 주관적 정치관에 의해 이전보다 훨씬 심하게 **왜곡**되어 있는"[3] 점에서 미야자와가 추구하는 과학적 법학과 첨예하게 대립했다. 그렇지만 독일 공법학계의 새로운 경향은, 이론적 인식과 정치적 가치판단의 혼재는 물론이고 "어떤 것에 이르러서는 '과학'의 가면을 쓴 반동적 독재 제도 변호와 다름이 없는" 점에서, 반드시 인식론적 대결을 필요로 하는 사태는 아니었다. 미야자와가 "나는 여기서 저자의 **의도**보다 그 학설의 **실재**에 흥미를 갖는다"[4]고 말하는 것은 그런 이유에서였다. 그중에서도 특히 "'정신과학' 형식을 빌려 정치에 대한 이론적 인식의 봉사를" 주장하는 카를 프리드리히 루돌프 스멘트Carl Friedrich Rudolf Smend(1882~1975)의 '통합이론'은 미야자와가 보기에 "과학 이전의 정치관의 노골적인 표현"으로서 "과학적 논증이 따르지 않은 정치적 신앙"에 지나지 않았다. 거기에는 이론과 실천의 관계에 대한 "아무런 비판적 기초 작업"도 보이지 않을 뿐 아니라 "모든 자유주의적인 것에 대한 병적인 반감"[5]만이 존재했다. 그래서 미야자와는 스멘트의 '이론'을 과학의 탈을 쓴 정치 신학이라고

---

2) 이상, 宮澤俊義, 「公法學における政治 : 現代ドイツ公法學界の一つの傾向について」, 52~53쪽.

3) 宮澤俊義, 「公法學における政治 : 現代ドイツ公法學界の一つの傾向について」, 54~55쪽.

4) 이상, 宮澤俊義, 「公法學における政治 : 現代ドイツ公法學界の一つの傾向について」, 55쪽.

5) 이상, 宮澤俊義, 「公法學における政治 : 現代ドイツ公法學界の一つの傾向について」, 61~62쪽.

비판하는 켈젠의 입장을 지지하며 "나도 켈젠과 함께 '과학의 모든 가치는 과학이 정치와 결합하는 유혹을 인내할 수 있는 힘을 보유하는 지에 따라 존립할 수도, 상실할 수도 있다'고 믿는다"[6]고 선언했다.

그러면 미야자와는 다가오는 정치의 시대를 단지 과학에 몰두함으로써 극복하려 했는가? 이 점에서 미야자와에게 과학은 하나의 완전한 자기 완결적 가치로서 존재하고 있었던 것은 아니다. 그는 다음과 같이 말했다.

> 켈젠은 '과학'이 어디까지나 '이론적 인식'만을 섬길 것을 주장하여 비합리적 요소를 모두 배척하려 하지만 여기에도 비판의 여지는 있을 것이다. 또 스멘트가 문제를 단순히 이론적 인식의 문제로만 바라보지 않고 '실천적'인 문제도 보고 있는 것도 반드시 잘못된 일은 아닐 것이다.[7]

모든 공법 학설이 정도의 차이는 있지만 정치로부터 완전히 벗어나 있지 않고 그런 점에서 정치적 색채를 띠고 있다고 생각하는 미야자와는 켈젠의 순수법학 또한 그 예외가 아니라고 생각했다. 그는 독일 공법학계의 정치화를 가져온 궁극적인 요인을 1차 대전 이후의 정치적 상황 속에서 찾았다.

> 전쟁과 혁명은 독일에서 모든 '안정성'을 앗아갔다. 거기에는 파탄과 동요만이 지배하고 있다. 사람들은 이전처럼 '법규' 그 자체만을 보는 데 의의를 인정하지 않는다. 법규의 배후에 있는 것, 즉 '정치'까지

---

6) 宮澤俊義, 「公法學における政治 : 現代ドイツ公法學界の一つの傾向について」, 68쪽.
7) 宮澤俊義, 「公法學における政治 : 現代ドイツ公法學界の一つの傾向について」, 63쪽.

거슬러 올라가야 직성이 풀린다. 이런 정세에서 필연적으로 비판적 정신은 자리를 잃고, 그 결과 공법학의 개념 구성에서 순수한 '법률적' 방법으로는 더 이상 만족할 수 없게 되었을 것이다. 여기에 '위기'가 존재한다. 그리고 이것은 일반 사상계의 비판주의의 감소와 형이상학의 유행과 대응하는 현상이다. 사람들은 모든 학문 영역에서의 이러한 정신적 태도 속에서 '서로 배척하는 무수한 주관적 및 주관주의적 의견 표명의 바빌론의 혼란'만을 발견할지도 모른다. 그러나 그럼에도 나는 홀스타인(Günther Holstein Ⅰ 인용자)과 함께 그 진지함을 인정하지 않을 수 없다. 그리고 객관적인 것의 추구를 그 안에서 발견하지 않으면 안 된다.[8]

법을 인간사회와 함께 변화하는 규범으로 파악하는 미야자와는, 법학이 사실상 법이 가진 정치성·역사성으로부터 완전히 자유로울 수 없는 의미에서 모든 비합리성을 과학에서 추방하려는 순수법학에 대해 '비판의 여지'를 인정하고, 같은 의미에서 스멘트의 정신과학 방법론에 일정한 이해를 표명했다. 그래서 미야자와는 "Ratio의, 그리고 그 생산물인 과학의 무력을 경험한 사람이 비합리적이거나 신비적인 것으로 향하는 일은 결코 부자연스러운 현상이 아니"[9]라고 전제하며 정치의 시대를 흐르는 '객관적인 것'을 응시하는 데 과학의 임무를 설정했다. 이런 점에서 귀국 후 처음 발표한 그의 논문 「공법학에서 정치」는, 독일 공법학계에 보이는 형이상학의 유행과 세계관의 대립이 초래할 비판 정신의 쇠락과 관용의 감소에 대한 위기감에 차 있어도,

---

8) 宮澤俊義, 「公法學における政治 : 現代ドイツ公法學界の一つの傾向について」, 67~68 쪽.
9) 宮澤俊義, 「公法學における政治 : 現代ドイツ公法學界の一つの傾向について」, 68쪽.

미야자와 헌법학에서 여전히 과학의 시대의 산물이었다.

그러나 1933년의 '수권법授權法'으로 상징되는 독일의 헌법 상황은, 그것이 일반적 의미의 헌법 개정이 아니라 "헌법의 자살적·자기부정적 개정"이란 점에서, "실로 혁명과 다름없는"[10] 것이었다. "그것은 단지 헌법을 **개정**하려는 것이 아니라, 말하자면 헌법을 **정지**하는" 것으로, "정부가 법률에 대신하는 명령을 제정하는 것이 아니라, 단적으로 정부가 법률을 제정"[11]하는 것을 의미했다. 이러한 사태는 권력분립을 자유주의적 정치원리의 가장 중요한 제도적 표현이라고 생각하는 미야자와의 입헌주의 이해를 훨씬 뛰어넘는 것이었는데, 그중에서도 켈젠과 구스타프 라드브루흐Gustav Radbruch(1878~1949)가 학계에서 추방된 일은 "비판적·과학적·합리적 정신의 쇠락"과 그와 궤를 같이하는 "독단적·형이상학적·신비적 정신의 발흥"[12]을 결정적으로 상징하는 사건이었다. 이후 미야자와는 법의 본질로 되돌아가는 지적 궤적을 보였다. 법의 본질적 요소는 강제인가, 도덕인가. 이 정의의 문제, 혹은 자연법의 문제를 단지 학문적 문제로서가 아니라 하나의 실천적 과제로서 고민해야 하는 상황에 대해 그는 다음과 같이 말했다.

> 특히 오늘날과 같이 전 사회질서가 근본적인 변혁 과정에 있고, 지금까지 누구도 의심하지 않았던 여러 가치가 의심의 대상이 되고, 각종 이익단체 간의 대립이 첨예화하고, 새로운 질서를 위한 투쟁이 작열하고, 그리고 스스로 정당하다고 여기는 많은 비관용적·절대적인 세계관의 혼란스러운 대립이 지배하는 상태에서는, 모든 법률가는

---

10) 宮澤俊義, 「ドイツの國民革命とユダヤ人排斥立法」 『警察研究』 4권 7호, 1933/ 宮澤俊義, 『憲法論集』, 有斐閣, 1978, 100쪽.
11) 宮澤俊義, 「ドイツの國民革命とユダヤ人排斥立法」, 98쪽.
12) 宮澤俊義, 「民主政より獨裁政へ」 『中央公論』 1933년 9월/ 『轉回期の政治』, 31쪽.

단순히 '법률가'로서가 아니라 '사람'으로서 이 문제에 대해 어떤 형태로든 답을 내놓아야 하는 상황에 놓여 있다.[13]

지금까지 과학적 법학의 수립을 추구해 온 미야자와가 법학자로서가 아니라 동시대를 사는 사람으로서, 더구나 실천의 문제로서 법 의무의 본질을 되묻고 있다. 존재의 법을 인식 대상으로 삼아온 그가 법 의무를 '양심'으로 설명하기를 부정하는 뒤귀와 켈젠의 사상에 대해 "그것은 법 관계를 벌거벗은 힘의 관계로 만들 위험"[14]이 있다고 의문을 표했다. 경험과학의 관점에서 볼 때 논리 정합적이라고 할 수 없는 이러한 변화를 초래한 것은 수권법으로 상징되는 독일 헌법 상황의 '부도덕화 不道德化'와 그것을 바라보는 미야자와의 위기감이었다.

법의 도덕화가 가능하면 부도덕화도 가능하다고 해야 할 것이다. 실정법의 현실을 보아도 법의 도덕화는 완전히 이루어져 있지 않고, (중략) '의무의 충돌'이 일어날 가능성은 매우 높다. 법의 변천의 역사를 보아도 법의 도덕화와 함께 법의 부도덕화라고 이야기할 만한 현상이 적지 않다. 예를 들어 노예제나 고문 제도, 그리고 공창제의 폐지를 법의 도덕화라고 말하는 데 주저할 사람은 없을 터이지만, 그와 반대 방향으로의 변천이 일어나지 않는다고는 아무도 단언할 수 없다.[15]

법을 사회와 함께 변천하는 살아 있는 규범으로 인식하는 한, 법의 도덕화와 함께 부도덕화도 논리적으로 시인할 수밖에 없을 것이다.

---

13) 宮澤俊義, 「法の義務づけよう : Leges mere poenalesの理論について」『法學協會五十周年記念論文集』, 1933/ 『法律學における學說』, 4~5쪽.
14) 宮澤俊義, 「法の義務づけよう : Leges mere poenalesの理論について」, 15쪽.
15) 宮澤俊義, 「法の義務づけよう : Leges mere poenalesの理論について」, 18쪽.

이미 소개한 것처럼 미야자와가 유학에서 돌아와 처음 발표한 논문은 법의 부도덕화에 대한 위기감과 함께 정치의 계절을 관통하는 객관적 시대정신을 파악하려는 의도가 담겨 있었다. 되돌아보면 미야자와의 입헌주의 연구는 데모크라시의 하강기라고는 해도 여전히 정당정치가 계속되는 '헌정 상도기憲政常道期' 속에서 이루어졌다. 그리고 그 내용은 현실의 의회정치에 대한 뿌리 깊은 불신감이 존재해도 일단은 '법의 도덕화'의 역사를 전제로 한 것이었다.

그러나 독일의 '국민혁명' 과정에서 발생한 헌법의 자살적 자기부정과 권력분립주의의 붕괴는 분명히 근대입헌주의 이전으로의 후퇴를 의미했다. 이러한 법의 부도덕화와 비관용적인 세계관의 충돌 속에서 미야자와는 법과 도덕의 충돌을 고민할 수밖에 없게 되었다. 법을 도덕의 일부로 여겨 악법은 법이 아니라고 할 것인가. 아니면 법에서 양심의 계기를 인정하지 않고 악법도 법이라고 할 것인가. 이 문제에 대한 미야자와의 대답은 "alternative는 종국적인 것으로 일단 회피할 수는 있어도 이론적으로 초극할 수 없다"[16]는 '결론'이었다.

이 시기 발표된 법 의무에 관한 미야자와의 일련의 논문은 실정법의 부도덕화 속에서 그러한 역류 현상을 제지할 수 있는 '법을 넘어서는 법'을 어떻게 설정할 수 있는지에 대한 고뇌의 기록이었다. 미야자와가 법률가로서가 아니라 인간으로서, 그리고 과학의 문제로서가 아니라 실천의 문제로서 법 의무에 대해 생각하려는 이유는 거기에 있었다. 실정법의 부도덕화와 그에 따른 법과 도덕의 충돌 상황에 제동을 걸 필요성을 통감하고 있던 당시의 미야자와에게, 법을 의지나 강제로 설명하는 뒤귀와 켈젠의 생각이 법질서를 단순히 권력 현상으로 환원시키는, "'정의'를 아랑곳하지 않는 설익은 실증주의"[17] 또는 맹목적인

---

16) 宮澤俊義, 「法の義務づけよう : Leges mere poenalesの理論について」, 32쪽.

과학 지상주의로 비치는 것은 당연했다.

'유대인 배척 입법'으로 상징되는 실정법의 부도덕화가 진행되고, 수권법으로 인해 법률의 우위가 그대로 민주주의 원리와 결합한다는 보장이 없어진 상황에서 미야자와의 사색이 미친 곳은 "형식적인 법 개념보다 한층 더 오래된" 법 개념, 즉 "법은 한 사람 또는 다수의 의지가 아니라 이성적·보편적인 어떤 것으로, voluntas가 아니라 ratio 이다"라고 하는 "자유와 법치국가를 위해 투쟁한 시민계급의 법 개념"[18]이었다. 인간의 이성에서 규범을 도출하는 이 법 개념은, 한마디 로 법과 정의를 동일시하는 자연법론이었다. 그렇다면 지금까지 존재 의 법을 관찰해 온 법의 과학자 미야자와는 "'정의의 천국'을 이야기하 는 몽환적인 자연법"[19]을 향해 다가가려는 것인가?

돌아보면 미야자와의 자유주의적 입헌주의는 "항상 어떤 형태로든 '자연법'을 예상할 수밖에 없는"[20] 저항권에서 출발한 것이었다. 인간 은 국가 상태로 들어갈 때 자신이 가진 자유의 일부를 국가에 제공하지 만, 그렇다고 "자유의 전부, 즉 전인격이 국가 속에 몰입되는 것은"[21] 아니라고 그는 말했다. 개인권은 국가 단계 이후에도 계속 존재하는 완전한 자유의 잔영이었다.

　　자연 상태에서 개인은 전적으로 자유·독립이고 오직 자연법에 의해서만 제약을 받는다. 개인은 계약에 따라 이 상태를 포기하고 국가로 들어간다. 그때 개인은 물론 자연 상태에서 누리던 자유·독립을

---

17) 宮澤俊義, 「尾高教授の'法哲學'」『法律時報』8권 3호, 1936/『憲法論集』, 252쪽.
18) 宮澤俊義, 「法律による裁判」『憲法と裁判』, 19쪽.
19) 宮澤俊義, 「尾高教授の'法哲學'」『憲法論集』, 252쪽.
20) 宮澤俊義, 「抵抗權史上に於けるロック」『憲法の思想』, 233쪽.
21) 宮澤俊義, 「抵抗權史上に於けるロック」, 244쪽.

국가 이익을 위해 희생해야 하지만, 그가 희생하는 것은 국가 존립과 절대로 양립할 수 없는 자유·독립일 뿐, 결코 그 전부가 아니다. 따라서 인간은 국가 상태로 들어간 이후에도 자연 상태에서 누리던 자유·독립의 중요한 부분을 여전히 보유하는데, 국가 상태로 들어갈 때 희생되지 않는 자유·독립의 범위가 바로 개인권이다. 이처럼 개인권은 국가에 앞서 존재하고 국가보다 상위에 있다.[22]

미야자와의 입헌주의는 개인권에 국가보다 상위의 가치를 두는 점에서 구조 필연적으로 자유주의적이었고, 동시에 개인권이 국가에 앞서 존재하는 가치인 점에서 자연법적이기도 했다. 저항권은 국가 상태 이후에도 인간이 계속 보유하는 개인권에 근거하여 실정법상의 의무를 거부할 수 있는 권리를 말했다. 의무의 충돌은 국가 상태 이후에 실정법 질서와 개인권의 관계가 붕괴했을 때 발생하는 '비극'이었다.

의무의 충돌은 하세가와 뇨제칸이 이야기하는 '국가와 진리의 교전 상태'와 같은 의미였다. 하세가와는 "국가가 진리와 적대 상태에 있다는 말은, 요컨대 진리와 인간의 결합을 국가가 방해하고"[23] 있는 것을 의미한다고 말하며 "오늘날 진리에 대한 인간의 애착을 가장 질투하는 유력한 시어머니는 말할 것도 없이 국가"[24]라고 단언했다. 그는 또 현대 국가가 "인민에 대해 인간이기보다 국민이기를 요구"하고 있어 "오늘날 인류 생활에서 인간이라는 사실은 왕왕 모반인謀叛人"[25]을 의미한다고도 말했다. 의무의 충돌과 저항권 문제의 발생이란 국가와 진리

22) 宮澤俊義, 「立憲主義の原理」『憲法の原理』, 45쪽.
23) 長谷川如是閑, 「國家と眞理との交戰狀態」『我等』1920년 3월/『長谷川如是閑集 第5卷』, 36쪽.
24) 長谷川如是閑, 「國家と眞理との交戰狀態」, 28쪽.
25) 長谷川如是閑, 「鬪爭本能と國家の進化」『中央公論』1920년 10월/『長谷川如是閑 集 第5卷』, 145쪽.

의 교전 상태 속에서 진리와 결합하려는 인간이 과연 법 의무를 거부하는 권리를 가질 수 있는가에 대한 문제였다. 따라서 그것은 실정법이 아니라 자연법의 문제이고 과학이 아니라 가치판단의 문제였다. 미야자와가 이 문제를 실천의 요청에 따라 인간의 문제로서 고민한 것은 그러한 이유에서였다.[26)]

하지만 법 의무와 도덕 의무의 충돌을 둘러싼 미야자와의 사색은 언제나 종국적인 양자택일의 문제로서 존재할 뿐이었다. 법의 부도덕화에 대한 위기의식의 항진은 미야자와로 하여 자연법과 저항권 문제를 제출하게 했지만, 그렇다고 그가 이 정의의 문제에 모든 것을 걸었던 것은 아니다. 자연법은 설사 그것이 근대입헌주의의 출발 철학이었다 하더라도 과학적 법학의 대상으로는 너무나 어울리지 않는 주제였기 때문이다. 그런 만큼 저항권의 당부가 과학적 사고의 결론으로서 제출되는 일은 없었다.

국가 성립에 관해 개인주의적 계약설을 취하면서 국가 또는 국왕의 절대 전제를 주장하는 것은 근본적으로 지나친 배리背理이다. 국가를 개인의 자유의사에 입각한 결과로 주장하는 이상, 로크(John Locke | 인용자)처럼 국가의 임무를 한정적으로 보는 것이 논리적이다. 그리고 국가를 그처럼 본질에 있어서 일종의 '주식회사'와 같은 것이라고 보는

---

26) 저항권 문제의 구조는 야나이하라 다다오矢內原忠雄의 '국가의 이상'과도 상통하는 것이었다. "정의는 국가에 기초를 부여하고 국가를 넘어 존재하는 객관정신이다. 달리 말하면 정의는 국가가 제조한 원리가 아니라, 반대로 정의가 국가를 존재하게 하는 근본원리이다. 국가가 정의를 지정하지 않고 정의가 국가를 지도해야 한다."(矢內原忠雄, 「國家の理想」『中央公論』1937년 9월/『矢內原忠雄全集 第18卷』, 岩波書店, 1964, 627쪽) 이러한 국가와 정의의 관계는 하세가와의 국가와 진리, 미야자와의 실정법과 저항권의 관계와 같은 구조였다.

사상을 통해서만 저항권 사상이 탄생할 수 있다고 나는 생각한다.[27]

미야자와는 이 논문을 시작하면서 저항권이 하나의 '권리'로서 성립할 수 있는지, 또 어떤 내용이어야 하는지에 대해서는 언급하지 않겠다고 미리 말했다. 과학적 법학의 수립이라는 문제 관심에서 볼 때 자연법은 그 구체적이고 객관적인 내용을 경험적으로 인식할 수 없다는 결정적인 이유로 인해 과학의 대상에서 제외될 수밖에 없었다. 법이 구체적인 인간의 의사를 떠나 존재할 수 없는 이상, 존재의 법을 관찰하는 법 과학이 자연법의 구체적인 내용을 특정인의 의사로 받아들이는 것은 당연한 일이었다. 법의 본질이 강제인지 도덕인지의 문제가 결국 세계관의 문제이고 이론적인 해결이 불가능하다고 결론내려지는 이유는 바로 그 때문이었다.

법 과학과 저항권의 잠정적인 관계는 정치의 시대가 오기까지 모순을 드러내지 않고 유지될 수 있었다. 그 이유는, 어떠한 의미에서든 아나키의 상태를 예상하는 저항권이 국법 질서의 궁극적인 파괴자가 될 가능성을 갖고 있었지만, 미야자와가 인식하는 근대입헌주의의 역사가 저항권의 발동 가능성을 줄여온 법의 도덕화 과정이었기 때문이다. 데모크라시는 '세계의 대세'였고, 일본의 '헌정 상도'도 불협화음을 내면서도 지속되고 있었다.

그러나 자연법과 저항권의 문제는 미야자와 헌법학의 전면을 장식하는 일은 없어도 그 심부에 잠복한 채 완전히 사라지지 않았다. 그것은 법질서와 인간의 자유 사이에 균열이 일어나 의무의 충돌이 발생하는 상황에서 언제나 다시 소환되는 문제로서 존재하고 있었다. 실제로 저항권 문제는 실정법 질서와 정의가 완전히 일치하는 날까지 소멸하

---

27) 宮澤俊義,「抵抗權史上に於けるロック」『憲法の思想』, 250쪽.

지 않는 "법철학의 최종 과제"[28]이자, 존재의 법을 인식 대상으로 하는
"실증주의가 회피할 수 없는 모순"[29]이었다. 후일 미야자와는 다음과
같이 말했다.

> 저항권 문제는 실은 내가 처음 헌법(혹은 넓게 말해서 법이라고
> 해도 좋지만)에 관한 연구를 시작한 이래 30년 이상에 걸쳐 머리에서
> 떠나지 않는 문제이다. 게다가 생각하면 생각할수록 모르는 문제,
> 그리고 일단 자신은 해결했다고 생각해도 다시 생각해 보면 곧 그
> 해결이 전혀 해결이 아닌 사실을 알고 낙담하는 문제 중의 하나, 아니
> 유일한 문제이다. (중략) 개인의 존엄에서 출발하는 이상, 아무래도
> 저항권을 인정할 수밖에 없다. 저항권을 인정하지 않는 것은 국가권력
> 에 대한 절대적 복종을 요구하는 일이며 노예적 인민을 만들려는 것이
> 다. 하지만 저항권이란 말에 그것이 본래 의미하는 실정법을 파괴하는
> 권리라는 의미를 부여하는 한, 그러한 저항권을 실정법상의 '권리'로서
> 인정하는 일은 논리적 모순이다. 저항권을 단순히 사실상의 가능성으
> 로서가 아니라, 말 그대로 '권리'로서 확립하려면 그 근거는 실정법
> 이외, 예를 들어 자연법이나 도덕칙道德則에서 구하지 않으면 안 된다.[30]

과학과 자연법의 갈등은 "신 앞에서 오직 무릎 꿇기를 거부하고
자주적으로 사물을 생각하려는 교만에 사로잡힌 근대인"[31]의 회피할
수 없는 숙명이었다. 그러나 법의 부도덕화와 과학의 무력이 동시

---

28) 宮澤俊義, 『憲法 II』, 有斐閣, 1959, 154쪽.
29) 宮澤俊義, 「ル·フュウルの自然法論」『公法雜誌』 4권 3호, 1938/『憲法の思想』,
    267쪽.
30) 宮澤俊義, 『憲法 II』, 172~173쪽.
31) 宮澤俊義, 『憲法 II』, 176쪽.

진행하는 상황 속에서 미야자와는 이론적 인식만을 섬기는 '설익은 실증주의'가 법질서를 적나라한 권력관계로 환원시켜, 결과적으로 부도덕한 국가권력의 행사를 시인할 위험성을 감지했다. 이때 법의 부도덕화에 제동을 걸고 과학의 무력을 구할 수 있는 길은 "구체적이고 명확한 내용을 가진 자연법"[32]의 존재였다.

그렇지만 미야자와는 그러한 자연법을 끝내 발견할 수 없었다. 상대주의의 입장에 서서 프랑스혁명의 이념, 즉 "인권·법치국가·권력분립·인민주권·자유와 평등"이라는 비교적 "실질적인 교리를 수립하는 데 성공한" 구스타프 라드브루흐의 '법을 초월한 법'도 "하나의 논리적인 기적"이라고 할 수 있어도 결국 세계관의 문제로서, 그 당부를 논하는 것은 "이론 이성의 권한을 넘어"[33]서는 일이었다. 오히려 헌법 상황의 비민주화에 대한 라드브루흐의 시도가 "실증주의의 오류와 자연법사상의 정당성을 거꾸로 증명하는"[34] 것으로서 비친 점도 부정할 수 없는 사실이었다. 그래서 미야자와는 궁극적인 법 이상의 규명을 목적으로 하는 법철학이 "자연법에서 멀어지는 일은 법철학의 자살"이지만, "반드시 직접적으로 자연법을 필요로 하지 않는"[35] 법 과학의 경우, 그것이 실정법의 과학을 지향하는 이상, 자연법을 대상 외에 두어야 한다고 말할 수밖에 없었다. 법 과학은 시종 자연법 문제를 고민했지만, 그 경계선을 넘는 일은 마지막까지 일어나지 않았다. 미야자와는 정치의 시대를 사는 법학자의 태도를 다음과 같이 이야기했다.

---

32) 宮澤俊義, 「ル·フュウルの自然法論」『憲法の思想』, 271쪽.
33) 宮澤俊義, 「民主制と相對主義哲學」『外交時報』 72권 2호, 1934/『憲法の思想』, 294~295쪽.
34) 宮澤俊義, 「ル·フュウルの自然法論」『憲法の思想』, 268쪽.
35) 宮澤俊義, 「ル·フュウルの自然法論」, 271쪽.

법학자는 단순한 법의 과학자가 아니다. 또 그래서는 안 된다. 그는 동시에 법의 철학자여야 하고, 또 때때로 법의 해석자여야 한다. 이런 의미에서 법학자에게 자연법은 (중략) 필요불가결하다.[36]

미야자와와 저항권 사이의 거리는 놓인 정치 상황과 그에 대한 위기 감에 비례하고 있었다. 유럽 유학에서 돌아온 미야자와가 다시금 자연 법과 저항권의 문제를 제출하고 맹목적인 과학주의에 회의를 표명하는 것은 미야자와 헌법학에서 과학의 시대의 종언과 정치의 시대의 개막 을 알리는 현상이었다.

---

36) 宮澤俊義, 「ル・フュウルの自然法論」, 271쪽.

제2절 독재정과 민주정

　정치의 시대를 바라보는 미야자와의 태도가 켈젠의 그것과 미묘하게 달랐던 데 비해, 의회제에 대한 두 사람의 입장은 완전히 일치했다. 그것은 먼저 의회제의 위기를 민주정치에 대한 도전으로 받아들이는 점에서 그러했다. 1930년대의 의회제는 바이마르 체제의 붕괴와 소비에트와 같은 새로운 회의체의 등장으로 인해 크게 변모하기 시작했다. 입법의 복잡화와 행정기능의 비대화는 적극 국가의 요청을 낳았고, '토론과 설득'의 예정 조화설이 전제하는 사회적 동질성의 붕괴는 의회로부터 사회조정 기능을 앗아갔다. 그 결과 근대입헌주의와 그 제도적 장치로서의 의회제는 상대화를 피할 수 없게 되었는데, 독일에서 출현한 독재정은 그 대표적이자 극단적인 한 예였다. 독일 공법학계의 정치화가 그러한 정치 상황과 연쇄하는 현상이었음은 물론이다. 사태에 즈음하여 미야자와는 의회제를 형식의 관점에서 인식하고, 자유의 관점에서 옹호했다.

　　근대 유럽의 의회제는 원래 하나의 정치 **형식**이자 **방법**이었다. 그것은 의회에서 자유로운 의원들 사이에 이루어지는 **자유로운 토론**을 통해 올바른 정치 내용이 만들어지기를 기대한다. 과연 무엇이 **올바른**

정치 내용인가? 그것은 처음부터 우리에게 주어져 있지 않다. 의회의 자유로운 토론에 의한 대심적對審的·변증법적 과정을 거쳐 어떤 정치 내용이 생겨난다. 그것이 우리가 추구하는 **올바른** 정치 내용이다. '은총의 광명'에 의해, 또는 '자연의 광명'에 의해 우리에게 주어지는 구체적인 정치 내용이 정치 형식을 결정하는 것이 아니라, 정치 형식이 정치 내용을, 말하자면 구성하는 것이다.[1]

요컨대 미야자와는 인식의 내용이 아니라 인식의 방법을 문제 삼음으로써 독재정 이데올로기를 상대화하고자 했다. 즉 "거기에서 정치 내용은 무한의 저편으로 쫓겨나고, 오직 정치 형식만이 확실하게 사람들에게 남아 있다"[2]라는 의회 정치관의 코페르니쿠스적 전환을 통해 내용과 목적의 독주가 가져온 의회제의 위기를 극복하려 한 것이다. 이러한 제도 인식은 정치의 시대에 흔히 볼 수 있는 정신론의 분출, 달리 말하면 과도한 제도 경시(이는 제도 신앙과 표리의 관계에 있지만)와 확연히 구분되는 것이었다. 미야자와는 제도와 인간의 관계를 이렇게 말했다.

원래 모든 제도는 '인간'이 만든 것이며 '인간'을 위해 존재하는 것이다. '인간'은 일정한 목적을 위해 제도를 만든다. 그러나 일단 만들어진 제도는 일정 정도 그것을 만든 '인간'과 그것이 봉사해야 하는 목적으로부터 독립적인 존재가 된다. 그렇기에 그 한도에서 제도는 그것을 이용하는 사람이 누구든 관계없이 효용을 보유한다. 여기에

---

1) 宮澤俊義, 「議會制のたそがれ」 『帝大新聞』 1933년 1월 1일/ 『轉回期の政治』, 85쪽.
2) 宮澤俊義, 「議會制のたそがれ」, 86쪽.

객관적인 제도의 존재 이유가 있다.[3]

의회제의 위기는 사람들이 "가장 중요한 일은 하나의 정치 형식을 갖는 것이 아니라 하나의 정치 내용을 갖는 것이라고"[4] 생각하기 시작했을 때, 다시 말해 사람들이 의회제도가 갖는 객관적인 존재 이유를 뒤돌아보지 않게 되었을 때 찾아왔다. 이에 대해 미야자와는 정치의 형식에 고집함으로써 목적의 독주를 시정하고자 했다.

미야자와가 생각하는 의회제도의 정신적 근저는, 어느 한 정치 내용에 절대적인 권위를 인정하지 않는, 즉 모든 정치 내용에 대해 저마다 평등한 타당성을 승인하는 상대주의적 세계관이었다. 어떤 가치에도 절대적인 가치를 인정하지 않고, 동시에 어떤 가치에도 상대적 우위를 승인하는, 평등과 자율의 원리가 관철하는 상대주의적 가치관이야말로 의회제도에 깃들어 있는 정신이었다. 그리고 이 상대주의 철학이 아나키의 상태에 빠지지 않고 하나의 정치원리로서 성립하는 방법·형식이 다수결이고 민주정이었다. 한 명 한 명에게 절대적이지만, 정치사회의 구성원으로서는 상대적일 수밖에 없는 자유는 민주정을 통해서 비로소 정치원리가 될 수 있는 가치였다.

민주정은 "절대적인 불변의 독재 권력자를 인정하지 않고, 동일한 권리를 갖고 투쟁하는 무수한 의견·반대의견 안에서 통일된 구체적·내용적 정의를 구성하는 하나의 **방법**이고자 하는 국가·정치 형식"[5]이었다. 의회제는 그러한 민주정의 "현실 형태"[6]였다. 그가 의회제의 부정

---

3) 宮澤俊義, 「制度と人 : 各方面の制度改革論について」 『警察研究』 7권 6호, 1936/ 『日本憲政史の研究』, 153쪽.
4) 宮澤俊義, 「議會制のたそがれ」 『轉回期の政治』, 87쪽.
5) 宮澤俊義, 「民主政より獨裁政へ」 『轉回期の政治』, 20쪽.
6) 宮澤俊義, 「民主政より獨裁政へ」, 10쪽.

은 "당연히 민주정의 부정이며, 그것은 또 당연히 독재정의 제창"[7])이라고 말하는 것은 상대주의적 세계관에서 비롯하는 발언이었다.

한편에서는 정의를 독점하는 권위자가 있어, 그가 말하는 바는 "하나의 신탁神託"[8])이므로 비판이 인정되지 않았다. 미야자와가 **"정치에서 터부의 재생"**[9])이라고 부르는 현상이 그것이다. 다른 한편에서는 절대적인 권위자의 존재를 인정하지 않고 "단지 '권위자'를 구성하는 방법의 확실성만을 신봉"[10])했다. 미야자와는 후자에 있어서만 상대주의적 가치를 가진 한 사람 한 사람의 자유는 원리적 보장을 얻을 수 있다고 확신했다.[11])

그러나 방법으로서의 의회 정치론을 둘러싼 객관적 조건은 결코 유리한 것이 아니었다. 국가 직능의 확대는 세계적 차원에서 진행되고 있었고, 이와 궤를 같이하며 의회의 지위는 하강하고 있었다. 행정의 비대화에 따른 적극 국가의 요청은 마치 독재정 추세의 역사적 필연성을 말해주는 듯했고, 영국, 미국, 프랑스의 집행권 강화는 그런 경향에 박차를 가하는 현상으로 비쳤다. 이러한 상황 속에서 미야자와는 독재정과 민주정을 구분하는 하나의 확실한 기준을 제시할 필요성을 통감

---

7) 宮澤俊義, 「獨裁政理論の民主的扮裝」, 『轉回期の政治』, 61쪽.
8) 宮澤俊義, 「民主政より獨裁政へ」 『轉回期の政治』, 19쪽.
9) 宮澤俊義, 「民主政より獨裁政へ」, 12쪽.
10) 宮澤俊義, 「民主政より獨裁政へ」, 18쪽.
11) 미야자와의 의회 정치론과 유사한 인식을 보인 당대의 지식인으로서 가와이 에이지로河合榮治郎가 있다. 의회주의와 독재주의의 대립을 "인생관의 저류까지 관계되는 근본적"인 문제로 파악하는 가와이도 "의회주의의 본질은 그 정치 내용이 선정善政인지 아닌지가 아니라, 정치가 국민 전체의 의지에 입각하는 형식성에" 존재한다고 말했다(河合榮治郎, 「議會主義と獨裁主義制との對立」 『經濟往來』 1934년 2월/『フアッシズム批判』, 306~309쪽). 단 가와이가 의회정치에서 추구한 것은 미야자와와는 달리 진정한 "사회 공공公共에 관한 관심"(같은 논문, 322쪽)의 환기였다. 이러한 생각은 다이쇼 데모크라시적 지의 연장이라고 할 수 있다.

했는데, 이 과제는 "현대 유럽의 여러 독재 정치론이 꾸미고 있는 분장 중에서 그것이 당연히 부정하는 민주정을 발견"[12]했을 때 더욱 절실한 것이 되었다.

치자와 피치자의 동일성, 이것이야말로 민주정과 독재정을 가르는 기본적인 분기점이었다. 민주정은 "법규범을 정립한 자와 그 법규범을 의무로 따르는 자 사이에 동일성"이 존재하는 국가·정치 형식이고, 거기에서 치자와 피치자의 관계는 동일했다. 이에 반해 독재정은 "동일성의 부정을 원리로 하는 국가·정치 형식"으로, 이 점에서 "독재정과 민주정은 서로 반대하는 개념"[13]이었다. 정치가 인간사회의 필연적 현상이고, 그 목적 여하에 상관없이 정치가 언제나 인간의 인간에 대한 지배를 의미하는 한, 정치조직의 형태는 치자와 피치자의 동일성을 조직원리로 하는 민주정과 그것을 부정하는 독재정으로 구분할 수 있었다. 피치자가 "정치의 대상에 그치고 어떠한 의미에서도 주체가 아닌" 경우, "치자가 '한 명'이든, '다수'이든, 또는 '정당'이든, 혹은 '계급'이든" 상관없이 "그것들은 모두 독재정"[14]이었다.

이 동일성의 원리에서 보면, 영국, 미국, 프랑스의 집행권 강화는 절대적인 권위자가 존재하지 않고, 통치자가 "의회의 신임에 의해서만 그 지위에 있거나 일정 기간만 지위를 보전할 수 있다"[15]는 점에서 여전히 독재정이 아니었다. 그에 반해 권위적 국가와 민주정의 결합을 시도하는 독재정의 민주적 분장은 "합리주의의 가면을 쓴 신학"[16]과 다름이 없는 것으로, "그야말로 남자가 여자 분장을 하는 것"[17]이나

---

12) 宮澤俊義,「獨裁政理論の民主的扮裝」『轉回期の政治』, 62쪽.
13) 이상, 宮澤俊義,「獨裁政理論の民主的扮裝」, 60쪽.
14) 宮澤俊義,「獨裁的政治形態の本質」『中央公論』1934년 12월/『轉回期の政治』, 39~41쪽.
15) 宮澤俊義,「獨裁的政治形態の本質」, 55쪽.
16) 宮澤俊義,「獨裁的政治形態の本質」, 46쪽.

마찬가지였다.

미야자와 도시요시宮澤俊義의 『전환기의 정치轉回期の政治』(1937)

나날의 국민 투표에 의해 통합되는 국가도, 독재적 성격을 민주적으로 분장한 "민족적 법치국가"도, 그리고 "갈채" 속에서 나타나는 "민족 의지의 대표로서의 지도자"도 모두 전혀 실정법적 근거가 없는, **"오직 믿는 자**만이 이해할 수 있는"[18] 형이상학적 신앙에 지나지 않았다. 그중에서도 자유주의와 민주주의를 분리하여 독재정과 민주주의의 결합을 주장하는 "진정한 민주정"은 자유주의적 입헌주의와 근본에서 충돌하는 "하나의 궤변"[19]이었다. 미야자와에게 "리버럴하지 못한 민주정은 단적으로 독재정"[20]이었다.

의회제의 위기를 바라보는 미야자와의 태도는 의회제에 대한 투쟁을 민주정에 대한 도전으로 받아들인 켈젠의 그것과 완전히 일치했다. 미야자와의 민주정·의회제 옹호론은 그 뒤 독재정을 변호하는 정치신학에 대한 가차 없는 이데올로기 비판을 통해 전개되었다. 그는 정치의 시대를 관찰하는 과학자의 자세에 대해 다음과 같이 말했다.

어떠한 분장도 분장은 분장이다. **진짜**가 아니다. 분장의 목적은,

---

17) 宮澤俊義,「獨裁政理論の民主的扮裝」『轉回期の政治』, 62쪽.
18) 宮澤俊義,「獨裁政理論の民主的扮裝」, 73쪽.
19) 宮澤俊義,「獨裁政理論の民主的扮裝」, 79쪽.
20) 宮澤俊義,「獨裁政理論の民主的扮裝」, 79쪽.

예를 들면 남자를 여자로 보이게 하거나 악인을 선인으로 보이게 하는
데 있다. 즉 진실을 은폐하는 데 있다. 사람 눈을 멀게 하는 데 있다.
거기에서 진실은 분장의 배후에 있다. 따라서 진실을 추구하는 자는
그러한 분장을 치우고 민낯에 직면해야 한다. 만약 (중략) 정치투쟁에
서 사용되는 여러 '개념'이나 '이론'이 언제나 그러한 분장을 한 채
나타난다고 한다면, 정치적 현실을 발견하기 위해서는 무엇보다 우선
그런 '개념' 내지 '이론'의 실천적·투쟁적 성격을 충분히 이해하고, 분장
이 분장인 점을 완전히 인식하고, 그 분장의 배후에 존재하는 현실을
있는 그대로 파악할 필요가 있다. 그렇지 않고 미녀로 모습을 바꾼
여우에 홀린 자는 틀림없이 얼마 가지 않아 말똥을 받고 환멸을 느낄
것이다.[21]

---

21) 宮澤俊義, 「獨裁政理論の民主的扮裝」, 59~60쪽.

제3절 위기의 의회제

 자유주의적 민주정은 일본의 사상 지형 안에서 어떤 위치에 있었는가? 미야자와의 의회 정치론을 일본적 문맥 속에 자리매김하는 일은 그의 관심이나 비판이 오로지 독일이나 유럽만을 대상으로 한 것이 아닌 이상 당연히 물어야 할 과제이다. 이 절에서는 비상시의 도래와 함께 제기된 당대의 의회정치 개혁론과 미야자와의 그것을 비교하면서 이 문제에 대해 생각해 보기로 한다.

 의회제의 위기는 일본도 예외가 아니었다. "의회제도는 서양류의 빌린 옷이며, 게다가 지금 그 빌린 옷이 흙투성이가 되어 더 이상 사용하지 못하게 되었다. 빌린 옷을 파기하고 진정한 일본식 입헌정치를 확립할 때가 된 것이 아닐까?" 정당정치가 기능 부전에 빠지면서 이런 종류의 의회정치 무용론이 종합잡지에 당당하게 실리게 되었다. 이 말을 한 마쓰오카 요스케松岡洋右(1880~1946)는 당시 일본의 "모든 부분에 걸친 정체, 혼란, 불안, 동요"의 원인이 서구문화의 모방에 있다고 생각했다. 그는 자유주의·개인주의·계급주의를 지양하고 "천황을 중심으로 한 진정한 인재人材 정부를 조직하여 이를 의회가 지충至忠의 정신으로 익찬翼贊하는"[1] 일본식 입헌정치로 사태를 극복하고자 했다.

---

 1) 이상, 松岡洋右,「政黨解消論」『中央公論』 1934년 1월.

이런 점은 사사키 소이치佐々木惣一도 마찬가지였다. 사사키는 정치의 중추 기관으로서 "국책 심의기관"을 설치할 것을 제안했다. 마쓰오카와는 정치적 지향을 달리하는 사사키는 또 하나의 추밀원樞密院을 연상케 하는 국책 심의기관이 "결코 이상적"인 것이 아니라 "변칙적"[2]이라고 단서를 달았다. 이런 부분에서 1910년대를 통해 남자 보통선거를 주장했던 데모크라시 헌법학자의 잔영을 읽을 수 있지만, 정당정치와 의회제도를 국난 극복의 적임자로 여기지 않는 점에서 사사키와 마쓰오카의 인식은 완전히 일치했다.

1920년대 이래 의회정치의 현실에 대해 강한 불신감을 표명해 왔던 미노베 다쓰키치도 만주사변 이후의 대외적 위기감의 증폭을 계기로 본격적으로 정당내각을 상대화하기 시작했다. 그때까지 정당의 부패 문제로 고민해 왔다고는 해도 "적어도 정상적인 국가 제도로서는 모든 독재정치에 반대하는" 미노베에게 "의회제도는 설령 많은 결함이 있어도 근대문화를 가져온 귀중한 산물로서 극력 이를 옹호하고 유지[3]해야 할 존재였다. 입헌정치와 의회정치와 정당정치는 여전히 한 묶음으로 이해되고 있었다.

그러나 비상시의 진전과 함께 미노베는 "입헌정치하에서 어떠한 내각제도가 가장 적당한지는 그때그때의 사정에 따라 달라지는 상대적인 문제"라고 전제한 뒤, 무능한 정당내각을 대신하여 "사무 내각事務內閣의 출현"[4]에 기대를 표명했다. 사무 내각하에서 정당은 "스스로 정권을 쥘 생각을 단념하고 마음을 비운 채 내각의 시정을 공정하게 감시하고

---

2) 이상, 佐々木惣一, 「政府の力と國策審議機關」『中央公論』 1934년 10월.
3) 美濃部達吉, 「選擧革正論」『現代憲政評論』, 9쪽. 이 논문은 「選擧制度に關する一の新提案」『國家學會雜誌』 43권 6호, 1929를 증보한 것이다.
4) 美濃部達吉, 「內閣制度の種種相」『經濟往來』 1932년 10월/「議會政治の檢討」, 27~28쪽.

비판하는 지위"5)에 만족해야 했다. 직면한 상황을 메이지유신 이래 최대의 국난으로 인식하는 미노베의 위기의식은 다음과 같은 발언을 낳을 정도로 강렬한 것이었다.

나는 반드시 절대적으로 독재정치를 잘못된 것이라고 말하는 것이 아니다. 만약 국민의 신뢰를 얻을 정도로 신망이 있고, 또 장래를 통찰하여 국가 백년대계를 세울 수 있을 만큼 총명한 대 정치가가 나타나서 의회가 그를 지지한다면, 독재정치는 아마도 국난에 대처하는 가장 적당한 방책일지도 모른다.6)

이러한 발언을 액면 그대로 받아들여 미노베가 독재정치를 주장했다고는 할 수 없지만 대외적 위기를 계기로 그가 의회 중심주의에서 급격하게 멀어져 '사무 내각', '원탁거두회의圓卓巨頭會議', '거국 일치 내각' 등과 같은 의회 이외의 세력에 국난 극복의 기대를 걸었던 것은 명백한 사실이다.7)

미노베가 일찍부터 의회제도를 하나의 수단적 존재로 인식하여 "오늘날의 입헌제도도 결코 영구불변의 것이 아니"8)라고 한 점은 이미 소개했다. 시대와 함께, 사회와 함께 변화하는 법은 비상시하 의회제도에도 적용되었다.

---

5) 美濃部達吉, 「內閣制度の種種相」, 29쪽.
6) 美濃部達吉, 「非常時日本の政治機構」 『中央公論』 1933년 1월/ 『議會政治の檢討』, 35쪽.
7) 미노베는 의회 이외의 세력에 기대를 표명하면서도 여전히 "내각이 의회에 기초를 둘"(美濃部達吉, 「非常時日本の政治機構」, 37쪽) 필요성을 강조했다. 하지만 여기서 말하는 '기초'란, '민의의 존중'이 그러했던 것처럼, 국민의 자발적 충성 또는 거국 일치적 국론통일의 한 계기 정도의 의미에 지나지 않았다.
8) 美濃部達吉, 「'エリネッグ'氏憲法變化論」 『憲法及憲法史硏究』, 728쪽.

모든 정치기구는 영구불변일 수 없다. 그것은 사회적 기초 위에 성립하는 것으로, 사회가 변화하면 정치조직도 따라 변화할 수밖에 없다. 어느 한 시대에 적절했던 정치기구도 다른 시대에는 더 이상 사회 사정에 어울리지 않는 것이 되어 자연스럽게 기능을 상실하고, 형태는 남아 있어도 전혀 역할을 하지 못하게 되는 일은 역사상 흔한 예이다. (중략) 의회제도도, 그것이 과거에 위대한 역할을 했고 당대의 사회 사정에 적합한 것이었다는 점은 틀림없는 사실이지만, 그랬기에 앞으로도 같은 역할을 하고, 또 사회 사정에 적합할 것이라고는 단정할 수 없다.[9]

1930년대에 들어서 일본의 의회정치는, 미노베의 말처럼, 사회 사정에 아울리지 않게 되어 정치기구로서 기능을 점차 상실해 갔다. 그와 함께 미노베의 입헌정치도 정당정치나 의회정치를 대신하는 "국민 익찬에 의한 천황 정치"[10]로 다가가고 있었는데, 이에 대해서는 다시 언급하기로 한다.

로야마 마사미치蠟山政道의 의회 정치론이 걸었던 길도 미노베의 그것 과 거의 유사했다. 데모크라시를 출발 사상으로 하여 학문의 세계에 발을 들인 로야마는 정당정치의 현실에 실망하고 비교적 이른 시기부 터 의회주의와 결별할 것을 주장한 인물이었다.

민주주의를 승인하는 것은 반드시 의회주의를 승인한다는 말이 아니다. 의회주의가 정치형태이고, 특히 권력 구성 및 운용에 관한

---

9) 美濃部達吉, 「我が議會制度の前途」 『中央公論』 1934년 1월/ 『議會政治の檢討』, 50쪽.
10) 美濃部達吉, 『日本憲法の基本主義』, 日本評論社, 1934, 104쪽.

특수한 한 형식인 이상, 그것은 민주주의의 긍정, 부정을 떠나 비판되어야 마땅하다. 만약 의회주의 그 자체가 비판에 견딜 수 없는 결함을 가진다면, 민주주의는 이와 결별해야 할 것이다.[11]

"지배의 한 형식"에 불과한 의회제도는 그것이 민주주의에 "유리하고 타당한 경우 채용"[12]할 뿐, 그 "중요한 논의 속에 우리 국민의 생활과 사상의 수준을 높이는 바가 없다면 의회는 무용"[13]한 기구에 지나지 않았다. 이러한 발언 안에서 다이쇼 데모크라시 정치사상에 보이던 기능주의적 제도 인식의 연속을 발견하는 일은 손쉬울 것이다. 의회는 그것이 "인간이 만든 것인 이상 인간의 의식과 관념을 떠나 중립적인 독자성"을 가질 수 없고, "시대적 과제가 변하고 인간의 의식이 변화하면 제도나 기구도 변혁"[14]되어야 했다. 로야마가 보는 정당정치의 현실은 "시적 요소가 조금도" 없는 "너무나 조악한 산문"[15]이었다.

형식은 실질의 반면半面이다. 많은 기대를 안고 맞이한 정당정치라는 형식이 실제로 가져온 실질이 기대에 어긋난 것으로 드러났을 때, 그것은 이루 말할 수 없는 비극이다. 의회정치를 형식에서 지켜야 하고, 실질에서 옹호할 수 없는 자의 입장은 더 비극적이라고 해야 할 것이다.[16]

이 격렬한 감정이입의 문장에는 일찍이 "데모크라시 사상 안에 향후

---

11) 蠟山政道, 『公民政治論』, 雄風館書房, 1931, 114쪽.
12) 蠟山政道, 『公民政治論』, 114쪽.
13) 蠟山政道, 『公民政治論』, 120쪽.
14) 蠟山政道, 『現代の社會思想』, 高陽書院, 1934, 140쪽.
15) 蠟山政道, 『現代の社會思想』, 160쪽.
16) 蠟山政道, 『現代の社會思想』, 160쪽.

일본의 정치, 경제 및 사회 문제를 해결하는 열쇠가 있다고 믿고 또 바란"[17] 로야마 자신의 '비극'이 배어 있었다. 정당정치에 대한 그의 절망감은 수단적 제도 인식과 연동하여 다음과 같은 의회정치의 상대화를 낳았다.

> 원래 정치는 국민적 공동체의 필요와 과제를 해결할 임무를 띠고 있다. 그 운용 방법과 형식은 결코 고정된 것이 아니다. 그러므로 의회-정당-선거라는 도식의 정치는 하나의 정치이지 모든 정치가 아니다.[18]

로야마가 생각하는 데모크라시 정치의 "인식론상의 부족과 정책상의 과오"는 그 실제적 기능이 "구심적이라기보다 원심적이고, 통합적이라기보다 해방적인"[19] 점에 있었다. 그가 주장하는 바는, 한마디로 이야기해서 그러한 다원적이고 소극적인 성격의 데모크라시 정치로써는 당면한 문제를 해결하는 일이 불가능하므로 의회제도를 현대 정치를 담당하는 적격자로 인정할 수 없다는 말이었다.

로야마 마사미치蠟山政道(1895~1980)

이전 "데모크라시 정치라는 포괄적인 제도를 통해서만 비로소 여러

---

17) 蠟山政道,「序」『日本政治動向論』, 高陽書院, 1933, 2쪽.
18) 蠟山政道,『議會·政黨·選擧』, 日本評論社, 1935, 6쪽.
19) 蠟山政道,「序」『日本政治動向論』, 4쪽.

정치적 요소를 유기적으로" 조정할 수 있고, "데모크라시 정치에 정당은 필수 불가결한"[20] 존재라고 생각하던 로야마의 입헌정치관은 비상시를 거치면서 커다란 전환을 보였다. "떠들썩한 자유에 관한 논의도 결국 인간의 생활 영위와 관련지어 생각"[21]할 때 비로소 의미를 갖는다고 확신하는 로야마는 "공담적空談的이고 추상적인 것이 되어, 각 방면의 실생활과 맞닿아 있지 않은"[22] 의회정치를 "국민계획경제"를 담당하는 정치 주체로서 인정하지 않게 되었다. 그가 "정치적 통일에 관한 새로운 이론과 실재"[23]를 모색할 필요성을 강조하는 것도 그런 이유에서였다. 이 문제에 대한 로야마의 구체적인 제안은 "자본주의적 법치국가주의를 대신하는 사회공익주의"와 행정조직 원리의 "분립주의"에서 "통합주의"[24]로의 전환이었다. 비상시하에서 정치는 다음과 같은 것이어야 했다.

오늘날과 같이 발달한 복잡한 문명사회를 통제하고 조정해 가는 정치는 오히려 정밀한 기계이자 미묘한 기술이며, 궁리 창조를 요구하는 경영과 종합적 판단을 구현하는 계획에 다가가야 한다.[25]

이렇게 하여 로야마는 "법률적·형식적 헌정에 대신하는 경제적·실질적 헌정"[26]을 지향하게 되었다. 여기서 말하는 경제적·실질적 헌정은 비교적 이른 단계에서 구상된 것이었다. 이른바 "기능적 데모크라시

---

20) 蠟山政道, 『公民政治論』, 148~149쪽.
21) 蠟山政道, 『議會·政黨·選擧』, 17쪽.
22) 蠟山政道, 『議會·政黨·選擧』, 11~12쪽.
23) 蠟山政道, 『議會·政黨·選擧』, 4쪽.
24) 蠟山政道, 『議會·政黨·選擧』, 99~100쪽.
25) 蠟山政道, 『現代社會思想講話』, 高陽書院, 1937, 298쪽.
26) 蠟山政道, 『現代社會思想講話』, 186쪽.

론"이 그것인데, 그 내용은 종래의 개인주의적 국가관과 달리 "국가의 사명과 기능이 더욱 적극적인 것이 되어야"[27] 한다고 주장하는 것이었다.

현대 공민주의公民主義는 과거의 단순한 도시국가 시대에 고안된 것과 같은 소박한 직접민주주의여서는 안 된다. 현대 국가는 (중략) 복잡하고 적극적인 기능을 하는 거대한 기계이다. 이 기계를 움직이기 위해서는 그 기구에 관한 전문적·기술적 지식이 필요하다. 이 점을 무시하고 아마추어 정치를 해서는 안 된다. 전문가집단과 협력함으로써 비로소 현대의 공민은 국가의 구성과 운용에 참여할 수 있다. 현대 정치사상은 기계문명의 소산인 과학과 기술의 의의를 인식하고 전문가와 공민의 관념을 결합하려는 데 하나의 특징이 있다.[28]

로야마는 현대의 국가가 "스스로 교육기관이 되고, 교통기관이 되고, 위생기관이 되고, 산업통제기관이 되는" 현실을 "결코 과거 국가지상주의의 부활"로 받아들여서는 안 된다고 강조했다. 오늘날과 같은 산업사회에서 "국가 없이는 개인의 존재도 불안"하다고 생각하는 그에게 국가 역할의 확대는 "오히려 진정한 개인 생활의 발견과 건설을 위한" 현상으로, 바로 이 점이야말로 현대 정치사상이 이야기하는 "국가의 존재 이유"[29]였다. 전문가집단에 의해 운영되는 국가 직능의 확대 속에서 의회정치와 같은 '아마추어 정치'가 설자리를 잃게 되는 것은 당연한 일이었다.

---

27) 蠟山政道, 『公民政治論』, 71쪽.
28) 蠟山政道, 『公民政治論』, 76쪽.
29) 이상, 蠟山政道, 『公民政治論』, 71~75쪽.

당시 로야마는 현대 정치에 가장 적합한 정치형태로서 "입헌적 독재"[30]를 제안하고 있었다. 입헌적 독재 아래에서 의회는 "모든 일을 자기 손으로 비판하고 처리하는 것을 단념하고 다른 적당한 기관에서 각자의 임무"를 찾아야 했다. 의회는 종래와 같은 "추상적인 논의나 단편적인 비판"을 지양하고 "사실에 대한 과학적 조사와 행정의 내용적 습득"[31]을 통해 비로소 국책 결정에 참여할 수 있었다.

이러한 로야마의 의회개혁론에 대해 헌법학자 스즈키 야스조鈴木安藏(1904~1983)는 "그렇다면 국민 대중의 진정한 이익을 옹호하고 자유권을 보장하는 정치형태·정치관계는 누구에 의해, 어떻게 실현될 수 있는가?"[32]라고 물었다. 그러나 사회공익주의와 통합주의를 양축으로 하는 로야마의 정치개혁론에서 보면, "사람들에게 자기의 사적 자유를 국가권력의 통제에 복종시키는 윤리적 정념의 앙양이 보이지 않는"[33] 점이야말로 문제이지, 스즈키가 말하는 국민의 이익과 자유는 비상시 상황에서 그다지 중요한 쟁점이 아니었을 것이다.

로야마의 의회 정치론의 추이는 1930년대 의회의 지위 하강 현상의 전형적인 한 예였다. 미야자와가 형식의 관점에서 옹호한 의회를 로야마는 실질의 관점에서 단념했다. 이 같은 기능주의적 입장에서의 의회 무용론은, 독일의 경우가 그랬던 것처럼, 일본에서 의회제의 위기도 사람들이 비상시를 극복할 수 있는 '정치 내용'을 의회에서 더 이상 기대하지 않게 되었을 때 찾아온 사실을 말해준다.

야베 데이지矢部貞治의 "공동체적 중민정衆民政"은 국가 직능의 확대라

---

30) 여기서 이야기하는 입헌적 독재란 '국민협력 내각', '대통령 내각', '비정당 내각'을 총칭해서 부르는 말이다.
31) 이상, 蠟山政道, 『議會·政黨·選擧』, 173~175쪽.
32) 鈴木安藏, 「デモクラシーと我が議會政治」『中央公論』 1936년 4월.
33) 蠟山政道, 『現代社會思想講話』, 139쪽.

는 문제 관심을 로야마와 공유하면서 의회정치의 한계를 대중사회 출현과 관련지어 논한 것이었다. 야베는 현대 "대중국가"에서 정치기구에 반영되어야 할 "독재적 요청"과 공동체적 중민정의 불가피성을 다음과 같이 말했다.

> 현대와 같은 대중적 기계문명 아래서는, 전통과 권위와 도덕과 조직을 상실한 많은 대중을 조직하고 급변하는 복잡한 사회생활에 적응할 수 있는 정치적 능률을 갖춘 기구·기술로서, 원시적 생활을 동경하고 인간 이성의 만능을 믿고 자연 질서의 조화를 꿈꾸는, 근대문명의 여명기에 고안된 권력 분할, 견제와 균형, 교양과 재산, 아름다운 웅변에 의한 상호 설득 등과 같은 원리에 입각하는 주지적·합리적 의회정치 기구는 도저히 사용할 수 없는 도구일 수밖에 없다. 점점더 강력한 권력 집중적 집행권이 불가피하고, 자본주의의 독점화는 정치권력을 경제적·계급적 투쟁 제패의 대상물로 만들어, 따라서 발흥기 자본주의 시대의 낙관과 공존공영 사회에서 수립된 자유주의적 의회정치 기구의 원리는 완전히 그 의미가 왜곡되고, 다시 강력한 일체적 정치권력에 의한 일반 복리의 보장 증진이 더욱더 요망될 수밖에 없다.[34]

야베는 "고도 자본주의적 대중국가"가 요청하는 강력한 집행권의 수립을 개인 자유주의의 소산인 의회정치에서 기대할 수 없다고 했다. 왜냐하면 "개인 자유주의 원리는 근본에서 결국 해방·반항·비판·파괴의 원리이고, 그 내재적 발전은 필연적으로 모든 생활 영역을 아나키의

---

34) 矢部貞治, 「獨裁政と衆民政」, 蠟山政道 편, 『吉野作造先生追悼記念, 政治及政治史研究』, 岩波書店, 1935, 549~550쪽.

상태까지 이르게 할 수밖에"35) 없기 때문이다. 국민의 "일체성"보다 "잡다성雜多性"을 표현함으로써 "국민정신의 박약, 국가권력의 열화, 국가재정의 빈약"을 초래한 자유주의는 "현대의 무정부를 극복하고 새로운 사회개조를 수행하는 원리로서 제로"36)라고 야베는 단언했다.

그렇다면 그는 위기 상황을 극복하고 "정치와 국가의 권위를 재흥"하는 방법을 독재정에서 찾으려 하는 것인가? 실제로 그런 점도 없지 않았다. 독재정을 "중민정과 적대하는 것이라기보다 오히려 밀접하게 결합하는 것"37)이라고 생각하는 야베는 시대가 요청하는 강력한 집행권의 수립을 "독재정 기구 그 자체의 요청과 동일한 것"38)으로 인식하고 있었다. 대중국가의 "혼란과 무정부를 극복하고 다시 공공 복리와 사회정의하에서 경제를 통제하는 정치 권위"39)의 출현을 대망하는 목소리는 독재정이 요청하는 바와 다름이 없었고, 그런 의미에서 "모든 독재정의 출현은 불가피성"40)을 갖고 있었다.

하지만 독재정에 대한 공감에도 불구하고 야베는 "자유주의·합리주의의 절대적 멸각滅却은 단지 신비와 망상의 암흑으로의 역전에 불과"41)하다고도 말했다. 자유주의는 "유럽에서 봉건 전제를 극복하고 국민 일체적 정치로의 길을 열었던" 사상으로, 일본에서 "자유주의·의회정치는 아직 그 역사적 사명을 다하지 못했다"42)고 생각하는 야베는, 봉건 전제의 암흑사회로의 회귀가 아니라 "자유주의의 근본의의를

---

35) 矢部貞治, 「社會改造に於ける自由主義と獨裁主義」, 理想社出版部 편, 『社會改造の諸學說』, 理想社出版部, 1934, 118쪽.
36) 矢部貞治, 「社會改造に於ける自由主義と獨裁主義」, 124쪽.
37) 矢部貞治, 「獨裁政と衆民政」 『吉野作造先生追悼記念 政治及政治史研究』, 545쪽.
38) 矢部貞治, 「獨裁政と衆民政」, 551쪽.
39) 矢部貞治, 「社會改造に於ける自由主義と獨裁主義」 『社會改造の諸學說』, 123쪽.
40) 矢部貞治, 「社會改造に於ける自由主義と獨裁主義」, 134쪽.
41) 矢部貞治, 「社會改造に於ける自由主義と獨裁主義」, 135쪽.
42) 矢部貞治, 「社會改造に於ける自由主義と獨裁主義」, 129쪽.

인정하면서 동시에 그 오늘날의 무력을 명백히 인정하고, 독재주의의 필연성을 인식하면서 동시에 그것을 정당성의 한계 내에 머물게 하는, 하나의 새로운 정치원리로서"[43] 공동체적 중민정을 제출했다.

야베 데이지矢部貞治(1902~1967)

공동체적 중민정은 개인 자유주의보다 "공동생활의 연대와 조화를 중민정의 우위 원리"[44]로 하는 점에서 자유주의적 중민정과 대비되고, 대표와 다수결을 통한 자유로운 국민 의사에 의거하는 점에서 전제적 독재정과 구별되었다. 그것은 권력적 독재주의를 거부하지만 "대중의 현실 의사와 신뢰를 기반으로 하는 일종의 '집정'·'위임적 독재'"를 부정하지 않고, "진정한 일반투표에 따른 제정적帝政的 형태는 이를 적극적으로 용인"[45]했다.

형식으로서의 의회 정치론은 이상과 같은 의회정치의 상대화 속에서 제출된 것이었다. 내용과 목적의 관점에서 부정되는 의회를 형식과 자유의 관점에서 옹호하는 미야자와의 의회 정치론은 당대 일본의 사상 상황에 대한 이의제기였다. 미야자와는 "민주정의 가장 통상적인 현실 형태"[46]인 의회정치를 부정하는 일은 민주정의 부정이자 독재정의 제창이라고 말했다. 이에 비해 "일반투표의 집정 형태"를 용인하는 야베의 공동체적 중민정은 반드시 의회정치를 배척하는 것은 아니지만

43) 矢部貞治, 「社會改造に於ける自由主義と獨裁主義」, 136쪽.
44) 矢部貞治, 「獨裁政と衆民政」『吉野作造先生追悼記念 政治及政治史研究』, 517쪽.
45) 矢部貞治, 「社會改造に於ける自由主義と獨裁主義」『社會改造の諸學說』, 139쪽.
46) 宮澤俊義, 「獨裁政理論の民主的扮裝」『轉回期の政治』, 61쪽.

의회가 "정치의 중추 자리에서 일체 국민의 유일한 대표기관처럼 행동하는 명백한 가면을 박탈하려" 했다. 거기에서 의회는 "일체 국민의 진정한 대표인 집중적 집정권執政權 앞에서 한 발 뒤로 물러나야"[47] 하는 존재였다. 이런 점은 "데모크라시는 곧 의회정치라는 생각은 학문적으로도 사실적으로도 잘못"[48]이라고 말하는 로야마도 마찬가지였다. 공익 앞에서 구구한 이익대표의 목소리는 소멸해야 한다고 주장하는 로야마의 '사회공익주의'는 "입법의 실질이 국책 심의와 통제경제 수립을 위한 참모본부로 이전"[49]될 것으로 예상했다.

미야자와는 의회정치를 통해서만 한 명 한 명의 상대주의적 자유는 원리적 보장을 얻을 수 있다고 생각했다. 이에 대해 야베는 "살아 있는 국민 의사에 기초를 둔 진정한 헌법 질서를 구성하려는 주권적 독재"야말로 "대중적 중민정의 모형模型"[50]이고, 통제경제 문제와 적극 국가 요청에 대처하는 능력을 상실한 의회는 정치의 주체 자리에서 물러날 것을 주장했다. 전자가 의회정치의 부정과 민주주의의 부정은 동의어라고 한 데 대해 후자는 의회주의와 민주주의는 서로 별개의 문제라고 주장했다.

야베의 문제 제기에 대한 미야자와의 비판을 소개하기 전에 여기서는 먼저 공동체적 중민정에서 대표의 존재 양태에 관해 생각해 보기로 한다. 그 이유는 공동체적 중민정이 추구하는 정치가 "개인 자유와 단체 일체가 완전하게 절대 조화를 실현하는 경지", 즉 "인간의 인간에 대한 모든 지배를 부정하고 국민 일체가 직접 자기 자신을 다스리는

---

47) 이상, 矢部貞治, 「社會改造に於ける自由主義と獨裁主義」 『社會改造の諸學說』, 138쪽.
48) 蠟山政道, 『議會·政黨·選擧』, 8~9쪽.
49) 蠟山政道, 『議會·政黨·選擧』, 99~100쪽.
50) 矢部貞治, 「獨裁政と衆民政」 『吉野作造先生追悼記念 政治及政治史研究』, 541쪽.

형태"51)이기 때문이다. 이 말은 얼핏 마야자와가 이야기하는 치자와 피치자의 동일성 원리를 상기시키기에 충분하다. 미야자와는 민주정과 독재정을 가르는 궁극적인 기준을 치자와 피치자 간의 동일성의 유무로 설정했다. 동일성이 존재하는 국가·정치 형식이 민주정이고, 피치자가 정치의 대상에 머무르는 한 그것은 모두 독재정이었다. 이 동일성의 원리에서 보면 공동체적 중민정은 민주정인가? 독재정인가? 아니면 합리주의의 가면을 쓴 독재정 이론의 민주적 분장인가?

야베는 공동체적 중민정이 "아래로부터의 통합·내부로부터의 자발성에 입각하는 점에서 전제적 독재주의와 완전히 대립"52)한다고 말했다. 즉 주권적 독재는 살아 있는 국민의 일반의지가 구성하기 때문에 정당하고, 그러한 국민 의사가 진정한 일반투표에 의한 것인 이상 민주주의는 계속된다고 야베는 생각했다. 공동체적 중민정에서 대표와 다수결 원리는 주권적 독재의 정통성을 확보함과 동시에 의회정치 없는 민주주의를 가능케 하는 제도적 장치로서 존재했다. 그렇다면 여기서 물어야 할 점은 국민 의사와 주권적 독재를 가교하는 대표의 성질일 것이다. 왜냐하면 대표의 성격 여하에 따라 공동체적 중민정은 민주주의로도, 아니면 독재주의로도 변할 수 있기 때문이다.

야베는 1934년에 발표한 한 논문53)에서 게마인샤프트Gemeinschaft, 게젤샤프트Gesellschaft와 구분되는 또 하나의 사회관계로서 "제3의 정형"을 설정했다. 그것은 "공동체적·일체적 생존을 전제로 하면서도 그 안에서 개개인의 분화와 자아의식이 명확히 나타나는"54) 사회관계

---

51) 矢部貞治, 「社會改造に於ける自由主義と獨裁主義」 『社會改造の諸學說』, 136쪽.
52) 矢部貞治, 「社會改造に於ける自由主義と獨裁主義」, 139쪽.
53) 矢部貞治, 「代表の社會的基礎」, 杉村章三郎 편, 『筧教授還曆祝賀論文集』, 有斐閣, 1934.
54) 矢部貞治, 「代表の社會的基礎」, 419쪽.

를 말했다. 제3의 사회에서는 "처음부터 존재하는 일체적 공동생활이 과거에서 미래에 걸쳐 전통적인 정신적 유대로서 모든 성원을 포괄"하고 있기에, 공동체를 "현존하는 성원 개개인의 의식, 목적, 이익에 따라 만들거나 자유롭게 개폐"할 수 없었다. 개인은 단지 "태어나면서부터 그러한 객관적인 공동생활의 정신과 질서 속에서 성장해 가는"[55) 존재였다.

그런데 근대국가의 특질이 "일체적 공동체 원리와 개인 자유주의의 종합"[56)에 있다고 생각하는 야베는 공동체 안에서 태어나 공동체와 함께 성장하는 개인이 공동생활의 혁신, 합리화, 발전을 담당하는 주체적·적극적 존재가 되어야 한다고도 말했다. 제3의 정형이란 "원칙적으로는 일체적 공동체의 전통 정신 위에서 일체 의사의 필연성을 전제로 하면서도, 현실적·구체적으로는 그 일체 의사를 모든 성원의 인격과 의사를 통해, (중략) '통합integration'(스멘트의 의미에서)하는"[57) 사회관계를 말하는 것이었다. 야베의 '대표' 원리는 그러한 '통합' 원리와 동의어였다.

대표는 즉, 처음부터 존재하는 일체적 공동생활의 정신적 유대가 과거에서 미래에 걸쳐 전 성원을 포괄함으로써 정해지고, 그 안에서 성원 개개인의 분화와 자아의식이 명확히 나타나 이성과 목적에 의한 공동생활 질서와 그 발전이 요청하는 사회관계 속에서 태어나고 또 필연적인 것이 되는 원리이다. 그러한 사회는 공동체 정신이 항상 존재하고 일체적 의사 또한 필연적으로 전제되지만, 현실적·구체적

---

55) 이상, 矢部貞治, 「代表の社會的基礎」, 420쪽.
56) 矢部貞治, 「代表の社會的基礎」, 423쪽.
57) 矢部貞治, 「代表の社會的基礎」, 421쪽.

의사 내용은 모든 성원의 의사와 인격을 통해 공동체 내부에 '통합'됨으로써 정해진다.[58]

대표는 "완전한 공동체"인 게마인샤프트의 '표현' 원리와 무정부적 목적사회인 게젤샤프트의 '대리' 원리의 중간에 위치하면서 양자를 "가교·종합하는 원리"[59]로서, 영속하는 "정치적·관념적 일체로서 국민 공동체의 구체적·현실적 활동을, 현존하는 모든 개별적·분화적 인격과 의사를 통합하면서 실현하는"[60] 존재였다. 야베는 같은 말을 "전부 대 부분의 대립 관계에서 멀어지지 않고, 거기에 표현 관계의 기초가 더해졌을 때 비로소 '대표' 원리는 완성"[61]된다고도 말했다. 이처럼 공동체와 개인의 통합을 이야기하는 야베의 대표론에는 언제나 현실을 담보할 수 없는 현란한 '정치학적' 수사가 난무하고 있었는데, 어쨌건 그는 공동체와 개인 어느 한쪽만을 중시하지 않고 양자의 종합을 이루는 대표에 의해 공동체적 중민정은 비로소 실현 가능하다고 생각했다. 이런 점에서 대표 원리는 "국가생활에의 참여를 가능한 모든 구성원에게 미치게 하려는 보통선거 원리의 발전과 서로 결합"[62]하는 것이기도 했다. 그러면 이 대표는 과연 누구를 대표하는가?

대표는 결코 단순히 사회에 존재하는 개별적·분화적 의사를 그대로 반영하여 계급적 또는 직능적 이익 대립의 축소판을 만드는 것이 아니다. 의회를 사회의 '반사경'으로 생각하는 논의는(비례대표론은

---

58) 矢部貞治, 「代表の社會的基礎」, 430~431쪽.
59) 矢部貞治, 「代表の社會的基礎」, 465쪽.
60) 矢部貞治, 「代表の社會的基礎」, 454쪽.
61) 矢部貞治, 「代表の社會的基礎」, 457쪽.
62) 矢部貞治, 「代表の社會的基礎」, 454쪽.

시민적·원자론적 자유주의를, 직능대표론은 등족적等族的·경제적 국가
론과 각각 관련이 있지만) 근본에서 사적 대리론의 한 표명이다. 대표
가 언제나 목표로 삼는 것이 정치적 일체로서의 국민 의사와 그 이익이
라는 점을 잊어서는 안 된다.[63]

대표는 결코 개별 이익의 '반사'가 아니었다. 그러한 사적 대리론은
"모든 사람이 완전하게 독립적 전부로서 대립하는, (중략) 오직 사심私心
의 병립만이 존재하는"[64] 무정부 사회의 원리로서, "보편적 생명을
위한 생활 무대로서의 국가생활의 본뜻을 멸각하는"[65] 논의에 지나지
않았다. 반대로 "개별적·분화적 사심을 정화하고 (중략) 전부 대립全部對
立의 관계를 통합하면서 본래의 일체 세계로 이어지려는 노력"[66]이야
말로 법과 정치의 근본 뜻이며, 대표의 본질적 의의는 바로 거기에
있었다.

따라서 대표가 대표하는 것은 개인의 의사나 이익이 아니라 일체적
국민공동체의 그것이었고, 그 국민공동체는 자연인의 총체로서의 국
민이 아니라 정치적·관념적 일체로서의 국민을 기초로 하는 것이었다.
투표자는 "단순히 자연적 사인私人으로서가 아니라 국민citoyen으로서
투표"[67]함으로써 '통합'되는 존재이고, 국민에게 주어진 '일체 국민의
위탁'이나 '일체 국민에 의한 파면'과 같은 권리가 "대표자의 지도적
지위를 파괴하지 않는"[68] 범위 내에서 시인된다고 할 때, 공동체적
중민정에 흐르는 국가적 가치의 우위는 명백했다.

---

63) 矢部貞治,「代表の社會的基礎」, 472~473쪽.
64) 矢部貞治,「代表の社會的基礎」, 464쪽.
65) 矢部貞治,「代表の社會的基礎」, 482쪽.
66) 矢部貞治,「代表の社會的基礎」, 465쪽.
67) 矢部貞治,「代表の社會的基礎」, 473쪽.
68) 矢部貞治,「代表の社會的基礎」, 469쪽.

인간의 인격 완성은 "사회인으로서 또 국가인으로서 본원적인 보편 생명 속에 참가함으로써 비로소 가능"하다고 생각하는 야베는 "시민적 자유주의·합리주의의 '대표'론이 국가적 일체를 추상화하거나 개별적 분화에 편중함으로써 왕왕 망각한, 현실 속에 살아 있는 민족공동체의 신념"[69]을 부활시키는 데 정치학의 사명을 설정했다. 이러한 아베의 대표론에 '통합' 의지가 돌출되고 국가적 가치의 독주 현상이 보이는 것은 당연한 일이었다. 그리고 그 안에서 다이쇼 데모크라시 정치사상의 계승을 발견하는 것은 자연스러운 일일 것이다.

제3의 사회의 대표는 완전한 공동체의 '표현' 관계와 개인주의의 극단적 귀결로서의 '대리' 관계를 초극하는 원리로서 제출된 것이었다. 표현 원리란, 야베 스스로가 밝히고 있는 것처럼, 가케히 가쓰히코筧克彦 (1872~1961)의 국가 연구에서 차용한 말이었다. 가케히에 따르면 표현 관계에는 군주와 국가의 관계에서 보이는 "표현 귀일歸一 관계"와 천황과 신민의 관계에서 보이는 "표현 대립 관계"[70]가 있었다. 이 중에서도 표현 대립 관계는 헌법이나 행정법에서 가장 중요한 개념으로 여기는 것이었다. 그것은 "일본적 정신和魂에 입각하여 시인·요구하는 정도·범위에 따라 각자의 독립이 인정되어 각자의 독립자존이 신성한 것이 되고, 소위 명령·복종의 관계도 확고부동한 근거를 얻어 명령·복종의 절차가 완비되고, 나아가 그러한 일체의 기초를 갖고 인정되는 범위 안에서 당당하게 사리私利를 논하고 주장할 수 있는"[71] 관계를 말했다.

야베는 완전한 공동체의 표현 관계를 그대로 근대국가에 적용할 만큼 단순하지는 않았지만 그래도 그의 마음 한 곳에는 그러한 원초적

69) 矢部貞治, 「代表の社會的基礎」, 482~483쪽.
70) 筧克彦, 『國家の研究 第一卷』, 春陽堂, 1931(초판 1913년), 388~391쪽.
71) 筧克彦, 『國家の研究 第一卷』, 391~393쪽.

인 공동체 이미지가 존재하고 있었던 것처럼 보인다. 훗날 야베는 표현 원리를 공동체의 "본원적 전원일치", 그리고 대리 원리를 이익사회의 "계산적 전원일치"로 구분하며 다음과 같이 말했다.

> 일반적으로 근대국가는 완전한 공동체의 기초 위에 존재하거나 혹은 순수하게 이익사회의 기초 위에 존재하는 것이 아니라, (중략) 현실적으로는 그 가운데 공동체적 요소가 강한 국가와 이익사회적 요소가 강한 국가가 있어, 전자는 완전 공동체, 후자는 이익사회의 모습으로 나아간다. 일본은 전자의 전형이며 (중략) 구미 근대국가는 후자에 속한다.[72]

이런 발언에서 유추할 수 있듯이 야베의 대표론은 표현 원리에 더 가까운 개념이라고 할 수 있다. 그러나 미야자와의 관점에서 보면 "그것은 **오직 그것을 믿는 자**만이 이해할 수 있는 것이었다. 믿지 않는 자에게 그러한 국민의 '대표자'는, 가케히 박사의 '표현인'이란 말과 마찬가지로, 아무런 의미가 없는 형용"[73]에 지나지 않았다.

야베는 '혼탁과 무정부'에 빠진 개인 자유주의를 초극하고 현대 대중 사회가 요청하는 국가 권위의 재생 방법을 강력한 주권적 독재에서 구하고자 했다. 주권적 독재는 국민의 자유의사에 입각하는 점에서 전제적 독재와 구별되고 데모크라시와 결합하는 것이었다. 그러나 제3의 사회에서 대표에게 주어진 역할은 현존하는 개인의 의사와 이익을 "하나의 문화주의적 조화에 이르기까지 종합"[74]하여 일체적인 국민

---

72) 矢部貞治, 『新秩序の研究』, 弘文堂書房, 1945, 87쪽.
73) 宮澤俊義, 「獨裁制理論の民主的扮裝」 『中央公論』 1934년 2월/ 『憲法の思想』, 282쪽. 미야자와는 같은 논문을 『轉回期の政治』에 수록할 때 제목을 「獨裁政理論の民主的扮裝」으로 바꾸고, 논문에서 가케히에 관해 언급한 부분을 삭제했다.

공동체 의사를 조형하는 일이었다. 따라서 거기에서 대표의 실질적인 기능은, 야베의 현란한 수사에도 불구하고, 결국 한편에서 주권적 독재에 정통성을 부여하고 다른 한편에서 헌법 질서를 민주적으로 포장하는 일 외에 없을 것이다. 이런 점에서 그의 대표론은 치자와 피치자의 동일성 원리를 극도로 추상화한 독재정 이론의 민주적 분장이었다고 결론내릴 수 있다. 공동체적 중민정은 그 뒤 주관적으로는 민주주의의 연속으로 의식되면서도 객관적으로는 민주주의에서 멀어져 독재주의로 다가갔다.[75]

---

74) 矢部貞治,「獨裁政と衆民政」『吉野作造先生追悼記念 政治及政治史研究』, 519쪽.
75) 야베 데이지의 일기 『矢部貞治日記 銀杏卷』(讀賣新聞社, 1974)「一九三八年七月六日條」(124~125쪽)에는 "4시부터 (중략) 정치학연구회. (중략) 내가「공동체적 중민정 원리에 관하여」를 보고. (중략) 난바라 시게루南原繁 선생님은 공동체적 중민정이 결국 독재정 원리라는 점에 주의를 환기하며 공동체와 목적사회의 유형은 논리적이지만 내가 말하는 중간형은 결국 타협적이고 논리적이 아니라고 비평하셨다"고 나와 있다. 야베는 난바라의 비판에 대해 "조금도 아프지 않다"는 감상을 흘리고 있는데, 독재정 원리와 민주정 원리의 종합을 목적으로 하는 그의 입장에서 보면 공동체적 중민정은 독재적이긴 하지만 여전히 민주적이기도 했다.

제4절 국민 대표 개념

미노베 다쓰키치의 회갑을 기념하는 논문집 『공법학의 제 문제公法學
の諸問題』[1]에 수록된 미야자와의 논문 「국민 대표 개념國民代表の槪念」은
독일 공법학계의 형이상학적 방법론이 가져온 국민 대표 개념의 부활
과 일본의 사상 상황을 겨냥한 작품이었다.[2] 논문을 시작하면서 미야
자와는 법의 창조를 목적으로 하는 법 해석과 법의 인식을 목적으로
하는 법 과학을 구분하여 "법 해석의 개념은 본질상 현실과 일치해서는
안 되는 데 반해 법 과학의 개념은 본질상 현실과 일치해야만 하는
점"[3]을 재확인했다. 그런 다음 미야자와는 법의 과학적 개념을 표방하
는 많은 이론 안에서 이데올로기적 성격을 발견할 수 있다고 말했다.
그러면 인간의 이론적 인식이 실천적 의욕에 의해 왜곡됨으로써 발생
하는 이데올로기는 어떠한 사회적·정치적 기능을 하는가?

그것은 무엇보다 현실을 은폐하는 기능을 한다. 그것은 현실과

---

1) 宮澤俊義 편, 『公法學の諸問題 : 美濃部敎授還曆記念』, 有斐閣, 1934.
2) 미야자와는 논문 서두에서 야베의 대표론을 간단히 언급했을 뿐이지만,「국
   민 대표 개념」은 정치적 국민 대표 개념에 대한 통렬한 이데올로기 비판을
   목적으로 한 것으로, 야베도 그 예외가 아니었다.
3) 宮澤俊義,「國民代表の槪念」『憲法の原理』, 185~186쪽.

일치하지 않는 표상, 즉 피지배층의 희망·욕구에 대해 현실의 가면을 씌움으로써 현실적 개혁이 무용하다고 생각하게끔 한다. 피지배층이 바라는 이상사회는 이미 여기에 실현되어 있다. 이렇게 생각하게 만드는 것은 무엇보다 현실의 존속을 바라는 지배층의 이익에 도움이 된다. 이데올로기는, 즉 언제나 지금 존재하는 사회의 지배층에 봉사한다.[4]

그러나 이 지배층의 이익에 봉사하는 이데올로기는 동시에 '이상'으로도 바뀔 수 있는 것이었다.

이데올로기가 이데올로기의 기능, 즉 지배층에 봉사하는 기능을 할 수 있는 것은 그것이 이데올로기라는 사실, 다시 말해 그 내용이 현실과 일치하지 않는다는 사실을 의식하지 않는 때에 한한다. 일단 현실과의 불일치가 폭로되고 과학 이론의 가면이 벗겨졌을 때, 그것은 이데올로기에서 **이상**으로 바뀐다. 그것은 더 이상 이론적 분장을 하지 않는다. 그것은 더 이상 스스로가 현실이라고 주장하지 않는다. 반대로 그것은 스스로가 현실을 초월하여 개혁의 기준이 되는 이상임을 의식하고 현실에 대해 행동적으로 활동한다. 현실의 가면을 쓴 이데올로기가 현실을 초월하는 이상으로 변했을 때, 그로써 이익을 얻는 자는 더 이상 현실의 존속을 바라는 지배층이 아니라 현실의 개혁을 요구하는 피지배층일 것이다.[5]

정치의 시대는 일본의 사회과학에 형이상학적 개념의 분출을 가져왔다. 미야자와는 눈앞의 사태에 대해 또 하나의 당위를 제출하는 방법을

---

4) 宮澤俊義,「國民代表の槪念」, 187쪽.
5) 宮澤俊義,「國民代表の槪念」, 187~188쪽.

취하지 않고, 사회과학 이론에 난무하는 이데올로기적 개념이 현실과 일치하지 않는 점을 폭로하여 그 이데올로기를 이상으로 전환하는 데에 법 과학의 시대적 임무를 설정했다. 그렇게 하여 그가 도달한 결론은 당시의 법 상식을 뒤엎는 것이었다.

근대인의 상식이 되어 있는 국민 대표 개념은 순전히 이데올로기로, 법 과학적 개념으로는 성립할 수 없는 것이다. (중략) 사람들이 국민의 대표자라고 부르는 자와 국민 사이에는 실정법적으로 아무런 관계가 없다. 국민 대표 개념은 그러한 실정법적 관계의 부재를 은폐하는 '명칭'에 지나지 않는다.[6]

돌아보면 의회 중심주의를 주내용으로 하는 미노베의 데모크라시 헌법학은 국민 대표 기관인 의회에 정권 운용의 주도권을 부여함으로써 헌정의 실질적인 민주화를 가져오려는 것이었다. 미노베의 헌법학은 요시노의 정치학과 함께 다이쇼 데모크라시 운동을 견인한 대표적인 법 이론이었고, 그렇기에 도쿄제국대학 법학부의 반국체적反國體的·반국책적反國策的 학풍은 우익 세력에 의해 "현대 일본의 만악萬惡의 화근"[7]이라는 공격을 받아야 했다. 그러한 미노베 헌법학의 계승자로 자타가 공인하는 미야자와가 스승을 기념하는 논문집에서 미노베의 국민 대표론에 보이는 비과학적인 태도와 이데올로기적 성격을 비판함과 동시에, 정치적으로는 미노베의 대극에 위치하는 호즈미 야쓰카의 국민 대표 부정론을 "결론에 있어서는 정당하다고 할 수밖에 없다"[8]고

---

6) 宮澤俊義, 「國民代表の槪念」, 222~223쪽.
7) 蓑田胸喜, 「序」 『國家と大學 : 東京帝大法學部に對する公開狀』, 原理日本社, 1941, 2쪽.
8) 宮澤俊義, 「國民代表の槪念」」, 212쪽.

평가한 것이다.

이러한 미야자와의 "정신이 번쩍 든다고 할까, 거리를 둔 비판"을 들은 마루야마 마사오가 "정치적으로 말하면 이로써는 미노베의 설이 이도 저도 아닌 것이 되는"[9] 느낌을 받았던 것은 당연한 일이다. 더구나 미야자와의 논문이 발표된 당시 의회정치에 대한 좌우 진영의 공격이 한창이었던 점을 생각하면, 미야자와의 비판은 실천적인 후퇴를 넘어 맹목적인 과학주의가 도달한 정치적 전향으로까지 받아들여져도 이상할 리 없었다.

마루야마 마사오丸山眞男(1914~1996)

미노베 비판이 가져올 정치적 파장에도 불구하고 국민 대표 개념에 대한 이데올로기 비판을 통해 미야자와가 이야기하고자 한 점은 무엇인가? 그는 먼저 대표와 대리의 관계를 다음과 같이 말한다.

> 나는 법학적 개념으로서 '대리'와 구별되는 '대표' 개념을 인정할 필요가 없다고 생각한다. 예를 들어 요즘 독일의 나치스 법학자들이 주장하는 것과 같은 '대리'와 구별되는 '대표' 개념은 법학적 개념으로 성립할 수 없다고 믿는다. (중략) '대표'라고 하는 것은 소위 '대리'를 포함하는 것으로 생각해도 무방하다.[10]

9) 座談 「宮澤俊義を語る」『ジュリスト』 1977년 3월, 95쪽.
10) 宮澤俊義, 「國民代表の槪念」, 191쪽.

이 대리를 포함하는 대표 개념에는 미야자와가 추구하는 바가 집약적으로 표현되어 있었다. "명령적 위임"을 "당연히 민주적인"[11] 제도라고 여기는 미야자와는 프랑스혁명 과정에서 탄생한, 명령적 위임을 거부하는 "근대적 의미의 대표"[12], 다시 말해 대리를 포함하지 않는 순수대표 개념이 "무엇보다 민주정, 즉 대표정과 대립하는 루소적 민주정과 반대의 의미"를 갖는다고 생각했다. "국민주권주의의 표현이 아니라 반대로 그 논리적 귀결인 명령적 위임의 부정을 핵심으로 하는" 근대적 의미의 순수대표 제도는 국민주권주의의 부정 위에 성립하는 것이었다.

그러면 당시 혁명을 주도한 신흥 시민계급의 이익에 부합하는 순수대표 개념은 실정법상에 아무런 관계도 존재하지 않는 국민과 의회 사이에 대표 관계를 가상함으로써 무엇을 가져오려 했는가? 이에 대한 미야자와의 대답은 다음과 같았다. 국민 대표 개념은 "법의 현실에 실재 이상의 민주적 가면을 부여함으로써 당시의 사회지배층에 봉사할 수 있었다."[13] 이런 관점에서 미야자와는 국민 대표를 법학적 개념으로 인정하지 않는 라반트의 주장을 "과학적으로 정확하다고 할 수밖에"[14] 없다고 평가하고, 옐리네크의 '민주적인' 국민 대표론을 다음과 같이 비판했다.

요컨대 옐리네크의 설명은 현실과 일치하지 않는다. 그것은 현실에 대해 보다 민주적인 외관을 부여하려는 정치적 의도(물론 무의식적으로)에 의해 휘둘리고 있다. 이 점은 그가 통설에 대해 비난할 때도

---

11) 宮澤俊義, 「國民代表の槪念」, 197쪽.
12) 宮澤俊義, 「國民代表の槪念」, 190쪽.
13) 宮澤俊義, 「國民代表の槪念」, 201쪽.
14) 宮澤俊義, 「國民代表の槪念」, 204쪽.

명확히 드러난다. 그는 통설을 따르면 다수 국민이 정치적 무권리자가 되고 입헌정이 절대정 국가가 된다고 비난하지만, 다수 국민이 정치적 무권리자가 되고 입헌정이라고 불리는 것이 절대정 국가가 되는 데에 무슨 문제가 있는가? 만약 그것이 현실이라면 그것을 있는 그대로 인식하는 일이야말로 과학이 요청하는 바가 아닌가? 현실이 민주적인지 아닌지는 과학적 관찰을 통해 비로소 밝혀질 수 있다. 처음부터 그것을 민주적인 것으로 전제하고 그 전제에 따라 현실 인식을 왜곡하는 것(이야말로 옐리네크가 한 일이다)은 과학적 태도라고 할 수 없다.[15]

이러한 지적이 "옐리네크와 비교하여 의제적擬制的 부분이 한층 더 많은" 미노베의 국민 대표 개념에 "그대로 해당"[16]하는 것임은 물론이다. 미야자와의 비판은 미노베의 국민 대표론에 보이는 민주주의적 경향이 아니라, 그 학문의 존재 양태가 정치적 실천으로 인해 왜곡되고 있는 점을 향했다. 즉 비판의 주안점은 국민 대표 개념이 미노베의 주관적 지향과는 달리 객관적으로는 법의 현실에 대해 실제 이상의 민주적 가면을 부여함으로써 지배 계급에 봉사하는 역할을 담당할 위험성에 놓여 있었다.

당시 일본에는, 야베의 대표론에서 보다시피, 국민 대표 개념이 그 자체로써는 반드시 민주주의와 연결되지 않는 상황이 존재하고 있었다. 이런 가운데 현실적으로는 아무런 실정법적 관계가 없는 대표와 국민 사이에 대표 관계를 의제擬制하는 미노베의 국민 대표론은, 정신과학 방법론이 초래한 독일 공법학계의 그것과 정치적 지향을 달리하기

---

15) 宮澤俊義, 「國民代表の槪念」, 208쪽.
16) 宮澤俊義, 「國民代表の槪念」, 212쪽.

는 했지만, 실정법상에 외견적인 민주성을 부여하는 점에서 같은 구조
를 하고 있었다. 요컨대 미야자와는 실천적 성격을 강하게 지닌 미노베
의 국민 대표론은 독재정 이론의 민주적 분장에 대해 원리적인 저항력
을 갖지 못한다고 생각했다.

실제로 1930년대에 들어 적극 국가의 필요성이 회자하는 가운데
미노베는 입헌정치의 중심을 의회에서 원탁거두회의나 거국 일치 내각
으로 급격히 옮겨갔다. 비상시하에서 사회 사정과 어울리지 않게 된
의회는 정치의 중심에서 내려와 거국내각의 보조기관으로 격하되었
다. 이는 종래의 의회 중심주의로부터의 커다란 전환이었지만 정작
미노베 본인은 내각이 의회에 기초를 두고, 그 의회가 국민을 대표하는
이상 입헌정치는 계속된다고 생각했다.

한편 야베의 대표론은 그것이 일체적·관념적 존재로서의 국민을
전제로 하는 점에서, 또 개인 자유주의를 지양하고 단일한 공동체
의사의 도출을 추구하는 점에서 다이쇼 데모크라시적 대표론의 정통적
계승이라고 할 수 있는 것이었다. 야베가 명령적 위임을 승인하는
대리 개념에 강한 거부감을 표명한 사실은 이미 소개했지만, 그에게
개인의 '사심'은 일체적 공동체 정신 앞에서 '정화'되고 '멸각'하여 마땅
한 것이었다. 대표의 역할은 개별적 인격 의사를 통합하여 민족공동체
의 신념으로 승화시키는 일이었다. 이러한 대표에 의해 구성되는 의회
가 국민의 이익과 자유를 실현하는 기관이라기보다 실질적으로는 그것
을 공동화시키는 역할을 담당하게 되리라는 것은 충분히 예상할 수
있었지만, 그럼에도 야베는 국민 의사에 입각한 주권적 독재야말로
비상시를 극복할 수 있는 길이라고 강변할 뿐이었다.

입헌정치의 공동화는 로야마에 의해서도 추진되었다. "의회주의
자"[17]를 자부하는 로야마는 "단도직입적으로 선거는 천하의 공론을

결정하는 하나의 수단이자 기술"[18]이라고 말했다. 그는 "선거권은 선거라고 하는 공적 행위에 개인이 참가하는 권능을 의미할 뿐 개인에게 속한 권리를 행사하는 것이 아니"[19]라고도 말했다. 이러한 생각이 다이쇼 데모크라시 정치사상에 보이는 의무로서의 선거권 이론과 동일한 것임은 물론이다. 선거는 국민의 이익과 자유를 위한 제도가 아니라 "국가의 제도"였다.

> [선거제도는—│인용자] 황송하게도 메이지 천황이 말씀하신 '국민 익찬翼贊의 길을 넓히기' 위한 국가의 제도이다. 선거가 그러한 국가의 근본적인 제도라는 사실을 국민으로 하여 자각하게 하는 것이 모든 선거 숙정肅正의 목표가 되어야 한다. (중략) 국민 한 사람 한 사람이 선거 기관에 참가하여 국정을 익찬하는 입헌정치의 본뜻에 철저하도록 노력할 필요가 있다. 청렴한 한 표의 힘이 모여 전체가 되고 그럼으로써 국가 기관으로서의 행위가 되는 인과적 연관을 방방곡곡의 국민이 이해하도록 만들어야 한다.[20]

미야자와가 직면하고 있었던 상황은 이러한 것이었다. 국민 대표 개념의 극단적인 추상화를 통한 독재정의 민주적 분장이 공공연하게 이루어지고, 의회나 대표의 존재만으로는 민주주의를 보장할 수 없는 현실이 눈앞에서 전개되고 있었다. 이에 미야자와는 국민 대표 개념이 수행해 온 이데올로기적 기능을 폭로함으로써 사태에 맞서고자 했다.

그렇다면 미야자와의 궁극적인 목표는 어디에 있었는가? 결론적으

---

17) 蠟山政道, 『議會·政黨·選擧』, 16쪽.
18) 蠟山政道, 『議會·政黨·選擧』, 162쪽.
19) 蠟山政道, 『議會·政黨·選擧』, 208쪽.
20) 蠟山政道, 『議會·政黨·選擧』, 212~213쪽.

로 이야기하면 미야자와는 국민 대표 개념이 갖는 이데올로기적 성격
의 폭로를 통해 "진정한 국민 입법"을 실현하려고 했다. 미야자와는
논문을 끝내면서 다음과 같은 켈젠의 말을 인용했다.

> 대표 이론은 (중략) 국민이 입법권을 갖고 그것을 의회만이 '대표'하
> 여 행사한다는 의제를 세움으로써 진정한 국민 입법으로의 민주적
> 발전이 무용하다고 생각하게끔 한다.[21]

명령적 위임을 거부하는 근대적 의미의 대표, 다시 말해 대리를
포함하지 않는 순수대표는 과학적 개념이 본질상 현실과 일치해야
하는 점에서 법학적 개념으로서 성립할 수 없었다. 따라서 한낱 명목에
지나지 않는 대표 개념은 이데올로기라고 결론내릴 수밖에 없는 것이
었다. 미야자와는 이렇게 국민 대표 개념의 이데올로기적 성격을 밝힌
뒤, 현실과 일치하지 않는 대표 관계를 가상하는 정치적 목적이 민주화
의 발전을 저지하는 데 있다는 사실을 폭로함으로써 국민 대표 개념을
이데올로기에서 이상으로 전환하고자 했다.

---

21) 宮澤俊義, 「國民代表の概念」, 224쪽.

제5절 대중민주정으로의 전망

　이데올로기로서의 국민 대표를 진정한 국민 입법으로 이끌 방법은 무엇인가? 명령적 위임을 민주적인 제도로 생각하는 미야자와는 대리와 구별되는 대표 개념을 인정하지 않았다. 그는 대표 이론의 추상화와 민주적 분장 속에서 공동화되고 있는 국민 대표 개념에 대리의 성격을 부활시킴으로써, 다시 말하면 국민주권주의로 상징되는 근대입헌주의의 초심으로 되돌아감으로써 1930년대의 의회제의 위기를 극복하려고 했다. 이후 미야자와는 국민주권주의의 부정 위에 성립하는 "19세기 의회제"와 구별되는, 진정한 국민 입법이 가능한 새로운 의회를 '대중민주정Massendemokratie'이라고 부르게 된다.

　　19세기에 유럽 전역을 풍미한 의회제는 (중략) 한편에서 절대 군주정에 비해 비권위적 색채를 상당히 띠고 있었지만, 다른 한편에서는 의회 그 자체를 일반 대중에게 더욱 종속시키려는 대중민주정에 비해 의회의 최고 권위를 인정하는 점에서 많은 부분 권위적 색채를 띠고 있었다. 의회제가 그런 성격을 갖게 된 것은 그것이 당시 정치에서 지배적이었던 신흥 시민층의 이익에 가장 적합했기 때문이다.[1]

---

1) 宮澤俊義,「議會制の凋落」『中央公論』1936년 2월/『憲法と政治制度』, 10~11쪽.

19세기 의회를 "'인민'의 이름으로 이야기하는 하나의 권위자"로 인식하는 미야자와는 거기에서 말하는 국민주권주의가 "실은 '의회주권주의'"와 다름이 없었고, 언론의 자유도 "현실적으로는 시민층만의 언론 자유"[2]에 지나지 않았다고 비판했다. 19세기 의회는 선거권의 확장과 무산층 세력의 의회 진출로 인해 점차 시민적 색채를 잃어갔는데, 의회제의 위기는 의회정치가 "'시민'의 독점에서 해방"되어 "대중으로부터 독립적이었던 의회에 대해 대중의 세력이 점차 미치기"[3] 시작하면서 발생했다.

여기에 이르러 19세기의 시민적·자유주의적 민주정은 대중민주정 Massendemokratie으로 전화했다. 그와 함께 의회제는 본래 갖고 있던 시민적·권위적 색채를 잃어버리기 시작했다. 그로써 자유주의적이고 관용적이었던 '시민'이 제국주의적이고 비관용적으로 변함과 동시에 의회제에 대해 커다란 불만을 표시하게 되었다. 그것은 말하자면 의회제에 대한 오른쪽으로부터의 공격이다. 최근 이야기되는 의회제의 '위기'는 많은 경우 이런 종류의 오른쪽으로부터의 공격으로 인해 초래된 '위기'이다.[4]

"의회는 그 본래의 성질상 적어도 의회로서 존재하는 한 구조 필연적으로 중민화衆民化하는 것"[5]이라고 생각하는 미야자와는 의회제의 위기를 중민화 추세에 대한 시민계급의 저항으로 받아들였다. 그렇기에 의회제의 몰락은 "결코 시민층 세력의 몰락을 의미하는 것이 아니라

---

2) 宮澤俊義, 「議會制の凋落」, 10~12쪽.
3) 宮澤俊義, 「議會制の凋落」, 14쪽.
4) 宮澤俊義, 「議會制の凋落」, 15쪽.
5) 宮澤俊義, 「議會の效用の推移」『改造』 1937년 3월/ 『憲法と政治制度』, 30쪽.

오히려 무산충 세력의 몰락을 의미하는 것"[6]이었다. 대중민주정의 관점에서 보면 19세기 의회는 "국민을 대표한다는 명목하에 실제는 시민층을 대표"[7]하는 "반중민적"인 국민 대표 기관에 지나지 않았다. 의회에 의해 대표되는 국민이 "완전 무색無色의 공민의 전체"라는 19세기 의회제의 이데올로기도, 미야자와가 볼 때 "당시의 사회 현실에서 그러한 공민의 전체로서 이루어지는 국민은 정치적으로 존재하지"[8] 않았고, 현실 정치를 좌지우지한 세력은 근대 자본주의의 기수인 시민 계급이었다. 사실상 시민의 소리에 지나지 않았던 의회의 소리를 인민의 소리인 양 표방한 19세기 의회제의 이데올로기는 하나의 형이상학이었고, 바로 그런 의미에서 그것은 독일에서 만연하는 "'지도자'의 권위에 대한 신앙"[9]과 유사한 것이었다.

> '인민의 소리는 하늘의 소리Vox populi vox dei'라는 말은 '인민의 소리'가 '하늘의 소리'보다 한층 더 구체적인 내용을 갖는 느낌을 주지만 전혀 그렇지 않다. 국민 각 개인(또는 그 집단인 사회층이나 종족과 같은 것)의 소리 외에 '인민' 자신의 소리가(적어도 구체적인 내용을 가진 것으로) 존재할 리가 없다. '인민'의 소리는 구체적으로는 반드시 국민 각 개인의 소리여야만 한다. 더구나 각 개인의 소리는 (중략) 구체적인 내용에 있어서 서로 다르다. 거기에서 통일적인 내용을 가진 소리를 갑자기 발견할 수는 없다.[10]

---

6) 宮澤俊義,「議會制の凋落」, 16쪽.
7) 宮澤俊義,「議會の效用の推移」, 25쪽.
8) 宮澤俊義,「議會の效用の推移」, 24~25쪽.
9) 宮澤俊義,「議會制の凋落」, 7쪽.
10) 宮澤俊義,「議會制の凋落」, 6쪽.

"애당초 구체적인 '인간'의 의욕을 떠나서 '법'이 존재할 리"[11] 없는 것처럼 인민의 소리는 구체적이고 경험적인 개인을 떠나 존재할 수 없었다. 상대주의적 세계관은 개인의 소리마다 가치를 인정하고 한 사람의 권위자에 의한 소리의 독점을 거부했다. 대중민주정은 그러한 다양한 경험적 개인 의사에 의회를 종속시키는 정치체였다.

의회제의 위기에 대한 미야자와의 처방은 설사 같은 '근대 의회제'에 대한 상대화라고 해도 야베의 그것과는 큰 차이가 있었다. 공동체적 중민정에서는 개인 자유주의가 초래한 혼돈과 무정부 상태를 초극하기 위해 국민의 사적 이익은 지양되어야 했고, 대표는 개개인의 사적 의사를 일체적 공동체 의사에 이르게 하는 통합의 매개로서 존재했다. 야베는 그렇게 조성된 국민 의사를 기반으로 하는 주권적 독재를 통해 적극 국가 요청에 대응하고자 했다.

자유민주정, 즉 의회정치의 위기에 대해 이를 구할 현대국가의 방도는 공동체 정의의 도구로서 정치권위를 풍족하게 재건하는 일 외에 방법이 없다. (중략) 지금 필요한 것은 앞 시대와 같은 무한無限 세계에서의 자유로운 외연적 확대가 아니라, 고유한 전통과 환경으로 되돌아가 국가 민족의 주체성에 입각한 생활공동체를 건설하여 거꾸로 유한有限 속에서 무한을 추구하는 일이다. 요약해서 말하면 인간의 정신적·도덕적 인륜공동체로서의 국가 이념을 재건하고, 현실적 정치 형태로서는 집행권의 통합 집중을 강화하여 공동체 정의를 위한 통제 또는 계획경제를 확립하는 일이 불가결하다.[12]

---

11) 宮澤俊義, 「獨裁的政治形態の本質」『轉回期の政治』, 34쪽.
12) 矢部貞治, 『新秩序の研究』, 77쪽.

야베는 이렇게 이야기하면서도 공동체 정치의 재건이 "결코 전제적인 '국민 없는 국가'로의 복귀가 아니라 풍족한 인간 인격의 존중과 자유로운 공민으로서 국민의 정치참여를 포섭한 위에서 이루어져야 한다"[13]는 말을 잊지 않았다. 대표와 다수결 원리는 여전히 공동체 정치와 독재정을 구분하는 제도적 표현으로 존재하고 있었다. 그러나 그가 추구하는 정치는 공동체·국가 권위의 재흥을 위한 것이었지 국민의 권익을 실현하기 위한 것이 아니었다. 자유는 "경제적 자유방임"이나 "영리營利 만능" 등으로 왜소화되어 정치의 재건을 통해 극복되어야 할 대상에 지나지 않았다. 공동체 정치에서 말하는 자유는 "국가로부터의 자유'가 아니라 국가 공동생활에 내적·자발적으로 참여하는 자유이며, 기계적인 자유 평등이 아니라 유기적·생명적 지도와 협동이며, 추상적인 '시민'의 개인주의가 아니라 유기적 국민공동체의 일원으로서의 직분에 따른 봉공奉公"[14]을 의미했다. 거기에서 대표의 현실적인 역할은 국민의 자유를 공동체 안에 해소하는 일 외에 없었을 것이다.

그에 반해 대중민주정은 공동체적 중민정의 대표 원리와 첨예하게 대립했다. 미야자와는 명령적 위임의 부활을 통해 국민의 경험적이고 구체적인 의사에 의회를 종속시킴으로써, 다시 말해 국민의 자유를 명목적인 것에서 실질적인 것으로 전환함으로써 의회제의 위기를 타파하고자 했다. 그러한 모색의 결과로 제안된 대중민주정은 공동체주의에 의한 안이한 근대의 '초극'이 아니라 국민주권주의라는 근대입헌주의의 원점으로 돌아가 그 역사와 격투하면서 도달한 지견이었다.

그렇다고 해서 이 시기의 미야자와를 대중민주정을 구가하는 법의 실천자로 보는 데에는 여전히 문제가 있다. 독재정의 민주적 분장에

---

13) 矢部貞治, 『新秩序の研究』, 78쪽.
14) 이상, 矢部貞治, 『新秩序の研究』, 79쪽.

대해 가차 없는 비판을 가하는 미야자와의 모습은 분명히 전투적인 민주주의자의 그것이었고, 투철한 실증주의의 입장에서의 「국민 대표 개념」도 맹목적인 과학지상주의가 도달한 실천적인 후퇴가 아니라 의회제 옹호의 정열에 입각한 작품이었다. 당시 미야자와가 설정한 법 과학의 임무가 법학적 개념의 현실과의 불일치를 폭로함으로써 이데올로기를 이상으로 전환하는 데 있었다는 점도 이미 언급한 대로이다.

하지만 이러한 미야자와의 실천적 당위가 어디까지나 과학적 인식을 통해 표출된 것도 사실이었다. 그는 정치의 계절을 사는 한 사람으로서 "그러한 태도가 혹은 지나치게 비실천적으로 비칠지 모른다"는 사실을 자각하고 있었지만, "자연을 정복하기 위해서 먼저 자연현상을 과학적으로 설명할 필요가 있는 것처럼 사회 개혁을 연구하기 위해서는 먼저 사회현상을 과학적으로 이해"[15]하는 일이 전제되어야 한다고 생각했다. 미야자와는 "그러한 과학적 분석을 시도하는 일이 저절로 '위기'에 처한 민주제를 독재제로부터 방어하는 역할"을 하게 될 것을 "물론 인식하고"[16] 있었지만, 대중민주정의 미래를 "과학적으로 예측하는 것이 아마도 불가능"[17]할 뿐 아니라 이론 이성의 권한을 넘어서는 일이라는 점도 함께 자각하고 있었다.

그것은 결국 각 나라의 시민 세력의 강도 여하, 바꿔 말하면 반反시민 세력의 강도 여하에 따라 결정될 것이다. 시민 세력이 의회제의 반시민적 방향으로의 구조 변화에 대해 아무런 반발력이나 저항력이

---

15) 宮澤俊義, 「はしがき」 『轉回期の政治』, 1쪽.
16) 宮澤俊義, 「はしがき」 『民主制の本質的性格』, 勁草書房, 1948, 1~2쪽.
17) 宮澤俊義, 「議會制の凋落」 『憲法と政治制度』, 16쪽.

없으면 의회제는 점점 더 대중민주정으로 나아갈 것이다. 그에 반해 시민 세력이 대중민주정 경향에 강하게 반발하고 저항하는 힘을 가진다면 의회제는 점차 수정될 것이다. 의회 조직은 비민주적으로 되고, 그 권능은 더욱 좁아질 것이다. 상황에 따라서는 의회 자체가 폐지되고 말 것이다. 전자의 경우 정치 제도는 점점 더 비권위제적 성격을 갖게 될 것이다. 그와 함께 시민적 의회제 아래서 획득한 여러 가지 '자유'의 유산은 더욱 널리 무산층에 이르기까지 주어질 것이다.[18]

대중민주정의 성패는 각 나라마다의 시민 세력 또는 무산층 세력의 강도 여하에 따라 결정되는 실천 이성의 문제였다. 미야자와가 대중민주정의 미래를 소리높여 이야기하지 않는 이유는 그것이 과학의 권한 밖의 일에 속하기 때문이었다. 대중민주정은 의회의 역사가 "적어도 최근까지 조직의 중민화의 역사였다"[19]는 사실에서 추측할 수 있는 이론적 당위에서 벗어나지 못하는 것이었다. 따라서 그것은 입헌주의의 역사에서 전망할 수 있는 하나의 "경향률傾向律, 개연칙蓋然則"[20]이기는 해도, 그 미래는 결국 "대중의 정치적 자각 여하에 의해 정해지는"[21] 실천 이성의 문제임에는 변화가 없었다.

의회제의 위기 속에서 미야자와는 의회 조직을 한층 더 중민화, 즉 민주화함으로써 사태에 대처하고자 했다. 그러나 일본의 정치 상황은 미야자와의 지향점과 반대의 방향으로 나아가고 있었다. 비상시의 전개와 국가 직능의 증대는 의회정치의 상대화와 행정의 비대화를

---

18) 宮澤俊義, 「議會制の凋落」, 16~17쪽.
19) 宮澤俊義, 「議會の效用の推移」 『憲法と政治制度』, 27쪽.
20) 미야자와는 1925년 논문에서 "경험과학은 a가 있으면 b가 있고(자연법칙), 또 a가 있으면 b가 있을 것이라傾向律, 蓋然則는 사실을 알려준다"라고 말했다. 宮澤俊義, 「法律における科學と技術」 『法律學における學說』, 48쪽.
21) 宮澤俊義, 「議會の效用の推移」 『憲法と政治制度』, 31쪽.

가져왔다. 여기에 천황기관설 사건이 더해져 대중민주정은 현실적인 가능성을 상실한 채 모색 단계에서 좌절하게 되는데, 이에 관해서는 장을 바꿔 살펴보기로 한다.[22]

---

22) 패전 이후 미야자와의 대표론은 기본적으로 대중민주정의 연장이라고 해도 무방한 것이었다. 전후 그는 이렇게 말했다. "선거를 통해 의원을 선출하면서 그 의원이 선거인이나 선거구의 지배하에 있는 사실을 부인하는 것은 사리에 맞지 않다. 오히려 의원이 선거인이나 선거구의 이익 대변자가 되거나, 나아가 선거인의 bellboy, messenger boy 또는 errand-boy의 역할을 짊어지는 일조차 의원제도의 예상 밖의 일이 아니라고 보아야 할 것이다." 宮澤俊義, 「議會制の生理と病理」『公法研究』23호, 1961/『憲法と政治制度』, 37쪽.

大日本帝國憲法

第一章 天皇

第一條 大日本帝國ハ萬世一系ノ天皇之ヲ統治ス

第二條 皇位ハ皇室典範ノ定ムル所ニ依リ皇男子孫之ヲ繼承ス

第三條 天皇ハ神聖ニシテ侵スヘカラス

第四條 天皇ハ國ノ元首ニシテ統治權ヲ總攬シ此ノ憲法ノ條規ニ依リ之ヲ行フ

第五條 天皇ハ帝國議會ノ協贊ヲ以テ立法權ヲ行フ

第六條 天皇ハ法律ヲ裁可シ其ノ公布及執行ヲ命ス

第七條 天皇ハ帝國議會ヲ召集シ其ノ開會閉會停會及衆議院ノ解散ヲ命ス

第八條 天皇ハ公共ノ安全ヲ保持シ又ハ其ノ災厄ヲ避クル爲緊急ノ必要ニ由リ帝國議會閉會ノ場合ニ於テ法律ニ代ルヘキ勅令ヲ發ス

此ノ勅令ハ次ノ會期ニ於テ帝國議會ニ提出スヘシ若議會ニ於テ承諾セサルトキハ政府ハ將來ニ向テ其ノ效力ヲ失フコトヲ公布スヘシ

第九條 天皇ハ法律ヲ執行スル爲ニ又ハ公共ノ安寧秩序ヲ保持シ及臣民ノ幸福ヲ增進スル爲ニ必要ナル命令ヲ發シ又ハ發セシム但シ命令ヲ以テ法律ヲ變更スルコトヲ得ス

제1절 천황기관설 사건과 법학의 정치화

　독일 공법학계의 정신과학 방법론이 가져온 합리주의적 정신의 쇠퇴는 법학의 영역에서 법실증주의의 조락으로 이어져, 그 뒤 의회제의 위기와 연동하면서 형이상학적 국민 대표 개념의 재흥을 초래했다. 일본의 상황도 마찬가지였다. 이러한 사태 속에서 미야자와는 국민 대표 개념의 이데올로기적 성격을 폭로하고 선거인과 대표 사이의 명령적 위임 관계를 복원하는 대중민주정, 즉 실질적인 국민주권주의를 전망했다. 다이쇼 데모크라시의 달성을 비판적으로 계승하는 미야자와의 시도는, 말하자면 미노베의 의회 중심주의를 한 번 더 '왼쪽으로' 나아가게 하려는 것이었는데, 천황기관설 사건은 그러한 구상에 결정적인 후퇴를 가져왔다.

　앞에서 이야기한 것처럼 미야자와는 비상시 상황을 '정치'가 아니라 '과학'을 무기로 헤쳐 나가려 했다. 진실을 뒤덮고 있는 분장을 걷어내고 배후에 있는 사실을 있는 그대로 인식하는 일이야말로 정치의 계절을 사는 법의 과학자의 임무였고, 대중민주정은 과학적 인식의 결과로 얻어진 하나의 경향률傾向律 또는 개연적 전망이라고 할 수 있는 것이었다. 이러한 의미에서 이론 학설의 당부當否를 국가권력이 공정公定하는 사태는 미야자와의 입각 지점을 무너뜨릴 위험성을 갖고 있었다. 그는 격렬한 어조로 사건을 비판했다.

법으로 사람의 생각을 정하는 일은 객관적인 지식의 자유로운 탐구를 어느 한도에서 법으로 금지하는 것을 의미한다. 따라서 이론적인 '학설'이 '공정'될 때, 거기에는 더 이상 완전한 학문 연구의 자유는 존재하지 않는다. 그러한 '공정'을 함으로써 학문 연구의 자유에 제한을 가하는 일이 때로 사회의 몇 사람의 이익에 합치하리라는 점은 충분히 예상할 수 있지만, 그것이 인류의, 또 당연히 국민의 진정한 문화적 발전에 조금이라도 공헌하는 바가 있으리라고는 도저히 상상할 수 없다.[1]

미야자와는 존재하는 법을 인식하는 것이 아니라 아직 존재하지 않는 법을 창조하는 것을 목적으로 하는 해석 학설의 경우 "그러한 '공정'은 때때로 필요하고 또 적당"하다고 말했다. 왜냐하면 "그로써 법 해석상의 의문이 해결될 수 있기" 때문이다. 따라서 해석 학설의 공정은 "지식의 자유로운 탐구에 대한 제한을 의미하는 것이"[2] 아니었다. 이에 반해 실천적인 의욕과 구별되는 정신작용이자 객관적인 지식의 이념에만 봉사하는 이론 학설의 당부는 "오직 객관적 진리 가치에 적합한지 아닌지에 따라 정해지는 것으로 결코 '권위'에 의해 결정"[3]될 사항이 아니었다. 이론 학설의 공정이란, 예를 들어 "인간의 조상을 원숭이라고 생각해서는 안 된다거나, 히틀러를 전 국민의 '대표자'로 생각하라는 법을 만드는" 일과 마찬가지로 "사람에게 일정한 생각을

---

1) 宮澤俊義,「法律學における'學說': それを'公定'するということの意味」『法律學における學說』, 85쪽.
2) 이상, 宮澤俊義,「法律學における'學說': それを'公定'するということの意味」, 83쪽.
3) 宮澤俊義,「法律學における'學說': それを'公定'するということの意味」, 79~80쪽.

명령하는 것, 또는 일정한 생각을 금지하는 것"과 다름이 없었다. 따라서 그것은 "지식을 추구하는 마음, 진리를 사랑하는 마음을 파괴하고 문화 일반을 부정하여 인간을 무지몽매하게"[4] 만들 뿐이었다.

천황기관설 사건은 과학을 통해 현실을 비판해 온 미야자와의 발판을 단숨에 뒤흔드는 계기가 되었다. 여기서는 미노베의 천황기관설이 이론 학설인지 아닌지에 대해서는 묻지 않기로 하지만, 국가권력이 인식의 영역에까지 들어와 사람들에게 일정한 생각을 강요하는 사태는 미야자와의 헌법학에 위기의 시대의 도래를 알리기에 충분했다. 그리고 미야자와가 비판적으로 계승하려 했던 미노베의 입헌주의론 자체가 공정의 대상이 된 사실은 당시의 헌법 상황이 명백하게 법의 부도덕화 과정에 있음을 말해주고 있었다. 이후 미야자와에게 미노베 헌법학은 비판적 극복의 대상에서 옹호의 대상으로 변화하게 된다.

천황기관설 사건을 전기로 다시금 국가의 문제를 고민할 수밖에 없게 된 미야자와는 당시 적극 국가 요청에 입각한 행정기구 개혁론에 대해 다음과 같은 불안을 표명했다.

> 강력 정부 요청의 배후에 있는 정치원리는 전통적인 자유주의와 그 정치 조직상의 표현인 권력분립주의의 부정이다. (중략) 강력 정부는 어떤 경우에도 폭력 정부가 되어서는 안 된다. 정부가 주어진 임무를 완전하게 수행하기 위해 충분한 힘을 갖는 일은 바람직하지만, 동시에 정부의 활동은 어디까지나 입헌정치 원리의 지도하에서 이루어져야 한다. (중략) 눈앞의 필요에 정신을 빼앗겨 국가 백년대계를 그르쳐, 200년 전에 '모든 권력자는 본래 그것을 남용하기 마련이다'라고 갈파한 몽테스키외의 선견지명을 경탄하는 어리석은 짓은 극력 피해야

---

4) 이상, 宮澤俊義, 「法律學における'學說' : それを'公定'するということの意味」, 82쪽.

한다.[5]

  이러한 발언에 자유주의에 대한 확고한 신념과 입헌제가 갖는 형식
합리성, 즉 "제도는 인간의 작품이지만 만들어진 뒤로는 인간의 의사로
부터 독립된 존재로서 인간 활동에 장벽"[6]이 된다는 제도 인식이 자리
하고 있음은 물론이다. 그러나 미야자와의 불안과는 달리 국가권력에
대한 경계심은 당시 일본 학계에서 그다지 일반적이지 않았던 것처럼
보인다. 로야마 마사미치蠟山政道는 1927년에 발표한 한 논문에서 '현대
정치학'의 문제 관심의 변화에 대해 이렇게 설명하고 있었다.

    현대정치학의 중심重心은 국가의 권력 문제에서 직능 문제로 옮겨
    갔다. 국가권력을 어떻게 구성할지, 그것이 미치는 범위를 어떻게
    한정할지, 또 권력을 가진 자의 계급적 남용을 어떻게 억제할지 등의
    문제는 마치 봄날에 얼음이 녹아 물이 되어 흐르듯 학계 시야에서
    사라졌다.[7]

  이후 로야마 정치학의 주요한 문제 관심은 "권력의 분립에서 직능의
분화로"[8] 옮겨가게 되는데, 그는 그러한 입장을 '사회사상상의 이론적
기능주의'라고 불렀다. 이론적 기능주의란 "단지 세계적 체계를 가진

---

5) 宮澤俊義,「行政機構の改革」『中央公論』1936년 11월/『轉回期の政治』, 248~249
   쪽.
6) 宮澤俊義,「フランスにおける國家改革論」『中央公論』1935년 9월/『轉回期の政治』,
   328쪽.
7) 蠟山政道,「現代國家の職能問題」, 吉野作造 편,『小野塚敎授在職二五年記念 政治
   學硏究』제1권, 岩波書店, 1927. 여기서의 인용은 蠟山政道,『行政學硏究論文集』,
   勁草書房, 1965, 3쪽.
8) 蠟山政道,『行政組織論』, 日本評論社, 1930, 89쪽.

사회사상의 추상적·보편적·이론적 방면을 연구"하는 데 그치지 않고, 거기에서 더 나아가 "그러한 사회사상을 구체적인 현실 문제에 적용하여 해명에 도움이 되는지 아닌지"9)를 표준으로 삼는 관점을 말했다. 앞 장에서 살펴본 의회정치에 대한 신랄한 비판도 이론적 기능주의의 관점에서 이루어진 것이었는데, 정치형태로서 이미 기능 부전에 빠진 의회정치를 대신하여, 로야마가 주목한 것은 행정기구의 역할이었다.

> 근대의 의회정치는 인간의 부자유를 제거하는 데 과연 얼마나 공헌했을까? 그 공헌은 매우 미미한 것이었다고 해야 할 것이다. 그 점에서는 오히려 의회정치와 관계가 없는 행정기구에서 활동한 위정자가 큰 공헌을 했다.10)

이 시기 로야마가 주장한 '기능적 데모크라시'는 현대국가가 종래의 개인주의적 국가관이 요구하는 소극적 역할에서 벗어나 "스스로 교육기관이 되고, 교통기관이 되고, 위생기관이 되고, 산업통제기관"11)이 될 것을 요구하는 것이었다. 패전 이후 한 책의 서문에서 로야마는 자신의 행정학 연구의 출발과 1차 대전 후의 "정치학의 변혁기"와의 관련성에 대해 다음과 같이 회고했다.

> 현대 민주국가의 위기에서 핵심을 이루는 두 가지 기로, 즉 기능주의와 혁명주의 사이에서 나는 전자의 기능주의를 선택했다. 정당내각이 미숙하고 천황제 관료제도의 질곡을 탈피하지 못했던 다이쇼 시대

---

9) 이상, 蠟山政道, 「はしがき」『現代社會思想講話』, 2~3쪽.
10) 蠟山政道, 『議會·政黨·選擧』, 14~15쪽.
11) 蠟山政道, 『公民政治論』, 71쪽.

일본국가의 행정에 대한 접근 방법으로서 이 개량주의적 기능주의를 선택한 일은 그 뒤 나의 행정학 연구의 지도 원리가 되었고, 동시에 당시 유행하던 마르크스주의는 물론 오늘날의 논리실증주의나 행동과학적 방법과도 곧바로 일치하지 않는, 말하자면 나의 행정학 연구의 한계가 되었다.[12]

여기서 말하는 혁명주의가 구체적으로 무엇을 의미하는지, 또 기능주의를 선택한 사상 내재적인 이유가 무엇인지에 대해서 로야마는 명확하게 밝히고 있지 않지만, 그의 초기 작품『정치학의 임무와 대상』(1925년)을 읽는 한, 기능주의는 분명히 로야마 정치학의 출발점이었다. "정치학에서 실증주의와 조직원리의 무비판적인 응용은 정치학을 사회학의 일부로 만들어" 그 독자성을 상실하게 만들지도 모른다고 걱정하는 로야마는 사회학적 실증주의와 "신칸트학파의 이상주의"를 접목함으로써 "실증주의의 독단"과 "이상주의의 공허"를 극복하고자 했다. 이때 "직능설의 기능원리"는 정치 현상을 "자연 인과적"으로뿐만 아니라 "목적 통일적"으로도 설명할 수 있는 방법론이었다. 로야마는 "두 방법을 병용하면서 조직 및 기능의 두 원리에 따라 대상을 파악하는 것이 학설사적으로도 인식론적으로도 타당"[13]하다고 생각했다.[14]
"사람 마음의 변화는 복잡하지만, 역사의 진전은 생활의 논리에 따른

---

12) 蠟山政道, 「まえがき」『行政學研究論文集』, 4~5쪽.
13) 이상, 蠟山政道, 「序言」『政治學の任務と對象』, 3~5쪽.
14) 이러한 로야마의 입장은 같이 사회학의 독재에 대해 위화감을 가지면서도 그 실증주의적 방법론에 대해서는 적극적인 공감을 표명했던 미야자와의 태도와 대조적이었다. 정치학의 임무를 국민의 생활 문제 해결에 두고 국가를 "목적사회"로 인식하는 로야마와, 목적의 정립을 과학의 권한 밖의 일로 생각하고 국가를 강제 조직으로 이해하는 미야자와와는 서로 근본적으로 사고를 달리했다. 비상시 상황 속에서 양인이 걸었던 길이 서로 달랐던 이유는 그러한 과학관과 국가관의 차이에서 비롯했다.

다."15) 이러한 역사관에 입각하는 로야마의 '생활의 정치학'은 당대 지식인의 사회적 책무를 이렇게 말했다.

　　사상적 자유나 정치적 자유에 많은 관심을 가진 자들에게 주어진 임무는 (중략) 전체적인 생활 질서를 지배하고 규정하는 경제법칙이나 정치 세력의 동향에 대한 대중의 태도 반응과 전혀 배치되는 공론이나 기교한 생각을 하는 것이 아니다. 그 임무는 대중의 생활을 직접 규정하는 여러 인자에 관한 타당한 고려에 입각하는 건설적인 방안의 제창과 그에 반하는 동향에 대한 비판이어야 한다.16)

비상시하에서 발표된 로야마의 비판과 제언은 국민의 생활을 보장하기 위한 진지한 사명감의 발로였다. 기능적 데모크라시도 개인 자유와 같은 공허한 논의를 지양하고 대중의 생활을 보호하기 위해 국가의 적극적인 역할을 기대하는 새로운 정치형태로서 제안된 것이었다. 적극 국가는 "개인의 생활을 보장하고 방어하기 위한 시설을 기술적으로 운영"17)하기 위한 한 방편으로, 현대정치학이 설명하는 국가의 존재 이유는 바로 그 점에 있었다. 국가를 민족의 생활공동체로 인식하는 점에서 로야마는 다이쇼 데모크라시 정치사상의 국가관을 계승하고 있었다.18) 이러한 국가관에 의회정치에 대한 실망감, 비상시하의 위기감, 그리고 동시대를 사는 지식인으로서의 강렬한 책임감이 더해져, 로야마와 국가 사이의 긴장감은 그 뒤 점점 줄어갔다.

---

15) 蠟山政道, 『現代の社會思想』, 165쪽.
16) 蠟山政道, 『議會·政黨·選擧』, 30쪽.
17) 蠟山政道, 『公民政治論』, 74쪽.
18) 한 예만 들면, 요시노 사쿠조는 국가를 "일본 민족의 단체생활"이라고 말했다. 吉野作造, 「政治學の革新」 『中央公論』 1920년 1월/『吉野作造選集 第1卷』, 237~238쪽.

로야마의 정치학에서 일어난 변화는 그대로 법학의 영역에서도 재현되었다. 1910년대 이래 자유법론을 견인해 왔던 마키노 에이이치牧野英一는 "20세기 법학"에서 말하는 "새로운 국가"와 개인의 관계를 이렇게 설명했다.

> 생각건대 19세기 문화에서는 국가와 개인이 너무 동떨어져 있었다고 할 수 있다. 국가를 인격화하거나 법인화하여 생각하는 것은, 법 이론으로서의 논리적 구성은 그렇다 하더라도, 실생활의 국가를 우리들의 실생활에서 지나치게 외부자로 만들었다. (중략) 그러나 실은 국가는 우리에게 타인이어서는 안 되는, 반대로 우리 자신의 일면이다. 그런 의미에서 국가는 적어도 우리의 부모이고, 후견인이고, 좋은 이웃이다. 그렇다면 우리의 생활은 그러한 방향을 향해, 그리고 그 한 적용으로서 우리의 법은 한층 진보를 계속하고 사회화를 향해 나아가야 한다.[19]

이렇게 생각하는 마키노는 소극적인 역할에 만족해야 했던 종래의 자유주의적 국가를 대신하는 적극 국가의 출현을 기대하게 된다. 이른바 '문화국가주의'가 그것이다. 그가 생각하는 새로운 국가의 모습은 다음과 같았다.

> 그것이 첫째 '권력'인 점은 말할 필요도 없지만, 둘째로 '호의好意'이다. 그리고 셋째로 더 나아가 '기술'이다. 권력은 호의와 결합함으로써 윤리적인 성격을 갖고, 또 기술을 이용함으로써 국가다운 현명함을 발휘하게 된다. (중략) 이것을 문화국가주의라고 한다. 그것은 19세기

---

19) 牧野英一, 『法律における倫理と技術』, 50~51쪽.

의 법치국주의法治國主義를 대신하는 20세기의 국가이다.[20]

마키노는 권력과 호의와 기술을 "국가의 삼위일체 원리"[21]라고 불렀는데, 그가 인식하는 비상시 입법은 임시법도 예외법도 아닌, "19세기 법에 대해 20세기 법이 저절로 발전"[22]한 결과였다.

살아 있는 법의 발견과 그 정의적 구현을 추구해 온 마키노의 해석법학은 적극 국가라는 시대적 요청 속에서 국가와의 긴장 관계를 완전히 상실했다. "국가권력에 대한 19세기의 '제한'을 20세기에는 '촉진'으로 고쳐 이해"[23]해야 한다고 말하는 마키노는, 비상시 입법에서 강조되는 통제주의를 "법이 국가에 대해 호의와 기술을 요구한다는 말"[24] 정도의 뜻으로 받아들였다. 이렇게 생각하는 그가 자유법론의 대결 상대를 종래의 개념법학에서 19세기의 자유주의 법학으로 옮겨가는 것은 당연했다. 국가와 개인의 융합을 주장하는 20세기 법학에서 정치와 국가를 구속하는 법을 발견하는 일은 불가능하다. 법을 "생활의 기술"[25]로 인식하고, 목적론적 법 해석을 통해 사회적 정의를 실현하고자 했던 마키노의 법학은 비상시의 진전과 함께 법의 사회화의 무한정한 확장과 독주를 드러낸 채 학문과 정치의 경계선을 완전히 잃어버리고 말았다.

일찍이 스에히로 이즈타로末弘嚴太郎는 법의 사회화를 환영하면서도 자유법론에 대해 다음과 같이 경고하고 있었다.

---

20) 牧野英一, 『非常時立法の發展』, 有斐閣, 1941, 83쪽.
21) 牧野英一, 『非常時立法の發展』, 84쪽.
22) 牧野英一, 「はしがき」, 『非常時立法の發展』, 1쪽.
23) 牧野英一, 『非常時立法の發展』, 80쪽.
24) 牧野英一, 『非常時立法の發展』, 83쪽.
25) 牧野英一, 「はしがき」 『法律における倫理と技術』, 1쪽.

그것은 분명히 기뻐해야 할 현상임에는 틀림이 없습니다. 하지만 이때 우리가 생각해야 할 점은 아무리 '한 가지 기준으로 모든 것을 결정하는 융통성 없는 재판(杓子定規)'을 꺼리고 '인간미 넘치는 재판'을 바라는 사람도 결코 '공평'이나 '보장'의 욕구를 포기하지 않았다는 사실입니다. 이미 한 번 프랑스혁명의 세례를 받은 근대인은 공허한 '자유'의 욕구가 오히려 19세기 이래의 사회적 참화를 불러일으킨 원인이라는 사실을 충분히 자각하면서도 '자유'를 버리고자 하지 않습니다. 또 그들은 '법치주의'가 자칫 '융통성 없는 재판'의 원인이 되는 점을 충분히 알면서도 여전히 이 '공평의 보장'을 포기하려 하지 않습니다. 따라서 우리가 '자유법'을 부르짖고 '법의 사회화'를 주장한다고 해도 한시도 잊어서는 안 되는 것은, 사람들을 향해 '자유'와 '공평'과 '보장'을 확보하는 일입니다.[26)]

스에히로 이즈타로末弘嚴太郎(1881~1951)

1930년대 후반에 일어난 목적론적 법 해석의 무한정한 확장 현상은 스에히로의 걱정이 현실이 되었다는 사실을 말해준다. 스에히로는 자유법론을 비판하여 "'법의 이상'을 말하고, '법의 목적'을 말하고, '공공의 질서, 선량한 풍속'을 말하는 것 외에 진정한 사회적 '공평 보장' 요구를 만족시킬 만한 어떠한 적극적인 생각"도 보지 못했다고 말했는데, 그는 자유법론이 "단순히 고무처럼 '신축하는 척도'를 추구하는 한 단지 '과거'를 파괴하는 효과가 있을 뿐"이라고

---

26) 末弘嚴太郎, 『嘘の效用』, 1923, 39~40쪽.

생각했다. 그래서 "앞으로 창조하는 '법'은 각각의 구체적인 경우에 대한 '규칙적으로 신축하는 척도'여야 하고, '법학'은 그 '신축의 법칙'을 추구해야 한다고" 믿는 스에히로는 해석법학의 체계화와 논리화에 착수했다. 그러지 않고 "헛되이 공허한 '이상'을 이야기하고 '공공의 질서, 선량한 풍속'을 운운하는 자는 결국 재판관의 전제를 허용"하게 되어 "현대 정치의 폐단에 넌더리가 나서 명군전제주의名君專制主義를 구가"[27]하는 꼴이 될 것이라고 스에히로는 경고했다.

그러나 학문적 체계화나 논리화보다 사회적 정의를 구현하는 일에만 전념해 온 자유법론은, 스에히로가 정확하게 형용한 것처럼, "문 앞의 '개념법학'을 타파하자마자 곧바로 '공평'과 '자유'의 요구가 후문에서 그들을 공격하는"[28] 상태에 놓여 있었다. 그럼에도 마키노는 공평과 자유의 요구를 19세기적 발상이라고 일축하며 살아 있는 법에 대한 확신을 굽히지 않았다.

법학은 과거의 문화가 현재에 이르기까지 발달한 사회학적 법칙을 제시함으로써 정치가 일정한 한계를 넘어서는 일이 무익하다는 사실을 지시하는 것이라고 해야 할 것이다. 정치가 법을 이용하려 할 때 정치는 자칫 법을 자의적恣意的으로 구성할 수 있다고 생각한다. 그러나 자의에 의해 성립하는 것은 법의 형식이다. 조령모개는 정치가 안정을 잃은 시대에 보이는 현상이다. 그 사이에도 살아 있는 법은 정치로부터 떨어져 사회 속에서 저절로 발생하고 발달한다.[29]

27) 이상, 末弘嚴太郎, 『嘘の效用』, 40~44쪽.
28) 末弘嚴太郎, 『嘘の效用』, 40쪽.
29) 牧野英一, 「法律における理論と實踐」『自治研究』 1935년 6월.

마키노에게 법은 여전히 사회의 산물로서 존재하고 있었다. 설사 법을 좌지우지하는 정치의 자의가 발동되어도 그것은 결국 법 형식에 관계된 현상에 지나지 않고, 살아 있는 법은 계속 사회 속에서 발생하고 발전해 갔다. 마키노는 이런 의미에서 "법학이 반대로 정치를 규제"[30]한다고 생각했다.

돌아보면 마키노의 자유법론은 다이쇼 데모크라시 시기에 분출된 다양한 사회적 요구와 제정법 만능주의·개념법학 사이의 모순 속에서 탄생한 것이었다. 다양성이 불러온 새로운 사회 문제에 대처할 수 없었던 메이지 헌법 체제의 빈자리를 법 해석을 통해 메우려는 자유법론은, 제정법에 대한 사회법의 우위를 근거로 헌정의 민주주의적 운영을 주장한 미노베의 입헌주의 헌법학과 거의 같은 위치를 점하고 있었다. 두 사람은 정의를 기조로 하는 법사상을 공유하면서 제정법 만능주의를 비판하고 다양한 사회 문제를 해결하는 데 법학의 시대적 사명을 설정했다.

하지만 개념법학에 대한 마키노의 이의제기는 과도한 법 기술적 경향, 바꿔 말하면 법의 실정성에 대한 지나친 경시를 가져왔다. 사회법의 우위를 주장하는 자유법론의 법사상은 확실히 제정법 만능주의를 비판함으로써 상승기의 데모크라시 운동과 보조를 맞출 수 있었지만, 같은 이유로 인해서 그것은 법의 부도덕화에 대해 원리적인 저항력을 갖고 있지 못했다. "법은 날이면 날마다 변화하고, 그리고 실로 변화하지 않으면 안 되는 것이다."[31] 여기에 보이는 법에 대한 "동적 인식"은 법의 도덕화와 함께 부도덕화도 시인할 수밖에 없기 때문이다. 아니 그 이전에 "전사회全社會 연대주의"와 "전국가全國家 협동주의"를 표방하

---

30) 牧野英一, 「法律における理論と實踐」.
31) 牧野英一, 『法律學の課題としての神』, 188쪽.

는 마키노의 법학은 그러한 시대의 요구를 앞서갔다고도 말할 수 있다. 그는 법학과 정치의 교섭을 다음과 같이 논했다.

해석론·운용론으로서의 법학은 사실적 규범에 내재하는 가치를 발견하여 과거에 성립한 실정법을 현재에 적용하기 위해 그 의의를 밝히는 것이어야 한다. 그러므로 법적 인식에서 논리를 완성한다는 것은 법과 교섭이 있는 정치로 하여 그것을 법으로 적당하게 실현하게 한다는 말이다. 달리 이야기하면 법적 논리는 단지 형식 논리에 머물러서는 안 된다. 실체적 윤리 또는 가치의 논리라는 사유 방법을 적절하게 운용해야 한다. 즉 법 이론은 개념을 결합하는 것이 아니라 사상의 변화를 살핌으로써 그것을 움직이게 하는 학문이다. 그렇다면 법학이 정치와 교섭을 가져야 한다는 것은 결국 법 이론이 법을 사상으로 이해해야 한다는 말과 다름이 없다.[32]

이런 발언을 보면, 비상시 입법이 단순히 잠정적인 것이 아니라 "우리 관점에서 보면 그것은 오래전부터 주장해 온 '법의 사회화'에 속하는"[33] 현상이라거나, "오늘날 전체주의라고 불리는 것은 실은 내가 이전부터 말한 '법의 사회화'와 같은" 의미이고 "그렇기에 통제주의는 20세기 법문화의 당연한 궤도를 나타내고"[34] 있다는 마키노의 발언이, 결코 시대에 영합하는 태도에서 비롯된 것이 아니라, 살아 있는 법을 관찰하고 그 윤리 가치를 법의 형식을 통해 실현하는 행동의 법학에서 발신된 자부의 언사였다는 사실을 알 수 있다.

---

32) 牧野英一, 「法律における政治的要素」 『自治研究』 1935년 10월.
33) 牧野英一, 『非常時立法の發展』, 63쪽.
34) 牧野英一, 『非常時立法の發展』, 76쪽.

법의 목적론적 고찰과 정치와의 교섭을 강조하는 점은 나카지마 시게루中島重도 같았다. "사회사실로서의 법을 목적의 눈으로 직관"35)할 것을 주장하는 나카지마에게 "법은 사회생활을 위해"36) 존재하는 것이 었다. 그는 적극 국가의 요청과 법의 관계를 이렇게 말했다.

> 법은 국가를 위해 존재하는 기능적인 것이다. 국가는 기초사회의 결합·연대가 증진함에 따라 전체사회를 위해 그 직능을 확대·증가시키고 있다. 따라서 법은 그 기능을 다하기 위해 그에 걸맞게 변화해야만 한다.37)

문장 속에 보이는 기초사회나 전체사회와 같은 개념은 일찍이 다원적 정치론을 일본에 소개한 적이 있는 나카지마 나름의 용어법이지만, "사회의 결합·연대의 변화와 함께 정의의 내용이 달라지는 것은 당연"38)하다고 생각하는 그에게 당대의 정의는 국가 직능의 무한정한 확대였다.39)

존재의 법을 인식하는 법 과학과 당위의 법을 지향하는 법해석학

---

35) 中島重, 『社會哲學的法理學』, 266쪽.
36) 中島重, 『發展する全體 : 結合本位と機能主義』, 理想社出版部, 1939, 63쪽.
37) 中島重, 『發展する全體 : 結合本位と機能主義』, 220쪽.
38) 中島重, 『發展する全體 : 結合本位と機能主義』, 216쪽.
39) 당시 법학과 정치의 교섭을 논한 논고로는 今中次磨, 「國法學理論の貧困 : ケルゼン學說の現代的意義」 『帝國大學新聞』 1935년 4월 28일 ; 中野登美雄, 「憲法學說と政治の世界觀」 『中央公論』 1935년 5월 등이 있다. 이 중 전자는 천황기관설 사건을 계기로 발표된 것이었는데, 이마나카 쓰기마로는 사건 발생에 "유감"을 표명하면서도 "법인설도 기관 개념도 모두 민주 자유주의의 당파적 이론으로 발달해온 학설로서, 독재화 요구가 강한 현대 국가기구를 설명하는 데 부족"하다고 말했다. 요컨대 그는 국가권력의 학문 개입에 대해 비판적 입장을 견지하면서 "시대성에 대한 의식이 부족"한 '국법학 이론의 빈곤'도 함께 비판했다.

사이에 잠복해 있던 모순은 1930년대 후반 비상시 상황의 진전과 함께 표면화하기 시작했다. 독일 공법학계에서 시작된 실증주의의 조락은 법과 정치의 경계선을 무너뜨려, 법학은 정치의 시녀로 전락하고 있었다. 법학의 정치화는 합리주의적 사고의 후퇴도 함께 초래했는데, 예를 들어 가케히 가쓰히코筧克彦는 국가법인설을 평하여 "국가의 구체적 본질인 국체國體를 고려하지 않고 법제法制라는 형식에 자족하여, 법 형식론만을 기초로 교묘한 법제의 형식적 누각을 제멋대로 구축"40)한 것이라고 비판했다. 법을 "황조황종皇祖皇宗의 유훈遺訓인 통치의 홍범洪範"으로 파악하는 가케히는 국가를 "우리의 본래 주인님이신41) 천황님天皇樣의 인격 그 자체를 자연스럽게 확장하는 과정에서 발생한 조직"42)이라고 생각했다. 이러한 "일본 법리日本法理"는 법 이론으로서는 아무런 내용이 없는 것이나 마찬가지였지만, 법의 형식 논리적 설명이 시대성이 부족한 '국법학 이론의 빈곤'으로 비친 점은 당시의 일반적인 감각이었다고 할 수 있을 것이다.

법학과 정치의 통합을 주장하며 일본에 오토 쾰로이터Otto Koellreutter (1883~1972)의 헌법학을 도입한 것으로 유명한 나카노 도미오中野登美雄 (1891~1948)도 상대주의, 경험주의, 실증주의, 유물주의 등을 구축하고 "일본 총국가주의總國家主義 정치"를 구현할 것을 주장했다. 그것은 삼종의 신기三種の神器로 표상되는, "전체를 목적으로 하는 물심物心 종합의 정치이자, 법치와 심치心治 즉 인치人治의 융합, 도야陶治, 육성의 민족문화 창성의 정치"43)를 의미했다.

---

40) 筧克彦, 『大日本帝國憲法の根本義』, 皇學會, 1936, 65쪽.
41) 원문에서 가케히는 천황 앞에 한 자를 비워 쓰고 있다. 물론 이는 천황에 대한 공경심을 나타내는 표기법인데, 여기서는 따르지 않았다.
42) 筧克彦, 『大日本帝國憲法の根本義』, 61쪽.
43) 이상, 中野登美雄, 『戰時の政治と公法』, 東洋經濟出版部, 1940, 65~70쪽.

미야자와가 비판하는 "사유가 '사물'에 입각해서 이루어지지 않고, 공허한 개념만을, 아니 그저 말이나 단어만을 가지고 노는" 상황이란 이러한 합리적 사고의 정지와 정신주의의 만연을 가리켜서 하는 말이었다. 미야자와는 "신구新舊의 학설을 받아들이는 데에만 바빠 스스로 '철학하는' 법을 잊어버린"44) 일본의 법학계를 바라보면서 정치의 시대를 실감할 수밖에 없었다.

이때 천황기관설 사건은 미야자와의 "연구자 생활에 커다란 충격"45)을 가했다. 그는 사태 속에서 "천황을 신으로 섬기는 파쇼적 교수"들로부터 도쿄대학 법학부의 전통을 지키기 위해 "이번에는 몸을 낮추고 견뎌 가능한 노명露命을 연장해 훗날 적절한 학자에게 연구를 건네줄 날을 기다리는"46) 길을 선택했다. 실제로 천황기관설 사건 이후 미야자와의 작품은 「국민 대표 개념」과 같은 팽팽한 긴장감과 비판 정신을 상실한 것처럼 보이는 것이 사실인데, 거기에는 인식의 영역까지 침범해 들어오는 국가권력과 그 앞에서 머뭇거리는 법의 과학자 미야자와의 모습이 있었다.

천황기관설 사건은 당시 미야자와가 모색하고 있던 대중민주정의 실현 가능성을 실질적으로 사라지게 하는 것이기도 했다. 미노베 헌법학이 공정의 표적이 된 사실은 다이쇼 데모크라시 정치사상이 주장한 의회 중심주의를 비판적으로 계승하여 의회정치를 더욱 민주화하려던 미야자와의 구상이 그 이전 단계에서 차단되었음을 의미했다.47) 미야

---

44) 이상, 宮澤俊義, 「わが國の法哲學」 『法律時報』 1936년 11월.
45) 宮澤俊義, 「敎授會でのあいさつ」 『憲法論集』, 498쪽. 1959년 3월 20일 미야자와가 도쿄대학 법학부 교수회에서 한 인사말로, 1970년에 활자화되어 『憲法論集』에 수록되었다.
46) 宮澤俊義, 「敎授會でのあいさつ」, 502쪽.
47) 마루야마 마사오丸山眞男는 천황기관설 사건 후 미야자와가 처한 "비극적인" 상황에 대해 이렇게 말했다. "이렇게 되면 정치론은 말할 필요도 없고 법

자와는 1936년 2월에 치러진 제19회 총선거의 결과를 논평한 한 글에서 보통선거를 실시한 지 10년이 지나서도 아직 요원한 일본의 대중민주정에 관해 비관적인 전망을 내놓았다.

> 무산대중이 정치적으로 명백한 자각을 갖고, 보통선거제에 의한 선거가 제한선거제에 의한 선거와 다른 이유를 명료하게 나타낼 만한 결과(그것이 좋은 결과든 나쁜 결과든)가 나와도 될 만한 때이기는 하다. 그러나 그러한 결과가 앞으로 나타나리라고 생각하기 어렵다.[48]

미야자와는 이렇게 이야기한 뒤 "현재로서는 우리가 내일의 정국을 '과학적으로' 예견하는 일은 전혀 불가능"하다고 하며 다음과 같은 말로 논을 끝맺었다.

> 자인(sein ┃ 인용자)의 문제에서 졸렌(sollen ┃ 인용자)의 문제로 옮겨가 보자. 졸렌의 문제가 되면 하고 싶은 말은 많다. 하지만 가능치도 않은 희망을 장황하게 늘어놔 봐야 아무것도 되지 않는다. 무엇이 진정 국민 대중을 위한 일인지, 또는 위하지 않는 일인지를 통찰하는 데 충분한 지혜를 갖춘, 그리고 그 소신을 실행할 용기를 가진 내각이

이론이나 헌법해석론 자체가 사실상 제한된다. 현실의 상황은 제국 헌법에 보장된 정도의 자유권조차 차례차례 침해당하고, 정당내각 시대도 막을 내린다. 현실의 의회정치를 더욱 민주화하기는커녕 당시 회자하던 '혁신' 동향에 대해 제국 헌법의 범위 내에서라도 의회정치를 옹호하는 일이 절박한 과제로 되었다. 이런 동향 속에서 의회가 국민 대표라는 말은 이데올로기에 지나지 않고 과학적 근거가 없다는, 정신이 번쩍 든다고 할까, 거리를 둔 비판을 하셨다. 그 부분에서 선생님이 지향하는 바와 시대의 방향 사이의 괴리라고 할까, 일종의 그런 느낌을 받았습니다." 座談「宮澤俊義を語る」『ジュリスト』 1977년 3월, 95쪽.

48) 宮澤俊義,「明日の政局」『日本評論』 1936년 3월.

출현하기를 바란다고만 말해두자.[49]

이 내뱉는 듯한 말투 속에서 미야자와의 초조감을 읽어내는 일은 그다지 어렵지 않을 것이다.

먼저 독일 공법학계의 정치화와 정신과학 방법론의 유행이 있었다. 그 결과 부흥한 다양한 형태의 국민 대표 개념은 현실적으로는 아무런 실정법적 관계가 존재하지 않는 곳에 대표 관계를 의제함으로써 독재정을 민주정으로 보이게 하는 이데올로기적 기능을 수행했다. 야베 데이지矢部貞治의 형이상학적 대표론은 그러한 이데올로기적 대표를 일본의 의회정치에 적용하려는 시도였다. 이러한 상황 속에서 미야자와는 국민 대표 개념에 대한 이데올로기 비판에 착수하여 순수대표제를 실정법적 관계의 부재를 은폐하는 '이름'에 지나지 않는다고 비판했다. 이 과정에서 19세기 의회제에 대한 상대화가 이루어졌다. 미야자와는 이데올로기적 순수대표로 구성되는 의회를 대신하여 대표와 선거인 사이에 명령적 위임 관계를 복원하는 새로운 의회정치를 구상했다. 대중민주정이 그것이다. 진정한 국민 입법은 선거인의 의사에 대표를 구속함으로써 비로소 가능하다고 미야자와는 생각했다.

대중민주정은 근대입헌주의의 역사에서 전망할 수 있는 하나의 이론적 당위였다. 따라서 그 미래는 결국 대중의 정치적 자각 여하에 따라 결정되는 실천 이성의 문제였는데, 일본에서 대중민주정의 가능성은 비상시의 진전과 함께 점점 희박하게 되었다. 이때 발생한 천황기관설 사건은 미야자와가 비판적으로 극복하려 했던 미노베의 입헌주의조차 공정의 대상이 된 사실을 의미했다. 마루야마 마사오가 이야기한 '비극적인' 상황이란 미야자와의 지향점과 시대의 조류 사이에 가로놓인

---

49) 宮澤俊義,「明日の政局」.

거대한 단절을 지적한 말이었다.

여기까지가 대중민주정을 둘러싼 일본 국내 상황이었다면 "입법권의 침식에 대한 행정 권력의 보장 또는 확대의 원리"[50])에 근거하는 '입법의 위임'은 대중민주정 구상과 시대의 방향과의 괴리를 세계적 차원에서 규정하는 현상이었다.

> 사람들도 알다시피 대전을 전기로 커다란 변혁이 일어났다. 모든 곳에서 경제적 자유주의를 포기하고, 지금까지 사적 자치로 방임되었던 영역에 점차 국가적 통제가 손을 뻗치기 시작했다. 국가는 단지 '사법 국가'나 '입법 국가'에서 벗어나 '행정 국가Verwaltungsstaat'가 되었다. 19세기에 신흥 시민계급과 함께 큰 발전을 이룬 사법私法은(19세기는 전형적인 사법의 시대였다) 지금 각 방면에서 공법의 침식을 받게 되었다.[51])

미야자와는 이러한 세계적인 상황 앞에서 "어디서나 입법권의 우월이 현실의 정치 정세에 적합하지 않게 된"[52]) 사실을 자인sein의 문제로서 받아들일 수밖에 없었다. 많은 국가에서 벌어지고 있는, 의회제에서 권위적 정치체제로의 이행은 거부할 수 없는 인식의 대상이 되었다. 여기에 국가의 전쟁이 더해져 미야자와는 "집권적·통합적 정치체제"의 구축을 주장하기에 이르렀다.

> 말할 필요도 없이 전쟁의 목적은 승리이다. 싸우는 이상 이기지

---

50) 宮澤俊義, 「立法の委任について」 『公法雜誌』 1936년 11월/ 『憲法の原理』, 242쪽.
51) 宮澤俊義, 「立法の委任について」, 228쪽.
52) 宮澤俊義, 「憲法の比較的·歷史的研究について」 『警察研究』 1936년 10월/ 『公法の原理』, 156쪽.

않으면 안 된다. 전시의 정치체제는 오직 이 견지에 따라 결정된다. 평시에 정치체제를 결정하는 것은 반드시 전쟁 목적만이 아니다. 개인 자유의 보장이나 문화의 조성이 목적이 된다. 그러나 전시하에서 그런 목적은 적어도 일단은 이차적인 것으로 취급된다. 전면에 나서는 것은 무엇보다도 전쟁의 승리이다.[53]

대중민주정의 가능성이 차단되고 세계적 차원의 행정부 강화 현상이 현실의 문제로서 미야자와의 눈앞에 펼쳐져 있었다. 이는 법률의 우위나 권력분립주의가 더 이상 현실적인 정치원리로서 기능하지 않는다는 사실을 말해주고 있었다. 국가의 전쟁은 여기에 박차를 가했다. 대중민주정 구상이 좌절된 이후, 그때까지 19세기 의회제, 대중민주정, 독재정의 세 가지 정치형태를 축으로 사고를 전개해 온 미야자와는 1937년의 논문을 전기로 정체를 "의회제와 권위제"[54] 두 가지로 구분하기 시작했다. 대중민주정은 실천적 당위라는 이유뿐만 아니라 현실적 가능성의 이유에서도 미야자와의 헌법학에서 모습을 감추었다.

53) 宮澤俊義, 「大本營の設置と內閣制度の改革 : 戰時的政治體制の生成」 『中央公論』 1937년 12월.
54) 宮澤俊義, 「立憲主義の原理」 『憲法の原理』, 4쪽.

제2절 자유주의의 전회

　앞 절에서는 천황기관설 사건이 미야자와 헌법학에 미친 영향과 1930년대 후반의 비상시 상황의 진전에 따른 법학의 정치화에 대해 살펴보았다. 그중에서 마키노의 자유법론에 대해 자세하게 언급한 이유는 그가 비상시 입법을 추인해 간 근본적인 원인이 다이쇼 데모크라시 정치사상이 갖고 있던 목적론적 과학관과 사회법 우위의 법사상에서 비롯하고 있었던 점을 설명하기 위해서였다.

　마키노는 분출하는 사회 문제를 해결하는 것을 법학의 사명으로 생각했다. 사회와 함께 변천하는 정의의 구체적 내용을 발견하고 그것을 실현하기 위해서는 법의 목적론적 고찰, 즉 동적 인식이 요구되었다. 마키노의 법사상은 제정법에 대한 사회법의 우위를 주장하는 점에서 미노베의 그것과 같았다. 의회 중심주의를 주장했던 미노베가 1930년대에 들어 사회 사정에 적합하지 않게 된 의회정치를 상대화해 간 것도, 마키노가 비상시 입법을 법의 사회화의 한 현상으로 받아들여 계속 승인해 간 것도, 사회 안에서 발생하여 사회와 함께 변화하는 법에서 보면 자연스러운 현상이었다. 그들이 자신의 사상적 변화를 '전향'으로 인지하지 못하는 이유도 바로 그 점에 있었다. 천황기관설 사건 이후 사회적 발언의 기회를 빼앗긴 미노베가 당시의 정치 상황을 어떻게 인식하고 있었는지는 알 수 없지만, 적어도 마키노의 법학은 정의와 목적의 무한정한 독주를 보여 일찍이 정치를 시정하는 자유법론의 이미지에서 멀어져갔다.

마키노의 회갑을 기념하는 논문집에 수록된 미야자와의 「법과 법학과 정치法および法學と政治」[1]는 정치에 동요하는 법학의 현재를 응시하면서 법과 법학과 정치의 관계를 묻는 작품이었다. 미야자와는 논문에서 법학의 정치화에 대해 견해를 피력했는데, 그것은 정치의 시녀로 전락한 법학계의 현실을 비판하며 과학과 정치의 원리적인 구분을 주장하는 내용이었다. 이는 정치의 시대를 겪으면서 한때 크게 흔들리는 듯 보였던 그의 과학관이 다시 원점으로 회귀한 사실을 의미했다.

그런데 이 논문에서 더욱 주목할 대목은 미야자와의 자유관에 하나의 결정적인 변화가 보이는 점이다. 미야자와는 정치를 초월하는 추상적·보편적 의미의 법을 상정하는 일은 청산되어야 할 19세기 자유주의 이론의 유산에 지나지 않으며 법은 어떠한 경우도 정치의 산물이라고 말했다. 이런 발언은 존재의 법을 인식 대상으로 하는 법 과학의 연장이라고도 볼 수 있지만, 모든 법을 정치의 산물로만 인식하는, 말 그대로의 법실증주의적 태도는 국가 이전의, 국가 이상의 개인권에서 출발하는 미야자와의 자유주의적 입헌주의에서 볼 때 커다란 변화라고 할 수 있었다.

결론적으로 이야기하면 자유주의적 입헌주의를 지탱하던 개인권적 자유는 19세기 시민계급의 정치적 이데올로기로 상대화되었고, 그 결과 자유주의는 권위주의와 나란히 하는 '하나의 정치원리'가 되었다. 이러한 자유주의의 평가절하는 미야자와의 사상에서 비판 정신을 상실

---

1) 小野清一郎 편, 『牧野敎授還曆祝賀 法理論集』, 有斐閣, 1938/『公法の原理』에 수록.

하게 만드는 결정적인 계기가 되었는데, 이하에서는 이 점을 중심으로 1930년대 후반에 일어난 그의 사상적 전회에 대해 살펴보기로 한다.

미야자와에게 현대는 "하나의 정치적 전환기"이자 "정치적 시대A political age"였다. 이는 "현대인이 정치적 지향을 갖는다는 의미"가 아니라 "현대인이 정치의 지배·영향으로부터 자유로울 수 없다"는 비극성을 내포한 시대를 표현한 말이었다. "이미 존재하는 정치체제가 근본적인 변화에 직면했을 때 그것을 정적·평면적으로 해명하는 일은 실제로 많은 의미가 없을 것이다."[2] 이 발언은 당시 그의 내면에서 일어나고 있던 과학관의 변화를 암시하고 있었다. 미야자와는 급변하는 정치의 시대 속에서 과학적 인식의 유효성에 의문을 품기 시작했다. 그와 동시에 그의 심부에서 다시 자연법의 문제가 호출되었다.

루이 르퓌르Louis LeFur(1870~1943)의 자연법론에 대한 미야자와의 논문은 과학과 자연법의 관계에 대한 고민의 기록이었다. 미야자와는 글을 시작하면서 "여기서는 주로 그의 주장을 객관적으로 묘사하는 데 그치고 내재적 혹은 초월적 비판"[3]을 삼갈 것을 내비쳤지만, 거기에 소개된 르퓌르의 발언 하나하나에는 미야자와 본인의 문제의식이 깊이 투영되어 있었다. 미야자와는 자신의 내면세계에서 벌어지고 있던 과학관의 동요와 자연법의 대두를, 르퓌르의 말을 인용하여, 이렇게 말했다.

인간은 과학에서는 틀리는 경우가 있어 오랜 기간 태양이 지구 주위를 돈다고 생각한 적도 있다. 그러나 도덕에서 보편적인 오류와 같은 것은 없다. 그것은 바로 도덕이 (중략) 과학science의 대상이 아니라 양심conscience의 대상이기 때문이다. 도덕 감정에서는 고대인도 현대인

---

2) 이상, 宮澤俊義, 「立憲主義の原理」『憲法の原理』, 1~2쪽.
3) 宮澤俊義, 「ル·フュウルの自然法論」『憲法の思想』, 255쪽.

도 다를 바가 없다.[4]

미야자와는 정치의 시대에서 자신이 지금까지 입각해 온 과학의 무력을 깨달았다. 실증주의의 패배를 보았다.

> 진정한 자연법은 사회학적 실증주의나 신칸트주의를 극복함으로써 비로소 재생할 수 있었다. 즉 그러한 극복이 이미 이루어졌다고 여겨지는 현대야말로 사람들이 자연법의 재생에 관해 이야기할 수 있는 시대이다.[5]

이 말의 의도를 정확하게 읽어내는 것은 지금까지의 미야자와의 사상을 생각하면 매우 어려운 일일 것이다. 사회학적 실증주의나 신칸트주의는 본질적으로 자연법적 사고를 부정하는 성격을 갖고 있었지만, 그것은 동시에 미야자와 헌법학의 출발점이기도 했다. 그럼에도 미야자와는 과학적 실증주의의 극복이 이미 이루어진 현대에서 자연법의 재생을 이야기하고자 한다. 그렇다면 그는 무력한 과학을 단념하고 '정의의 천국'을 설파하는 자연법론자로 변신하려는 것인가?

돌아보면 과학과 자연법의 관계는 미야자와의 헌법학이 출발한 이래 이른 시기부터 제출된 문제였다. 1933년의 논문[6]에서 미야자와는 법을 도덕의 일부로 여겨 악법을 거부할 것인가, 아니면 법과 양심의 관계를 끊고 악법도 법으로서 수용할 것인가를 물었다. 그가 이러한 물음을 하나의 실천적인 과제로서 생각했던 점은 이미 소개했지만, 5년의

---

4) 宮澤俊義, 「ル·フュウルの自然法論」, 266쪽.
5) 宮澤俊義, 「ル·フュウルの自然法論」, 254쪽.
6) 宮澤俊義, 「法の義務づけよう」『法律學における學說』.

세월이 흘러 이 문제는 다시 제출되었다.

그러나 같은 자연법을 논하면서도 과학의 지위는 크게 달라져 있었다. 1933년의 논문은 법의 부도덕화와 그에 대한 과학지상주의의 비실천성을 문제 삼은 것이었다. 정치의 시대에서 법 관계를 적나라한 권력관계로 환원시킬 위험성이 있는 '설익은 실증주의'에 회의를 느낀 미야자와는 법의 본질적 요소에 어떤 형태로든 도덕성을 개입시킬 필요를 느꼈다. 하지만 존재의 법을 대상으로 하는 법 과학은 자연법의 문제를 회피할 수는 있어도 이론적으로 극복할 수 없는 난제로 결론내릴 수밖에 없었다. 자연법은 결국 세계관의 문제이자 실천 이성의 영역에 속하는 이유로 법 과학의 대상에서 제외될 수밖에 없었기 때문이다. 이런 점에서 미야자와는 여전히 과학의 사도였다. 의문의 대상이 된 것도 법의 부도덕화에 대한 과학지상주의의 실천적 무력이었지 과학 그 자체가 아니었다. 미야자와가 '법학자'로서가 아니라 '사람'으로서 이 문제를 생각하려 한 까닭이다.

그로부터 5년이 지나 제출된 자연법 문제에서 실증주의는 19세기라는 "아마도 인류 역사상 가장 강하게 자연법을 부정한 시대"[7]의 사상적 유물로서, 이미 '극복된' 것이 되어 있었다. 맹목적 과학주의에 대한 부분부정이 아니라 과학 일반의 패배를 시사하고 있었다.

> 자연법을 완전히 부정하고 때에 따라 단순히 '형식'만을 인정함으로써 만족할지, 아니면 상대주의의 견지에서 거기에 전적으로 주관적인 내용을 담는 것으로 만족할지, 그 어느 쪽을 굳이 택하지 않는 이상, 인간은 아마 어느 정도는 이런 종류의 자연법을 승인할 수밖에 없을 것이다.[8]

---

7) 宮澤俊義, 「ル・フュウルの自然法論」『憲法の思想』, 253쪽.

이 조심스러운 자연법 '승인'을 그대로 자연법으로의 귀의로 받아들일 수는 없지만 그래도 이 시기의 미야자와는 아마도 그의 생애에서 가장 과학에서 멀어져 자연법으로 다가갔다고 할 수 있을 것이다. 노도와 같은 정치적 시대 속에서 미야자와는 과학에 대한 확신을 잃고 한 시대의 종언과 새로운 시대의 개막을 감지했다. 하지만 그럼에도 "정의에 기초하는 법인지, 힘에 기초하는 법인지의 딜레마"는 변함없이 "숙명적인"[9] 문제로서 존재하고 있었고, 구체적이고 명확한 내용을 가진 "그런 종류의 자연법"[10]을 르퓌르의 자연법론 안에서도 발견할 수 없었다. 그래서 미야자와는 실정법의 과학인 법 과학은 "반드시 직접적으로는 자연법을 필요로 하지 않는다"[11]는 사실을 재확인하면서 고찰을 끝맺었다. 「법과 법학과 정치」를 보아도 미야자와는 한때 보인 것과 같은 과학 일반에 대한 동요에서 벗어나 있었다.

법학이 정치로부터 해방되어야 한다는 주장은 과학이 정치의 지배로부터 해방되어야 한다는 것을 의미한다. 과학이 정치의 지배로부터 해방되어야 한다는 것은, 말할 필요도 없이 과학의 **방법**이 정치의 지배로부터 해방되어야 한다는 의미인데, 이런 의미에서 법학이 정치와 절연해야 함은 아마도 누구나 승인하는 바일 것이다. 자연현상을 대상으로 하는 과학이든, 사회현상을 대상으로 하는 과학이든 과학이 정치의 시녀가 되는 일은 과학의 자살과 다름이 없기에 적어도 과학에 어떤 독자적 가치를 인정하는 한 과학이 정치에 봉사하는 것을 배척해야 함은 너무나 당연하다.[12]

---

8) 宮澤俊義, 「ル・フュウルの自然法論」, 254~255쪽.
9) 宮澤俊義, 「ル・フュウルの自然法論」, 267쪽.
10) 宮澤俊義, 「ル・フュウルの自然法論」, 270쪽.
11) 宮澤俊義, 「ル・フュウルの自然法論」, 271쪽.

이러한 발언에서는 방법론적 순화를 통해 과학적 법학의 수립을 지향한 미야자와 헌법학의 초심을 발견할 수 있을 것이다. 혹은 "정치는 '과학'의 분장을 함으로써 한층 더 반대자들을 설득할 수 있다. 객관적인 진리는 생각할 수 있는 최대의 설득력을 가지기 때문이다"[13]라는 말에서는 「국민 대표 개념」에서 보인 가차 없는 이데올로기 비판을 떠올릴 수도 있을 것이다. 정치의 시대에 크게 흔들리는 듯 보였던 미야자와의 과학은 "눈앞의 일시적인 정치 가치가 아니라 영원한 진리 가치만을"[14] 추구하는 본연의 모습으로 되돌아갔다. 미야자와는 켈젠을 등장시켜 다시 한번 법 과학과 법 해석의 구분을 강조했다.

> 말할 필요도 없지만 켈젠이 의도하는 바는 법의 **과학적** 인식이었지 법의 도그마가 아니었다. 후자는 주로 법 **해석**을 전문으로 한다. 따라서 '순수법학'은 개념법학도 아니고 자유법학도 아니다. 개념법학이나 자유법학은 모두 법 해석에 관한 문제이다. 법의 과학적 인식에 관한 문제가 아니다. 게르버·라반트의 방법을 법실증주의라고 하지만 법 해석과 법 인식의 구별이 분명하지 않다. 거기에서 문제시되는 '법적 방법'은 과학 방법의 의미보다 오히려 법 해석의 방법을 의미한다.[15]

정치적 시대에 진행되고 있는 법학의 정치화를 바라보면서 미야자와는 다시 켈젠으로 되돌아가 방법론적 순화를 통한 과학의 독립을 모색했다. 켈젠과 마찬가지로 그도 "과학의 모든 가치는 과학이 정치와 결합하는 유혹을 참아낼 수 있는 힘을 보유하는지 아닌지에 따라 존립

---

12) 宮澤俊義, 「法および法學と政治」『公法の原理』, 136쪽.
13) 宮澤俊義, 「法および法學と政治」, 140쪽.
14) 宮澤俊義, 「法および法學と政治」, 137쪽.
15) 宮澤俊義, 「法および法學と政治」, 120쪽.

하거나 혹은 상실"16)한다는 사실을 잘 알고 있었기 때문이다. 법학과
정치의 관계를 보는 미야자와의 시점은 이전과 일치하고 있었다. 하지
만 과학의 경계가 유지되고 있었다는 사실이 반드시 법과 정치의 관계
의 지속을 의미하는 것은 아니었다. 법과 정치의 관계를 논하는 그의
모습은 이전과 크게 달라져 있었다.

　　법은 근본적인 성격에서 정치적인 존재이다. 따라서 법을 정치에
서 완전히 분리하는 일은 정당하지 않다. 모든 사회적 존재는 살아
있는 것이어야 한다. 살아 있는 현실로부터 추상화된 단순한 형식은
진정한 사회적 존재가 아니다. 따라서 정치라는 살아 있는 현실에
뿌리를 갖지 못한 법은 진정한 법, 즉 살아 있는 법이 아니다. 법을
정치와 전혀 별개의 것으로 보는 자유주의 이론은 청산되어야 한다.17)

　살아 있는 법에 대한 미야자와의 확신은 초기작품 「경성헌법의 변천」
(1924년) 이래의 것이었다. 살아 움직이는 사회의 규범에 대한 사회학적
접근은 미야자와 헌법학의 출발점이었다. 그렇다면 여기서 말하는
청산되어야 할 자유주의 이론이란 무엇을 말하는가?

　　법은 어떠한 경우도 정치의 소산이다. 자유주의 학자들은 (중략)
'정치 위에서 정치를 지배하는 법 원리'와 같은, 정치와 관계없는, 또는
정치를 초월한 법 원리가 존재한다고 믿지만, 그것은 정당하지 않다.
법은 모두 정치의 소산이며, 따라서 어떤 법도 반드시 정치적 성격을
가진다. 정치와 관계없는, 또는 정치를 초월한 법이라는 것은 있을

16)　宮澤俊義, 「公法學における政治」『公法の原理』, 68쪽.
17)　宮澤俊義, 「法および法學と政治」『公法の原理』, 143쪽.

수가 없다. 자유주의 정치는 자유주의적인 법을 낳고, 권위주의 정치는 권위주의적인 법을 낳는다. 자유주의나 권위주의는 모두 정치원리이다. 그것이 법을 만드는 원동력이다. 법의 본질에서 파생되는 이론적 귀결로서 자유주의적, 혹은 권위주의적 정치를 요청하는 일은 없다.[18]

법은 어디까지나 정치의 산물이었다. 법과 정치 사이에 합리와 비합리, 또는 이론과 실천의 대립을 인정하지 않는 미야자와에게 법과 정치라는 "사회적 현상"은 모두 본질에 있어서 실천적인 성격을 가지며, 양자 사이에는 "수단과 목적, 형식과 내용, 정태와 동태"의 구별이 있을 뿐이었다. 따라서 법은 "결국 하나의 사회적 기술이고 (중략) 그런 점에서 정치와 조금도 다를 바 없는"[19] 존재라고 미야자와는 말했다.

그렇다면 자유주의 학자들이 '믿고', 미야자와가 '정당하지 않다'라고 한 '정치 위에서 정치를 지배하는 법 원리'를 미야자와는 어떻게 평가했는가? 그는 "구체적·개별적 의미의 법"보다 "추상적·보편적 의미의 법"에 더 많은 가치를 인정하는 자유주의 학자들의 사고는 19세기의 시민적 자유주의의 요청에 부합한 "특수한 법 개념"[20]으로, 그것은 "오롯이 자유주의라는 하나의 정치원리에 봉사하는 법 개념"[21]에 지나지 않는다고 일축했다. "청산되어야 할 불순물"이자 이데올로기라는 것이다. 이러한 19세기 자유주의에 대한 거리를 둔 관점이 대중민주정 논의에서 보인 시민계급의 상대화와 연동하는 점은 다시 언급하겠지만, 동시에 거기에는 추상적·보편적 의미의 법의 구체화가 "언제나

---

18) 宮澤俊義, 「法および法學と政治」, 134쪽.
19) 이상, 宮澤俊義, 「法および法學と政治」, 133쪽.
20) 宮澤俊義, 「法および法學と政治」, 126~127쪽.
21) 宮澤俊義, 「法および法學と政治」, 132쪽.

구체적인 인간의 의욕에 의해 이루어진다"[22]고 하는 실증주의적·경험주의적 법사상이 존재하고 있었던 사실도 함께 지적해 둘 필요가 있을 것이다.

법과 정치를 이성ratio과 의욕voluntas, 또는 지혜와 의지의 관계로 사고하는 자유주의 법학의 법 개념을 19세기 시민계급의 이데올로기로 간주하는 미야자와는 자유주의 법학 안에서 현대의 권위주의 법학과 다를 바가 없는 정치성을 발견했다.

원래 어떤 정치적 관점에서 볼 때 아무리 바람직하지 못한 법이라도 그로써 법이 법이 아니게 될 수는 없다. 그러나 자유주의 법학은 그것이 섬기는 정치적 관점에서 보아 바람직한 법, 즉 추상적·보편적 의미의 법만을 법으로 생각하기 때문에 그들의 관점에서 바람직하지 못한 법, 예를 들어 전제정치의 법을 비법非法이라고 생각한다. 여기서 비법은, 따라서 실제로 비법이 아니라 자유주의 관점에서 볼 때 바람직하지 못한 법 또는 악법을 의미한다. 비법은 법이 아니지만 악법은 법이다. 자유주의 입장에서 악법이 된 것을 비법으로 여기는 것은 과학적 인식이 자유주의적 정치원리에 의해 왜곡되었음을 말한다.[23]

모든 법은 정치의 산물이다. 그러나 정치의 산물인 법을 관찰하는 법학은 정치로부터 독립을 확보해야 한다. 왜냐하면 그 **"대상**이 정치적으로 제약을" 받는다고 해서 "결코 과학의 **방법**이 정치의 제약하에 있다는 것을 시인"[24]하는 것이 아니기 때문이다. 법과 법학과 정치의

---

22) 이상, 宮澤俊義, 「法および法學と政治」, 125쪽.

23) 宮澤俊義, 「法および法學と政治」, 128쪽.

24) 宮澤俊義, 「法および法學と政治」, 145쪽.

관계에 대한 미야자와의 대답은 이러한 것이었다.

지금까지의 미야자와의 논의를 종래의 그것과 비교하면 몇 가지 연속과 단절을 지적할 수 있다. 먼저 과학의 정치로부터의 독립, 다시 말해 실천적 행위와 구별되는 과학적 인식에 관한 일관된 문제 관심인데, 미야자와가 비판하는 청산되어야 할 시민계급의 법 개념도 결국 과학과 정치적 실천을 구별하지 않는 자유주의 법학의 방법적 혼재를 말하는 것이었다. 즉 자유주의라는 정치적 지향을 이데올로기적 과학으로 분장한 점에 비판의 주안점이 있었다. 자유주의 법학의 정치성에 대한 미야자와의 비판에는 정치에 대한 봉사가 법학의 사명으로 이야기되는 시대 상황에 대한 이의제기의 측면도 있었다.

하지만 과학의 독립에 대한 지속적인 문제 관심에도 불구하고 자유주의에 대한 인식은 크게 변모했다. 자유주의와 권위주의를 각각 하나의 정치원리로서 평등하게 다루게 된 것이다. "원래 자유주의든 권위주의든 모두 정치원리이다."[25] 이러한 가치중립적인 태도에서 이전과 같은 전투적인 독재정 비판자 또는 민주정 옹호자의 모습을 읽어내는 일은 불가능하다. 양자를 바라보는 미야자와의 시선에서 가치의 우열을 발견하기 어렵게 되었다.

앞에서 소개한 것처럼 미야자와는 법과 정치를 이성과 의욕의 관계로 보는 자유주의 법학의 법 개념을 19세기 시민계급의 정치적 요청에서 비롯하는 이데올로기라고 비판했다. 이때 시민적 자유주의의 정치원리는 "자유와 재산Freiheit und Eibentum"에 입각하는 "사회생활의 안정성과 예측 가능성Berechenbarkeit"[26]을 말했는데, 미야자와는 '정치 위에서 정치를 지배하는 법 원리'에 대해 그러한 정치적 요청의 산물 이상의

---

25) 宮澤俊義, 「法および法學と政治」, 110쪽.
26) 宮澤俊義, 「法および法學と政治」, 125쪽.

의미를 부여하지 않았다. 시민적 자유주의에 대한 이러한 인식은 얼핏 대중민주정 논의에서 볼 수 있었던 19세기 의회제 비판의 연장으로도 비칠 수 있지만, 실은 양자 사이에는 커다란 단절이 있었다. 그것은 개인권에서 출발하는 국민주권적 자유주의와 19세기 시민계급의 자유주의 사이의 구별이 보이지 않게 된 점이다. 자유주의는 19세기 자유주의로 일원화되었다.

대중민주정 논의에서 시민적 자유주의의 상대화는 국민주권주의의 관점에서 이루어진 것이었다. '국민의 소리'를 표방했지만 실은 '시민의 소리'를 대변한 것에 지나지 않았던 19세기 의회제는 국민주권주의의 부정 위에 성립한 것이었다. 그러므로 19세기 자유주의는 어디까지나 자유주의의 부정적 전개로서 인식되었다. 미야자와가 추구한 대표와 선거인 사이의 명령적 위임 관계의 복원은 19세기 자유주의를 근대입헌주의의 초심으로 복귀시키려는 시도였다.

그러나 국민주권적 자유주의의 입장에서 19세기의 시민적 자유주의를 비판하는 대중민주정의 구도를 「법과 법학과 정치」에서 발견하는 일은 불가능하다. 19세기 자유주의로 일원화된 자유주의는 권위주의와 함께 하나의 정치원리로서 존재할 뿐이었다. 요컨대 권위주의의 가치가 상승한 것이 아니라 자유주의의 가치가 하강한 것이다. 이러한 자유주의 인식의 구조 전환이야말로 가치중립적 자유주의론 또는 권위주의론을 낳은 원인이었다.

원래 시대에 정치의 시대나 법의 시대라고 하는 구별이 있을 리 없다. 어떠한 시대도 정치의 시대이자 법의 시대이다. 단지 어느 시대는 비교적 안정적이고, 어느 시대는 비교적 동요적이라는 차이가 있을 뿐이다. 안정적인 시대, 예를 들어 시민적 자유주의의 시대에는 추상적

·보편적 의미의 법이 큰 역할을 하고, 동요적인 시대, 예를 들어 권위주의의 시대에는 반대로 구체적·개별적 의미의 법이 큰 역할을 한다.[27]

미야자와가 이 문장을 통해 말하고자 했던 것은 무엇인가? 정치에서 벗어날 수 없는 법의 존재 피구속성이었는가? 아마 그랬겠지만, 그것은 그것대로 법에 대한 '올바른' 관점이고 그의 일관된 입장이기도 했다. 하지만 이전에는 있고, 여기에는 없는 것은, 위기의 시대마다 호출되는 자연법의 문제였다.

미야자와는 정치적 변혁기 속에서 몇 번이나 과학의 무력을 실감했다. 설익은 실증주의의 한계를 느끼고서 자연법을 찾고, 그 내용을 경험적으로 인식할 수 없다는 사실을 확인하고는 다시 법 과학으로 복귀하는 여정은 몇 차례나 반복되었다. 설사 그러한 모색이 언제나 초극할 수 없는 양자택일의 문제로 끝났다고 해도 미야자와의 내면세계에서 자연법의 문제가 완전히 사라지는 일은 일어나지 않았다. 자연법 문제는 실정법 질서와 정의가 일치할 때까지 계속 존재하는 법철학의 최종 과제였기 때문이다. 그러나 미야자와는 이렇게 말했다.

사람들은 때때로 자연법을 부르면서 '이법droit rationnel'이나 '과학법 droit scientifique'이란 말을 사용한다. 이러한 말들은 오직 이론 이성에 의해서만 만들어지는, 혹은 발견되는 법이 존재하는 것을 의미한다고 해석되지만, 그러한 법이 존재한다고 하는 것은 옳지 않다. 어떠한 법도 인간의 정치적 행동과 무관하게 존재할 수 없다.[28]

---

27) 宮澤俊義, 「法および法學と政治」, 131쪽.
28) 宮澤俊義, 「法および法學と政治」, 133쪽.

이런 발언을 존재의 법을 관찰하는 법 과학에 비추어 생각하면 미야 자와의 입장은 일관되고 있었다고 할 수 있다. 그렇다면 정치의 시대에 과학적 실증주의의 실천적 무력과 함께 호출되던 자연법의 문제는 어떠한가?

미야자와의 자유주의적 입헌주의는 "언제나 어떤 형태의 '자연법'을 예상할 수밖에 없는"[29] 저항권과 함께 출발한 것이었다. 그래서 미야자 와는 법을 "voluntas가 아니라 ratio"의 소산으로 여기는 "자유와 법치국 가를 위해 투쟁한 시민계급의 법개념"[30]에서 결코 자유롭지 못했다. 단지 미야자와 헌법학은 정치의 계절이 찾아오기까지 자유와 법치국가 라는 법의 도덕화의 역사를 전제로 한 것이었기에 자연법의 문제를 일단 불문에 부칠 수 있었을 뿐이었다. 자연법 문제의 대두는 실정법 질서의 부도덕화에 따른 위기의식의 고양과 함께 미야자와 헌법학의 원풍경이 다시 모습을 드러낸 것을 의미했다.

그러나 법과 법학과 정치의 관계를 논하는 미야자와는 완전한 의미 의 법실증주의자로 변모해 있었다. "법은 어떠한 경우도 정치에 의해 만들어지고, 정치에 의해 움직인다."[31] 이렇게 말하는 미야자와에게 '정치 위에서 정치를 지배하는 법 원리', 즉 개인권에서 연역하는 근대입 헌주의의 법 원리는 단지 19세기 시민계급의 정치적 이데올로기에 지나지 않았다. 국민주권주의를 지탱하던 '완전한 자유'는 자본주의 이데올로기로 실체화되어 미야자와 헌법학에서 자취를 감추었다.

일본에서 자유주의의 전략顚落이 회자하던 무렵 하세가와 뇨제칸長谷 川如是閑은 자유주의를 '도덕적 범주의 자유주의'와 '역사적 자유주의'로

---

29) 宮澤俊義,「抵抗權史上に於けるロック」『憲法の思想』, 233쪽.
30) 宮澤俊義,「法律による裁判」『憲法と裁判』, 19쪽.
31) 宮澤俊義,「法および法學と政治」『公法の原理』, 133쪽.

구분하여 다음과 같이 말했다.

> 역사적 '자유주의'는 (중략) 한 시대의 경제와 정치에 근거하는
> 특수한 의미 내용을 가진 것이지만, 그 결과로 도덕적 범주의 자유주의
> 가 사상적으로 성립했다. 즉 근대 생활 일반에서 '자유'가 하나의 도덕
> 적 범주로 요구되었기 때문에, 그것이 철학적 관념 형태를 띠고 절대성
> 을 부여받은 것이다. (중략) '자유'를 그러한 사회 형태 일반의 속성으로
> 볼 때, 역사적 자유주의와는 달리, 특정 시대나 특정 사회의 역사
> 속에서 생겨난 그것이 아니라, 어느 사회에서도 요구되는 '자유', 즉
> 도덕적 범주로서의 '자유'의 일반적 성질을 발견할 수 있다. 이 '자유의
> 철학'은 사상체계로서는 근대의 산물이지만, 그러한 의미의 '자유' 그
> 자체는 사회 형태 자체의 속성으로서, 모든 시대와 사회를 통틀어
> 내재하는 것이다.[32]

하세가와가 자유주의를 두 가지로 구분하는 이유는 몰락하는 자유주
의 속에서 도덕적 범주의 자유를 구출하기 위해서였다. 만약 여기서
하세가와의 구분을 원용하여 자연권적 권리에 입각하는 자유주의를
법철학적 자유주의라고 하고, 미야자와가 말하는 19세기 시민계급의
자유주의를 역사적 자유주의라고 한다면, 법철학적 자유주의로써 역
사적 자유주의를 상대화한 대중민주정 논의와는 달리, 「법과 법학과
정치」의 미야자와는 법철학적 자유주의를 역사적 자유주의 속에 해소
함으로써 자유주의 일반을 상대화했다고 할 수 있다. 이는 당시 일본
언론계를 풍미했던 '근대의 초극超克'과 궤를 같이하는 논의였다고 볼

---

32) 長谷川如是閑, 「歷史的の自由主義と道德的範疇としての'自由'」『中央公論』1935
 년 5월 「特輯 顚落·自由主義の檢討」.

하세가와 뇨제칸長谷川如是閑(1875~1969)

수 있는데, 어쨌건 이 시기의 미야자와는 실정법 지상주의자, 이런 표현이 지나치다면 완전한 의미의 법실증주의자로 변하여 가치중립적인 자유주의론 또는 권위주의론을 표명하게 되었다.

법철학적 자유주의의 소멸은 미야자와의 사상에서 비판 정신을 상실케 했다. 입각 지점을 잃어버린 미야자와는 국민 대표 개념이나 독재정 신학에 대해 보였던 가차 없는 이데올로기 비판을 더 이상 전개할 수 없게 되었다. 말하자면 과학의 독립이 유지되는 대신 법은 정치의 시녀로 전락했고, 그 결과 미야자와의 법 과학은 정치를 비판하는 시점을 상실하고 만 것이다. 이후 그의 자유주의 비판은 오로지 역사적 자유주의에 근거한 채 이루어졌다.

1939년 한 종합잡지에 실린 글에서 미야자와는 이렇게 말했다.

사람들은 자주 개인주의의 개인을 경험적인 개별 인간 안에서 찾으려 한다. 그러나 그것은 옳지 않다. 경험적·구체적 개성을 갖춘 개인에서 출발해서는 도저히 하나의 적극적인 정치원리에 도달할 수 없다. 개인은 구체적인 모습에서 무한한 다종다양성을 보이기 때문에 구체적인 개인을 출발점으로 삼는 한 오히려 적극적인 정치원리의 부정으로 귀결되는 사태가 일어날 것이다.[33]

개인권을 보장하기 위한 적극적인 국가·정치원리로서의 민주주의

---

33) 宮澤俊義,「政治の單位としての個人と家」『改造』1939년 1월.

는 여기에 와서 완전히 파탄했다. "개인은 경험성·구체성을 버리고 추상적·이념적인 인간이 되어야 한다."[34] 이 발언은 법 과학의 패배와 종언을 선언한 것이나 마찬가지였다.

1938년 전후의 시기는 미야자와가 가장 '문화 가치'에서 멀어져 '생활 가치' 또는 '생生 가치'로 다가간 때였다고 볼 수 있다. 정치적 시대에 국가의 전쟁이 더해져 그는 분립주의를 대신하는 통합주의의 대세를 가치의 문제로서가 아니라 현실의 문제로서 받아들일 수밖에 없었다. 미야자와는 '생과 과학'의 관계를 이렇게 말했다.

> 물론 과학이 궁극적으로 생Leben을 섬기는 것이라는 점은 말할 필요도 없다. Primum vivera[35]라는 말은 그런 의미에서 옳다. 과학을 위한 과학이라는 자유주의적 표어는 흡사 예술을 위한 예술이란 표어와 마찬가지로 부정되어야 한다. (중략) 모든 과학 이론은 반드시 '생으로부터, 그리고 생을 위해' 만들어져야 하고, 그런 의미에서 과학은 언제나 '살아 있는 과학lebende Wissenschaft'이어야 한다.[36]

미야자와에게 과학이 하나의 자기 완결적인 가치로서 존재하지 않았던 점은 이미 보았지만, 그럼에도 미야자와가 먼저 법의 과학자가 되려 한 사실에는 변함이 없었다. 하지만 국가 간의 문제의 "최종적인 심판자가 항상 전쟁의 결과"[37]라는 현실을 눈앞에 두고 미야자와의 문화 가치는 크게 흔들렸다. "본질적으로 유한적有閑的인 성격"을 지닌

---

34) 宮澤俊義, 「政治の單位としての個人と家」.
35) primum vivere, deinde philosophari.(먼저 살아라, 그리고 삶에 대해 사색하라). 라틴어 교훈의 한 부분.
36) 宮澤俊義, 「法および法學と政治」『公法の原理』, 144쪽.
37) 宮澤俊義, 「ラインの守り」『日本評論』, 1939년 11월.

문화는 "사람 있고 나서의, '생' 있고 나서의 문화"[38]로 그 가치를 떨어뜨렸다. 생의 요청에 입각한 문화 가치의 희생을 "문화의 진정한 발전을 위한 하나의 불가피한 과정"[39]으로 인식하는 그가 생 가치에 적극적으로 가담하는 일은 일어나지 않았지만, 법철학적 자유주의를 잃어버린 뒤의 미야자와는 마치 상황에 대한 긴장감을 상실한 듯 현실을 있는 그대로 묘사할 뿐이었다. 거기에서 미야자와 본인의 숨소리가 들려오지 않게 되었다.

---

38) 宮澤俊義,「文化と戰爭」『朝日新聞』1939년 1월 9일/『東と西』, 春秋社, 1943, 127쪽.
39) 宮澤俊義,「文化と戰爭」, 128쪽.

제3절 대정익찬회 논의

대정익찬회大政翼贊會는 정치를 비판하는 시점을 상실한 뒤 현실과의 긴장감을 놓은 듯하던 미야자와가 다시 정신의 고양을 보인 주제였다. 지금까지의 연구사에서 미야자와는 대정익찬회를 합헌이라고 주장한 인물로 거론되는 것이 일반적이었다. 예를 들어 아카기 스루키赤木須留喜는 다음과 같이 말했다.

> 도쿄제국대학과 교토제국대학에서 헌법 강좌를 담당하는 두 교수가 1941년 초에 대정익찬회 합헌설을 주장하고 그 존재를 논증한 사실을 그냥 지나쳐서는 안 된다. 그런 만큼 교토대학 명예교수인 사사키 소이치佐々木惣一의 몇 차례에 걸친 위헌설은 참으로 통렬하고 과감한 것이었다.[1]

여기서 두 교수란 미야자와와 구로다 사토루黒田覺(1900~1990)를 말하는 것이었는데, 아카기의 연구에서 평가의 척도가 된 것은 합헌설인지 위헌설인지였다. 대정익찬회가 가진 부의 이미지나 지식인의 시국 편승에 대한 비판적 시점 등을 고려하면 합헌 또는 위헌이 평가의

---

1) 赤木須留喜, 『近衛新體制と大政翼贊會』, 岩波書店, 1984, 525쪽.

사사키 소이치佐々木惣一(1878~1965)

기준이 되는 사정은 충분히 이해할 수 있다. 이하에서는 그러한 점을 염두에 두면서 어떠한 의미의 합헌이고, 어떠한 내용의 위헌인지에 대해 재고하고자 한다.

먼저 아카기가 통렬하고 과감하다고 평가한 사사키 소이치의 위헌론을 살펴보면, 한마디로 그것은 익찬운동 정신에 대한 공감과 국체론國體論에서 비롯하는 익찬운동 조직에 대한 위화감으로 구성되어 있었다. 사사키는「대정익찬회와 헌법상의 논점大政翼贊會と憲法上の論點」2)을 시작하면서 먼저 "순수한 헌법관을 식별"할 필요성을 제언했다.

가령 대정익찬회의 어떤 태도가 헌법관에서 볼 때 제국 헌법의 규정 또는 정신에 반하는 것이라 하더라도, 그것은 결코 고도국방국가高度國防國家 체제 확립, 상의하달, 하의상달, 직역봉공職域奉公, 공익 우선 등과 같은 사항의 가치를 부정하는 것이 아니다. (중략) 지금까지 나는 일반을 향해 새로운 정치체제의 필요를 느끼고 주장해 왔는데, 신정당 운동이나 대정익찬회 운동이 신정치 체제의 확립을 요구하는 주장 그 자체에는 동감했다. 따라서 그 건전한 발전을 희망하고 있었다. 그래서 몇 가지 참고가 되길 바라는 마음에서 내가 언급할 수 있는 방면인 법제나 정치 이론을 바탕으로 소견을 밝혔다. 그러한 운동이 일본적으로 올바른 궤도를 밟게 하는 것이 나의 중심 관념이었

---

2) 佐々木惣一,「大政翼贊會と憲法上の論點」『改造』1941년 3월. 여기서의 인용은 大石眞 편,『憲政時論集 Ⅱ』, 信山社, 1998.

다. (중략) 대정익찬회 운동을 헌법 문제로서 비판하는 것을 보고, 그 운동이 주장하는 고도국방국가 체제 확립, 직역봉공, 공익 우선 그리고 일반적으로 신도실천臣道實踐이라고 이야기되는 가치를 부정하는 것이라고 설명하거나, 사람들이 그렇게 생각하도록 말을 흘리는 행위는 순수한 헌법관이 아니다.[3]

사사키가 말하는 순수한 헌법관이란 천황주권을 말하는 것이었다.

　　우리나라에서 정치는 성의聖意에 기원한다. 이는 우리 국체國體의 대본大本이다. 그러므로 정치를 제국 헌법에 준거하여 행해야 한다는 것이 바로 성의이다. 따라서 제국 헌법의 존중에 구속받지 않는 정치와 같은 것은 우리 국체에 비추어 허락되지 않는다. (중략) 제국 헌법과 일치해서는 정치 혁신이 불가능한 사회 사정이 존재한다면, 그 자체가 성의에 의해 재단裁斷되어 성의에 의한 제국 헌법 개정이 이루어질 것이다. 이런 일이 일어나지 않음에도 우리가 제국 헌법과 일치하지 않는 행동에 따라 정치 혁신을 도모해서는 안 된다.[4]

사사키의 주장은 요컨대 "우리나라에서 정치의 궤도는 전적으로 통치자인[5] 천황이 결정하여 제시하신다. (중략) 국민 가운데 이를 벗어나 아랑곳하지 않는 자가 있다면, 그것은 국민 자신이 우리나라 정치의 궤도를 결정할 수 있다고 여기는 것으로, 단연코 받아들일 수 없다"[6]라

---

3) 佐々木惣一,「大政翼贊會と憲法上の論點」, 196~201쪽.
4) 佐々木惣一,「大政翼贊會と憲法上の論點」, 216~217쪽.
5) 사사키도 천황 앞에 한 자를 비워 썼다.
6) 佐々木惣一,「新政治體制の日本的軌道」『中央公論』 1940년 10월/ 大石眞 편, 『憲政時論集 II』, 156쪽.

고 하는 국체론의 입장에서의 위헌설이었다. 천황의 통치권이 유지되는 한, 다시 말해 대정익찬회가 주권을 가진 막부幕府와 같은 존재가 되지 않는 한, "법이 허락하는 범위에서 일당주의—黨主義 실현을 위해 노력해도 상관없고, 또 노력하는 것이 좋다"[7]고 말하는 사사키의 위헌설에서 발견할 수 있는 것은, "제국 헌법의 존재가 얼마나 많이 우리 국가의 융성에 도움이 됐는지는 의심의 여지가 없다"[8]는 헌법 내셔널리즘과 법학자 사사키 소이치의 고색창연한 법실증주의적 태도뿐이다.

사사키의 정태적인 헌법 해석론은 구로다 사토루의 '살아 있는 헌법 해석론'과 대립하는 것이었다. 국방국가 체제에서는 "개별 국민이나 특정 집단의 자유 및 권리 보장과 신장에 중점을 두지 않고, 그러한 것을 모두 전체적 이익을 위해 봉사하도록 하는, 이른바 공익 우선이 요구된다"[9]고 주장하는 구로다는 메이지 헌법에 대한 '동태적 파악'을 통해 자유주의적 해석을 극복하고자 했다.

> 법이나 칙령은 단지 개별 헌법 조문의 관념적인 형식 논리적 전개에 따라 성립하는 것이 아니라 항상 시대적 요청을 매개한 헌법 조문의 전개이다. (중략) 따라서 법, 칙령 그 밖을 통해 헌법 조문이 기능하는 방식은 헌법 조문 자체의 추상적인 형태가 아니라 시대적 요청이 가미된 구체적인 형태로 기능한다. 그러므로 구체적인 사회적 기능을 통해 본 헌법의 색깔은 헌법 본래의 색깔과 반드시 동일한 것이 아니다.

---

7) 佐々木惣一,「政治體制の整備と新政黨運動」『改造』1940년 8월/ 大石眞 편,『憲政時論集 Ⅱ』, 139쪽.
8) 佐々木惣一,「新政治體制の日本的軌道」, 大石眞 편,『憲政時論集 Ⅱ』, 160쪽.
9) 黑田覺,「大政翼贊運動の合憲法性」『改造』1941년 1월/ 黑田覺,『國防國家の理論』, 弘文堂書房, 1941, 15쪽.

헌법 조문이 노란색의 법·칙령을 통하면 노란색으로 보이고, 초록색의
법·칙령을 통하면 초록색으로 보인다.[10]

　구로다는 이러한 상황론의 한계 없는 확대가 "헌법 해석론이 아니라
정치론이라는 비난도 익히 알고" 있었지만 그럼에도 그는 "이야말로
살아 있는 헌법 해석론이라고 굳게 믿고"[11] 있었다.

　여기까지 오면 합헌설·위헌설이 갖는 문제점은 저절로 드러났을
것이다. 위헌설의 사사키도, 합헌설의 구로다도 고도국방국가 체제
확립, 공익 우선이라고 하는 문제의식을 공유하는 점에서는 마찬가지
였다. 차이가 있다면 "사실상의 일국일당"[12]으로 비상시를 타개하려는
구로다의 급진주의와 천황 대권주의를 내용으로 하는 사사키의 국체
내셔널리즘의 구별이 있을 뿐이다.

　구로다의 살아 있는 헌법 해석론에서는 다이쇼 데모크라시 정치사상
과의 연속성을 발견할 수 있다. 시대적 요청을 가미한 새로운 헌법
해석을 주장하는 구로다의 국방국가 이론은, 사회 사정에 어울리지
않게 된 의회정치를 버리고 정치를 담당하는 주체를 의회 이외의 기관
에서 찾고자 했던 미노베의 비상시 정치론이나, 통합주의에 입각한
비상시 입법을 법의 사회화로 받아들여 계속 추인해 간 마키노의 법학
과 구조를 같이하고 있었다.

　그러면 기왕의 연구에서 구로다와 함께 합헌론자로 취급받는 미야자

---

10) 黑田覺, 「大政翼贊運動の合憲法性」, 12~13쪽.
11) 黑田覺, 「大政翼贊運動の合憲法性」, 17쪽.
12) 黑田覺, 「大政翼贊運動の合憲法性」, 31쪽. 구로다는 당시 대정익찬회를 막부적
　　존재로 받아들이는 일반 풍조에 대해 다음과 같은 불쾌감을 표명했다. "나는
　　국체와 관련해서 발생하는 중요한 문제에 대해 모든 것을 막부적 존재라는,
　　불쾌한 연상을 하게 하는 구호로써 비판하는 오늘날의 풍조를 불만으로
　　생각한다." 「大政翼贊運動の合憲法性」, 32쪽.

와의 경우는 어떠한가? 대정익찬회를 논하는 미야자와의 발언에는
일국일당에 대한 위기감이 넘치고 있었다.

　　고노에近衛 성명이 '막부적' 체제가 우리 헌법상 허락되지 않는다고
　　말한 것은 극히 당연한 일이다. 일국일당이 우리나라에서 불가능한
　　점은 대정익찬 운동의 법리적 성격을 밝히는 데 매우 중요한 의미가
　　있다. 그것은 어떠한 경우도 일국일당으로 빠져서는 안 되고, 거기에
　　하나의 넘을 수 없는 한계를 발견하기 때문이다.[13]

　　대정익찬회는 고도의 정치성을 가지면서도 "어디까지나 신정당 수
립 운동과 구별되는" 점에 그 "운동의 본질"과 "한계"[14]가 있었다. 이렇
게 주장하는 미야자와의 뇌리에는 독일의 "국가적 정당"이 있었다.
실제로 고노에 신당이 회자하기 시작할 무렵 그가 제일 먼저 내걸었던
조건은 "어떤 나라처럼 정치상의 언론 자유를 틀어막고 정치결사의
자유를 금지하여 단일한 국가적 정당을 만드는 것과 같은 방법은 우리
나라에서 결코 있어서는 안 된다"[15]는 점이었다. 고노에 신당을 평하여
처음에는 "신당 창립 운동이라고 생각해도 무방하다"[16]고 말했던 미야
자와가 나중에 '신당'에서 '정치운동'이나 '국민조직'으로 표현을 바꾼
이유도 결국 그것이 "일국일당 운동으로까지 타락할 위험"[17]을 감지했
기 때문이다. "결코 정당운동이 아니라 초超정당적 국민운동이어야"[18]
하는 대정익찬회는 정당 "**이전**의", 정당 "**이상**의" 존재로서 정당의 "기

---

13) 宮澤俊義,「大政翼贊運動の法理的性格」『改造』 1941년 1월.
14) 宮澤俊義,「大政翼贊運動の法理的性格」.
15) 宮澤俊義,「斯くあるべき新政黨」『文藝春秋』 1940년 8월.
16) 宮澤俊義,「斯くあるべき新政黨」.
17) 宮澤俊義,「國民組織と政黨」『法律時報』 1940년 10월.
18) 宮澤俊義,「大政翼贊運動の法理的性格」.

294　제4장 1930년대 후반의 법학과 정치

초"가 되어야 하는 존재였다.

대정익찬 운동이 특히 '고도'의 정치성을 갖는다는 사실은 그러한
의미로 이해해도 무방하다고 생각한다. 그것은 결코 정치적 결사의
자유, 그러니까 정당 결성의 자유를 부정하는 것이 아니라 오히려
정당 발생의 기초 또는 지반을 육성하고 견고히 하는 것이다. 따라서
운동의 기초 위에 개별 정치결사가 존립하는 것은 이론적으로 가능하
다고 해석해야 한다.[19]

정당 결성의 자유를 확보하기 위해서는 국민조직이 "정당을 대신하
는 것이 아니라 오히려 그 기초를 다지는 것"이어야 했다. "이 점은
신체제운동이 일국일당이 되는 사태를 극구 회피하기"[20] 위한 대전제
였다. "오늘날과 같은 비상시국하에서 이런 종류의 운동이 발생하는
것은 너무나 당연"하다고 생각하는 미야자와도 "국민의 총력을 정치적
으로 집결할 필요"[21]를 느끼는 점에서는 마찬가지였다. 하지만 시국의
독주가 가져올 수 있는 일국일당은 "우리 헌법 정신과 위배할 뿐 아니라
그러한 방법으로 얻어진 일체성은 결국 단순한 외견적 일체성"[22]에
지나지 않았다. 그래서 미야자와는 대정익찬회를 일단 국민운동, 즉
정당의 기초가 되는 존재로 의미를 전환함으로써 정치적 자유를 확보
하려고 했다.
미야자와의 문제 관심은 시국이 요구하는 일체성보다 정치적 자유의
제도적 보장에 있었다. 그가 애써 대정익찬회의 합헌성을 이야기하고,

---

19) 宮澤俊義, 「大政翼贊運動の法理的性格」.
20) 이상, 宮澤俊義, 「國民組織と政黨」.
21) 宮澤俊義, 「大政翼贊運動の法理的性格」.
22) 宮澤俊義, 「斯くあるべき新政黨」.

그것이 "어떠한 의미에서도 우리 헌법 정신에 변경을 가하는 것이 아닌"[23] 점을 몇 번이나 강조하는 이유는 대정익찬회의 필연적 당위성을 말하기보다 헌법이 규정하는 제도를 무기로 대정익찬회의 일국일당화를 저지하기 위해서였다.

미야자와가 "건국 이래 우리 정치체제의 근본 원칙"으로 대정익찬회 운동과 "조금도 모순되거나 저촉되지 않는 것이 분명"[24]하다고 강조해 마지않는 헌법 규정은 의회의 존재와 의원의 공선제도였다. 그는 대정익찬회와 의회의 관계를 이렇게 말했다.

> 제국의회를 익찬 의회로 만드는 것은 헌법상에 있는 의회의 본래 임무를 잘 수행하도록 한다는 말이지, 결코 헌법상 인정된 의회의 권능을 제한하거나 폐지한다는 말이 아니다. (중략) 사회 일부에는 익찬 의회라고 하는 이상 아무런 불만도 없이 그저 정부가 시키는 대로 해야 한다는 것과 같은 막연한 생각도 있는 것 같지만, 그런 생각이 부당하다는 사실은 말할 필요도 없다. 헌법상에 있는 의회의 지위 및 권능은 대정익찬 운동으로 인해 조금도 변화가 없다. 따라서 예를 들어 중의통재衆議統裁가 대정익찬 운동의 지도 원리라고 해서 헌법이 다수결을 명문으로 규정하고 있는 경우에도 그에 따라야 한다는 해석이 배척되어야 함은 분명하다. 실제로 중의원 의원의 대부분을 포함하는 익찬 회의 의회국이 어떤 법률안을 심의하고 이를 총재의 중의통재에까지 제출해도 그 법률안이 의회에 제출되었을 경우 의회의 심의권은 그로써 조금도 영향을 받지 않는다.[25]

---

23) 宮澤俊義, 「大政翼贊運動の法理的性格」.
24) 宮澤俊義, 「議會局の責務」 『改造』 1940년 12월.
25) 宮澤俊義, 「大政翼贊運動の法理的性格」.

여기에 나타나 있는 것은 대정익찬회에 의한 정치의 독점을 저지하려는 강한 의지이다. "대정익찬회가 존재할 수 있는 유일한 정치결사이고 그것만이 결사의 이름으로 후보자를 공인하는"[26] 상황에서 미야자와는 일국일당의 위험성을 감지했다. 이에 그는 헌법이 규정하는 의회제도와 중의원 의원 공선제를 무기로 대정익찬회에 의한 후보자 추천 독점과 그것이 초래할 사실상의 일국일당에 대항하고자 했다. "헌법이 인정하는 의회의 중요한 지위 그 자체를 경시하는 언동은 엄중히 자중할 필요가 있다."[27] 이 시기 미야자와가 발신한 이러한 종류의 경종에는, 예전과 같은 상대주의적 세계관으로 뒷받침된 민주주의 옹호와는 비교할 수 없지만, 일국일당에 대한 위기감과 결사 자유의 확보에 대한 결연한 의지가 녹아들어 있었다.

미야자와의 합헌설은 일국일당에 대한 위기의식과 정치적 다원성의 제도적 확보를 내용으로 하는 것이었다. 따라서 그것은 사사키의 국체론의 입장에서의 위헌설은 물론이고, 같이 합헌설을 주장한 구로다의 그것과도 질적으로 달랐다. 구로다의 표현을 빌리면 미야자와가 지향하는 방향은 "현대 일본의 정치 불안을 자유주의적 방법으로 극복하는"[28] 것이었다고 할 수 있다. 정치적 다원성의 극복을 국방국가의 유기적 통일을 위한 필수조건이라고 생각하는 구로다가 보기에, 미야자와의 제언은 "현대 일본이 수행하고 있는 세계사적 사명의 전면적 희생"을 요구하는 것으로서 "정치 불안의 극복이 아니라 패배의 길을 준비하는"[29] 주장에 지나지 않았을 것이다.

---

26) 宮澤俊義, 「議會局の責務」.
27) 宮澤俊義, 「選擧公營制など」 『文藝春秋』 1940년 12월.
28) 黑田覺, 「政治の多元性と技術の政治化」 『改造』 1940년 3월/ 『國防國家の理論』, 135쪽.
29) 黑田覺, 「政治の多元性と技術の政治化」, 135쪽.

당시 누구보다 비상시 정국에 관해 적극적으로 발언했던 로야마 마사미치도 대정익찬회 논의에 적극적으로 가담한 인물이었다. 그의 논의의 특징은 신체제 문제의 핵심이 "통치조직에서 국민적 요소의 보급과 재편성"에 있다고 주장하는 점, 바꿔 말해 "새로운 국민적 요소를 정치적으로 어떻게 재조직"30)할 것인가에 중점을 두는 데 있었다.

신체제운동의 성공 여부는 "정당을 대신하여 등장한 군부·관료의 정치 지도와 이전에 정당이 대표해 온 국민적 요소를 조정·종합"31)하는 점에 달려 있었다. 로야마는 새로운 국민조직 운동을 그가 전부터 고민해 온 "국민적 확신의 경정更正 문제"32)를 해결하는 하나의 계기로 삼고자 했다. "어떠한 정치형태도 그 자체로서 의의와 가치를 갖는 것이 아니다. 그것이 국민 의사를 형성하는 데 중대한 요소가 된다는 '신념'을 줄 수 있을 때 비로소 의의와 가치를 갖는다."33) 이렇게 생각하는 로야마는 정당내각의 붕괴로 인해 잃어버린, 정치에 대한 국민적 확신을 되찾는 방법을 신체제운동 속에서 구했다.

로야마는 이 시기 "일본의 국체를 중심으로 국민의 정치적 형성의 내재적 원리 위에" 기반하는 "일본 독특의 입헌주의"34)를 구상하고 있었다. 이를 위해 주목한 것이 메이지 헌법의 "화和"의 기능이었다. 헌법의 정치적 의의를 "단순히 정치적 수단이 아니라, 국가구성원의 윤리적 도념道念을 한데 묶는" 데에서 찾는 로야마에게 헌법은 "각종 이데올로기가 충성을 서약하는 초계급적 제도"35)로서 존재했다. 일본

---

30) 蠟山政道,「外交刷新と國內新體制」『文藝春秋』1940년 8월/ 蠟山政道,『東亞と世界 : 新秩序への論策』, 改造社, 1941, 311~312쪽.
31) 蠟山政道,「外交刷新と國內新體制」, 301쪽.
32) 蠟山政道,『現代の社會思想』, 148쪽.
33) 蠟山政道,『現代の社會思想』, 149쪽.
34) 蠟山政道,「國民協同體の形成」『改造』1939년 4월/『東亞と世界』, 71~72쪽.
35) 이상, 蠟山政道,『現代社會思想講話』, 318~319쪽.

독특의 입헌주의에서 헌법은 근대입헌주의의 정신을 상실하고 국가를 이데올로기적 분열로부터 지키는 구심적 상징물로 전락하고 말았다.

로야마가 헌법에 기대한 것은 일찍이 다이쇼 데모크라시 정치사상에서 말하는 국민통합의 장으로서 의회의 기능과 유사한 것이었다. 정당정치가 붕괴한 상태에서 로야마는 그와 비슷한 역할을 이번에는 헌법에 기대했다. 대정익찬회에 관한 로야마의 발언은 사사키나 구로다에 비해 '민주주의적'이라고도 볼 수 있지만, 그가 추구하는 국민적 확신의 재생이 국민의 자유권이나 참정권의 충실을 동반하지 않는 한, 그것은 야베 데이지가 말하는 주권적 독재를 구성하는 일체적 국민 의사의 또 다른 이름에 불과했다.

대정익찬회를 논하는 미야자와의 태도는 분명히 시국이 요청하는 방향성과 결을 달리했다. 다음에 소개하는 우익 활동가 미노다 무네키蓑田胸喜(1894~1946)의 인신공격성 발언은 어떤 의미에서 전쟁하의 미야자와의 모습을 정확히 묘사한 것이라고 할 수 있다.

미노다 무네키蓑田胸喜(1894~1946)

도쿄제대 법학부에서 미노베 다쓰키치 씨의 헌법 강좌를 이어받은 미야자와 도시요시 씨는 전공인 제국 헌법에 관해 『법학협회잡지法學協會雜誌』에조차 몇 년 동안 한 편의 연구도 발표하지 않고 공허한 시사평론을 속류 잡지에 발표하거나, 최근에는 영화 비평이나 수필을 주로 발표하여 그것을 모아 논문집으로 출간했다고 한다. 미야자와 씨는 그러한 태도로써 오늘날의 학술적 책임을 다했다고 말할 수 있겠는가.36)

미야자와는 대정익찬회와 관련된 몇 가지 논문을 발표한 이후, 미노다가 비판하는 것처럼 주로 영화 비평이나 수필을 세상에 내놓았고 그런 글들을 모아 책37)으로 간행했다. 그중 「앵글로·색슨 국가의 황혼 アングロ·サクソン國家のたそがれ」38)은 진주만공격을 논한 글인 만큼 그의 숨결이 들려오는 것이었지만, "앵글로·색슨 국가는 지금 황혼을 향해 가고 있다. 그와 동시에 아시아는 결연하게 부상하고 있다. 바라건대 이번 대동아전쟁이 아시아 르네상스의 찬란한 첫 페이지가 되기를"39) 이라는 목소리에서 사색의 흔적을 찾아보기는 어렵다. 미야자와는 전쟁이라는 거대한 비합리의 전개를 바라보면서 전쟁과 행정의 관계를 이렇게 이야기했다.

전쟁이 곧 정치이고, 앞서 말한 대로 행정이 정치의 시녀라고 한다면, 전시의 행정은 당연히 전쟁의 시녀여야 한다.40)

이 같은 삼단논법에 법을 적용하면 전쟁이 곧 정치이고, 법이 정치의 소산이라면, 전시의 법은 당연히 전쟁의 소산 또는 시녀가 되어야 할 것이다. 이 시기 미야자와의 관심은 일본의 국가적 생존으로 크게 기울어져 있었다. 프랑스의 패전 원인을 "내각 구성원은 의회만 생각하여 국가를 생각하지 않고, 의회 구성원은 선거구만 생각하여 국가를 생각하지 않고, 또 선거인은 자기의 이익만을 생각하여 국가를 생각하지 않는 상황"41)에서 찾는 미야자와에게 국가의 "전쟁은 어떤 경우에도

---

36) 蓑田胸喜, 「宮澤俊義氏の終局的民主主義」, 蓑田胸喜, 『國家と大學』, 188쪽.
37) 宮澤俊義, 『東と西』, 春秋社, 1943.
38) 초출은 宮澤俊義, 「アングロ·サクソン國家のたそがれ」 『改造』 1942년 1월.
39) 宮澤俊義, 「アングロ·サクソン國家のたそがれ」, 『東と西』, 125쪽.
40) 宮澤俊義, 「戰爭と行政」 『法律時報』 1943년 3월.
41) 宮澤俊義, 「フランスの敗戰雜感」 『東と西』, 108쪽.

이겨야만 하는"[42] 중대사였다. "인간이 있고 나서의, '생' 있고 나서의 문화"[43]이기 때문이다.

그러나 국가 가치는 미야자와에게 하나의 자기 완결적인 가치로서 존재하지 않았던 것처럼 보인다. 그가 「오쓰 사건의 법철학적 의미大津事件の法哲學的意味」[44]를 다시 묻는 이유도 바로 거기에 있었다. 미야자와는 **"법과 국가 가치의 순위에 관한 쟁점"**[45], 다시 말해 "국가가 위기에 처했을 때도 국법을 지켜야 할지, 아니면 국가 존립을 구하기 위해서는 국법을 경시 또는 무시해도 될지의 문제"[46]를 생각해야 하는 상황을 다음과 같이 말했다.

> 국가 가치와 법 가치의 문제는 (중략) 정치적 위기마다 많든 적든 위정자가 당면할 수밖에 없는 문제이다. 특히 오늘날과 같은 세계사적 위기는 모든 이로 하여금 이 문제를 생각할 수밖에 없게 만든다. 문제는 (중략) 국가·법사상의 문제이자, 궁극적으로는 세계관의 문제이다. 본 논문은 그러한 경지로 내몰린 내가, 말하자면 어쩔 수 없이 생각할 수밖에 없었던 결과, 소감을 밝히는 데 지나지 않는 것으로, 중대한 문제 해결에 도움이 되는 바는 크지 않지만, 문제 제출로서, 특히 오늘날의 시대를 고려하여 반드시 무의미하지 않다고 믿는다.[47]

---

42) 宮澤俊義, 「戰爭と行政」.
43) 宮澤俊義, 「文化と戰爭」『東と西』, 127쪽.
44) 宮澤俊義, 「大津事件の法哲學的意味」『法學協會雜誌』1944년 11월/『憲法と裁判』. 오쓰 사건이란 1891년 교토를 방문한 러시아 황태자에게 일본인 순사가 오쓰에서 위해를 가한 사건으로, 러시아와의 군사 충돌을 두려워한 메이지 정부가 '대역죄'를 적용하여 범인을 사형에 처하도록 압박하자, 재판소가 이를 거부하고 사법의 독립을 유지한 일을 말한다.
45) 宮澤俊義, 「大津事件の法哲學的意味」, 214쪽.
46) 宮澤俊義, 「大津事件の法哲學的意味」, 196~197쪽.
47) 宮澤俊義, 「大津事件の法哲學的意味」, 239~240쪽.

미야자와가 이 **"법 초월적인 쟁점"**[48]을 1944년의 시점에서 다시 묻는 이유가 다름 아닌 그 자신의 내부에서 벌어지고 있던 두 가치의 갈등에서 유래하고 있었다는 사실을 이 문장은 말해준다. 그는 이 "비극적인 법철학 또는 국가 철학상의 대문제"[49]에 대해, "19세기적·유럽적 자유주의 국가·법사상의 근간"을 이루는 법 가치 우위설과 현대의 "권위주의 또는 전체주의 국가·법사상"[50]이 입각하는 국가 가치 우위설을 초극하는 제3의 길을 제시했다.

> 모든 법은, 적어도 국가의 법은 **본질상 필연적으로 국가 존립과 그 정상적인 발전을 존재의 목적으로 한다**. 그렇지 않은 국법은 하나의 contradictio in adjecto[형용모순 | 인용자]라고 해야 할 것이다. 그렇다면 국가 존립을 유지하기 위해 무시할 필요가 있는 법, 바꿔 말하면 국가 존립에 해를 가하는 법은 국법 본래의 존재 목적에 반하는 것으로, 그 점에서 이미 국법으로서 효력을 잃었다고 보아야 한다. 법으로서 효력을 잃은 법은 일반적으로 법이 아니다. 그렇다면 진정하게 국가 존재를 유지하기 위해 법을 어길 필요가 발생하는 일은 애초에 일어나지 않는다고 해야 할 것이다.[51]

이중삼중의 가정 위에 성립하는 이원적 대립의 지양은, "우리나라에서 **호국**과 **호법**護法은 하나이지 둘이 아니라고 해야 할 것이다"[52]와 같은 궁색한 당위의 표명과 함께, 법 과학의 파탄을 말하기에 충분할

---

48) 宮澤俊義, 「大津事件の法哲學的意味」, 214쪽.
49) 宮澤俊義, 「大津事件の法哲學的意味」, 215쪽.
50) 宮澤俊義, 「大津事件の法哲學的意味」, 231~232쪽.
51) 宮澤俊義, 「大津事件の法哲學的意味」, 234~235쪽.
52) 宮澤俊義, 「大津事件の法哲學的意味」, 236쪽.

것이다. 혹은 법의 본질적 요소를 "몇 년 전까지"의 "강제"에서 "이념 또는 목적"53)으로 옮겨간 법사상의 전향을 발견할 수도 있을 것이다. 하지만 다음 문장을 읽는 한 미야자와에게 '법 가치와 국가 가치'의 문제가 '법과 정치' 또는 '과학과 정치'의 문제의 연장선상에 존재하고 있었다는 사실을 확인할 수 있다.

> 여기서 이야기한 것과 같은 국가 가치와 법 가치의 이원적 대립의 부정이, 이론상은 그렇다 치더라도, **적어도 실제 문제로서는** '힘이 법에 우선한다'라고 하는 적나라한 권력주의의 시인으로 귀착할지도 모른다는 의문 앞에서, 나는 그런 생각을 주장하는 데 가장 큰 망설임을 느낀다. 내 마음속 한편에서는 '힘이 법에 우선한다'라는 원리를 부정하도록 명령함과 동시에, 다른 한편에서는 '나라가 망하더라도 법이 있다'라는 원리에 반대하도록 명령한다. 이에 나로서는 앞에서 말한 것과 같은 생각을 취할 수밖에 없는 궁지로 내몰린 것이다.54)

미야자와의 고백에 스며들어 있는 이러한 법 과학의 잔영이야말로 패전 이후의 미야자와의 헌법학을 준비한 것이었다.

---

53) 宮澤俊義, 「尾高教授の'實定法秩序論'」『國家學會雜誌』56권 11호, 1942/『憲法論集』, 264쪽.
54) 宮澤俊義, 「大津事件の法哲學的意味」『憲法と裁判』, 239쪽.

맺는 글

  미야자와 도시요시가 1930년대를 통해 모색한 대중민주정 구상은 국민주권주의를 표방한 일본국헌법 안에서 실현을 보게 된다. 패전 이후 미야자와는 일본의 항복문서 조인에 즈음하여 다음과 같은 감회를 흘리고 있었다.

  전쟁이 끝나고 일본이 항복문서에 조인했을 때 누구보다 먼저 돌아가신 요시노 사쿠조吉野作造 선생을 떠올렸다. 포츠담선언이 연합국의 의향에 따라 패전국 일본에 요구하는 것이 지금으로부터 사반세기 전에 요시노 선생이 한 사람의 일본인으로서 조국 일본에 요구한 것과 다를 바 없기 때문이다. 포츠담선언은 일본이 민주정치를 확립하고 평화 국가를 건설할 것을 요구하고 있다. 요시노 선생이 그 길지 않았던 생애를 통해 열애하는 조국을 위해 주장한 바도 민주정치의 확립과 평화 국가 건설이었다.[1]

  요시노 사쿠조는 미노베 다쓰키치, 스에히로 이즈타로末弘嚴太郎, 오노즈카 기헤이지小野塚喜平次 등과 함께, 1920년부터 시작되는 미야자와의

---

1) 宮澤俊義, 「吉野先生とその民主政治論」 『新生』 1946년 5월.

대학 생활을 통해 큰 영향을 미친 은사 가운데 한 명이었다. 그중에서도 미노베와 요시노에 대한 미야자와의 경도는 "두 선생의 사진을 서재에 걸어놓을"[2] 정도였다고 한다. 젊은 날의 미야자와의 사상은 "철저한 합리주의자이자 실증주의자"인 미노베에게 배우며, "민주주의 정신의 화석"[3]과 같았던 요시노의 인격에 감화되면서 형성된 것이었다. 그랬던 미야자와가 일본의 새로운 미래를 눈앞에 두고 상기해야 할 "위대한 이름의 하나"로 요시노를 거론하며, "선생이 10년을 더 살았다면 어떠했을까? 선생이 걸었을 길은 운명적으로 고난에 찬 여정이었을 것이다. 미노베 다쓰키치 선생의 운명도 아마 요시노 선생의 운명과 같았을 것이다"[4]라고 감개에 젖는 것은, 전쟁이 끝나고 이제 겨우 다시 일본의 민주주의 전통을 회고하는 지점에 그가 서 있었다는 사실을 말해준다.

그러나 당시 미야자와가 직면하고 있었던 상황은 단지 일본의 민주주의 전통의 부활과 강화를 구가하는 것만으로는 충분하지 않았다. 민주주의와 평화주의가 패전이라는 고가의 대가를 치르고 난 뒤의 결과라는 현실에 미야자와는 복잡한 심경을 토로했다.

> 선생[요시노 | 인용자]이 지금까지 생존해 8월 혁명을 체험했다면 뭐라고 했을까? 선생이 생애에 걸쳐 주장한 데모크라시 원칙이 일본 정치의 지도 이념으로 승인된 일, 또 그 결과로 군軍이 완전히 해소된 일에 대해 선생은 틀림없이 충분히 만족했을 것이다. 그러나 그런 결과가 선생이 전혀 예상치 못한 과정을 통해 이루어진 사실에 대해 선생은 과연 뭐라고 했을까? 패전과 같은 경과를 거치지 않고 민주주의

---

2) 宮澤俊義・小林直樹 대담,「明治憲法から新憲法へ」『昭和思想史への證言』, 每日新聞社, 1968, 127쪽.
3) 宮澤俊義・小林直樹 대담,「明治憲法から新憲法へ」, 127쪽.
4) 宮澤俊義,「吉野先生とその民主政治論」.

와 평화주의를 확립했어야 한다고 말했을까? 아니면 요원한 일이지만 만약 그런 과정이 없었다면 일본에서 군국주의를 무너뜨리고 민주주의와 평화주의를 확립하는 일은 사실상 불가능했을 것이라고 말하며, 그런 의미에서 패전을 일본의 장래를 위해 축복된 일이라고 말했을까?5)

미야자와에게 '전후'는 국가 주권의 상실과 민주주의와 평화주의의 확립이 동시에 진행하는, 말하자면 굴욕과 해방과 자책이 뒤섞인 시대였다. 그가 복잡한 심경으로 요시노의 민주정치론에 다시 주목하는 이유는 일본의 민주주의 전통을 회고함으로써 패전과 점령이 민주주의와 평화주의를 가져왔다는 역설적인 현실에 주체적으로 대응하기 위해서였다. 미야자와가 은사들의 이름을 다시 떠올리고 점령군이 강제한 신헌법 구상을 평가하여 "'헌정 상도'는 여기에 와서 완전히 부활했다. 아니 오히려 여기에 와서 비로소 진정한 의미에서 확립"6)되었다고 말하는 이유는 바로 거기에 있었다.

이렇게 말한다고 해서 미야자와가 다이쇼 데모크라시 정치사상의 계승과 부활을 지향했다는 것은 아니다. 그의 전후 구상은, 대중민주정이 그랬던 것처럼, 여전히 미노베나 요시노의 민주주의와는 확연히 구별되는 것이었다.

패전 이후 언론 활동에 복귀한 미노베는 일본의 민주주의가 어디까지나 "군주제하의 민주주의"여야 한다고 강조하며, "국민주권의 의미에서의 민주주의가 아니라 군주주권주의를 계속 확보하면서 군주가 민民의 마음을 본인의 마음으로 삼고, 민의에 따라 국정을"7) 운영할

---

5) 宮澤俊義, 「吉野先生とその民主政治論」.
6) 宮澤俊義, 「吉野先生とその民主政治論」.

것을 주문했다. 국민주권주의가 "건국 이래의 역사적 전통"과 "확고한 국민적 신념과 절대로 조화할 수 없는 것"[8]이라는 미노베의 확신에는 변함이 없었다. 이러한 고풍스러운 민주주의론은 당시 이미 '올드 리버 럴리즘'으로 여겨지고 있었는데, 그렇다고 다이쇼 데모크라시 이래의 정치적 의의의 민주주의가 전후에 완전히 모습을 감춘 것은 아니었다. 난바라 시게루南原繁(1889~1974)가 말하는 "일본적 민주주의"는 정치적 권위의 원천을 민족공동체 또는 국민공동체 속에서 찾는 점에서 다이 쇼 데모크라시 정치사상의 연장이라고 해도 무방했다. 난바라는 정부 가 제출한 헌법 개정안의 '주권 재在 국민'을 비판하여 다음과 같이 말했다.

> [여러 정당이나 연구단체의 헌법 초안이 주권의 소재가 '일본국가', '천황을 포함한 국민공동체' 또는 '천황을 수장으로 하는 국민 전체'에 있다고 하는 것은ㅣ인용재 모두 정부안에 비해 훨씬 일본 역사에 입각한 개정을 지향하고 있어, 이번 중의원의 수정안과 같은 '주권 재 국민'의 사상과는 본래 근본적으로 다른 입장에 선 것이다. 나는 일찍부터 '민족공동체' 또는 '국민공동체national community'의 생각을 가진 자이다. 그로써, 한편으로 우리나라 역사의 군주주권과 민주주권의 대립을 넘은, 이른바 '군민동치'라는 일본 민족공동체의 본질을 살리는 동시에, 다른 한편으로는 민주주의가 원리적으로 개인과 개인의 다수에 기초를 두는 데 대해 국민공동체를 구성하는 새로운 세계관적 기초를 제공할 수 있다고 생각한다. 이는 18~19세기의 이른바 '자유주의적 민주주의' 에서 새로이 '공동체 민주주의'로의 발전을 의미하는 개념이다.[9]

---

7) 美濃部達吉,「民主主義と我が議會制度」『世界』1946년 1월.
8) 美濃部達吉,「民主主義と我が議會制度」.

헌법의 법적 안정성은 역사적 연속성에 의해 비로소 확보될 수 있다고 생각하는 난바라는 정부안에 있는 국민주권을 "너무나 많은 것을 외국의 정치철학에서 빌려오거나, 일본의 전통적 사상에서 멀리 단절"된 규정이라고 비판했다. 그가 보기에 이러한 역사적 단절이 극복되지 않는 한 "신헌법은 결코 우리 국민의 피가 되고 살이" 될 수 없었다. 공동체 민주주의는 "단순히 보수적 현상 유지도 아니고 또 초안과 같은 역사적 단절을 의미하지도 않는 제3의 길"[10]로서 제안된 것이었다.

"패전과 항복으로 일본국가의 근본 성격이 바뀐 것은 아니다. 일부 논자들이 말하는 것처럼 우리나라가 포츠담선언을 수락한 순간 일본에서 국민주권이 시행된 것은 아니다."[11] 공동체 민주주의의 저변에는 이러한 역사 인식이 깔려 있었다. 천황은 여전히 "일본국가 통일 의지의 표현자"의 지위를 잃지 않고 있었고, 바로 그런 점에서 "일본의 정치적 법적 질서와의 본질적 관계에서 천황을 제외한"[12] 정부안의 주권재민은 비판이 대상이 되었다. 공동체 민주주의는 군주제의 확보를 "우리 국가의 통일성을 유지하는 절대 불가결한 요건"[13]으로 내거는 미노베의 민주주의와 결을 같이하는 것이었다. 난바라가 제3의 길을 제안하여 주권 변경이 갖는 의미를 애써 축소하려는 이유는 패전의 충격에서 벗어나 일본의 국가적 연속성을 강조하기 위해서였다.

난바라의 사고는 자유주의적 민주주의에 대한 원리적 저항감뿐만

---

9) 1946년 8월 27일 제90 제국의회 귀족원 본회의 헌법 개정안에 관한 난바라의 질문 연설. 南原繁, 「制定過程 その一」『南原繁著作集 第9巻』, 岩波書店, 1973, 25쪽.
10) 이상, 南原繁, 「制定過程 その一」, 24~25쪽.
11) 南原繁, 「制定過程 その一」, 24쪽.
12) 南原繁, 「制定過程 その一」, 21쪽.
13) 美濃部達吉, 「民主主義と我が議會制度」.

아니라 민족공동체 속에 최고의 가치를 인정하는 주권론의 구조에서도 다이쇼 데모크라시 정치사상의 연장이라고 할 수 있었다. 헌법 개정안에 관한 난바라의 질문은 정부안에 대한 비판을 주내용으로 하고 있었지만, 민족공동체로서 국가적 연속성을 주장하는 점에서 난바라와 정부의 생각은 일치했다. 단지 그가 주장하고자 했던 점은 헌법 초안의 국민주권 규정에도 불구하고 국체의 불변을 강변하는 정부의 자기 기만적 태도를 비판하고, 민족공동체 개념을 헌법에 적용함으로써 국가의 기본 성격이 변경되지 않았음을 명확히 해야 한다는 것이었다. 신헌법에서 주권은 천황을 중심으로 하는 민족공동체에 있어야 하고, 그럼으로써 군주제와 민주주의는 공존할 수 있다고 난바라는 생각했다.

요코타 기사부로橫田喜三郎는 이러한 공동체 민주주의의 주권론을 "주권 말살론"[14]이라고 비판했는데, 이 문제를 바라보는 미야자와의 시각도 기본적으로 같은 것이었다. 미야자와는 군민동치의 정치이념을 강조함으로써 군주주권에서 국민주권으로의 변화가 갖는 의미를 희석하려는 정부의 의도를 다음과 같이 비판했다. 참고로 이 미야자와의 귀족원 질의는 난바라의 연설 바로 전날, 즉 1946년 8월 26일에 이루어진 것이었다.

정부는 우리나라가 종전終戰 이전부터 국민주권주의를 근본 원칙으로 하고 있었다고 주장하고 있지만, 그것은 이론적으로 아무래도 무리가 아닌가 생각합니다. 황조황종皇祖皇宗의 유훈遺訓을 명징明徵하기 위해 제정하시어 황조황종의 후예에게 남기신 통치의 홍범洪範을 소술紹述하셨다고 전해지는 메이지 헌법의 어디에 국민주권주의를 발견할 수

---

14) 橫田喜三郎, 「主權抹殺論」『社會』 1946년 11월.

있다는 말입니까? 만약 그것을 국민주권주의라고 한다면 어떤 국가도, 적어도 그것이 조금이라도 계속 생명을 가지는 한 모두 국민주권주의라고 해야 할 것이고, 그래서는 군주주권주의와 국민주권주의의 원리적 구별이 전혀 의미가 없게 된다. 그 결과 이 헌법 개정안이 국민주권주의를 표방하는 것 자체가 무의미하게 될 것입니다. (중략) 일본 정치가 지금 건국 이래의 변화를 단행하려는 순간에 근본 원칙이 이전과 조금도 다르지 않다고 설명하는 것이야말로 현재 일본이 행하고 있는 근본적인 변혁을 방해하는 일이며, 진정한 민주정치의 실행이라는 목적에서 보아 실질적으로 오히려 부적당하다고 여겨집니다만 어떻게 생각하십니까?[15]

이 발언에는 전전과 전후를 단절로 인식하고 국민주권하에서 새로운 정치를 구상하려는 미야자와의 의지가 표명되어 있었다. 주권의 변화를 '건국 이래의 변화'로 받아들이는 전후 인식은 후일 마루야마 마사오의 발언에서도 찾아볼 수 있다.

국민 측도 장기 안정 정권하에서 경제성장을 이루어 헌법이 처음 출현했을 때의 신선한 감각을 잃어버리고 말았다. 이것이 문제입니다. 이 문제가 가장 잘 드러나는 것이 상징천황제象徵天皇制를 둘러싼 논의입니다. 원래 일본은 이전부터 상징천황이었다는 논의가 있습니다. (중략) 그래서 상징천황제는 이전으로 되돌아갔을 뿐이라고 말하는 학자가 꽤 있습니다. 그러나 과거에 인민주권 원칙이 있었을까요? 인민의 자유의사에 따라서는 공화제조차도 가능하다는 사상적 전통이 있었을

15) 宮澤俊義,「憲法改正案に關する政府に對する質疑(貴族院における)」『憲法の原理』, 347쪽.

까요? 장난치지 말라고 이야기하고 싶습니다. 이런 논의 자체가 현행 헌법 초기의 신선한 정신을 잃어버린 증거입니다.[16)

마루야마의 이 발언은 고도성장 이후에 나타난 전후 정신의 풍화를 이야기하는 문맥에서 나온 것이지만, 신헌법 발포 당시 "주권재민이 얼마나 획기적인 일"[17)이었는지를 간명하게 전해주고 있다. 인민의 자유의사에 따라서는 공화제조차도 가능한 인민주권 원칙을 일본의 사상적 전통에서 분리하는 마루야마는 메이지 헌법의 어디에서 국민주권주의를 발견할 수 있냐고 따지는 미야자와와 인식을 같이했다. 두 사람의 생각은 전쟁을 일시적인 일탈로 치부함으로써 일본의 국가적 연속성을 강조하는 또 하나의 사상 조류와 첨예하게 대립하는 것이었다.

국민주권주의라는 건국 이래의 변화를 겪은 뒤 미야자와와 마루야마가 어떤 사상 활동을 전개했는지를 좇는 작업은 이 책의 범위에서 벗어나지만, 마루야마가 말하는 끝없는 주권재민화, 즉 "헌법이 주권재민을 명기하고 있으므로 주권재민이 이미 자명한 것이 아니라, 주권재민을 위해 끝없이 운동"[18)할 때 비로소 주권재민은 완성된다는 관점에서 볼 때, 헌법의 국민주권 규정은 단지 국민주권화의 외형적 조건이 갖춰진 것을 의미할 뿐이었다. 점령군에 의해 '주어진' 국민주권은 국민주권화를 위한 끝없는 운동을 통해 비로소 완성될 수 있기 때문이다. 1930년대 이래의 미야자와의 국민주권화 구상은 이제 다시 출발점에 서 있었다.

---

16) 丸山眞男, 「戰後民主主義の'原點'」 『讀本 憲法の百年 : 第3卷 憲法の再生』, 作品社, 1989. 여기서의 인용은 『丸山眞男集 第15卷』, 岩波書店, 1996, 67쪽.
17) 丸山眞男, 「戰後民主主義の'原點'」, 68쪽.
18) 丸山眞男, 「戰後民主主義の'原點'」, 70쪽.

참고문헌

■■■

1. 자료

본문에서 인용한 논문 중 전집이나 단행본에 수록된 것은 따로 표기하지 않았다. 그 외는 출전을 밝혔다.

⟨전집류⟩

『南原繁著作集』(전 10권, 별권 1), 岩波書店, 1963~1965.
『丸山眞男集』(전 17권, 별권 1), 岩波書店, 1996~1997.
『矢內原忠夫全集』(전 29권), 岩波書店, 1963~1965.
『大山郁夫著作集』(전 7권), 岩波書店, 1987~1988.
『吉野作造選集』(전 15권, 별권 1), 岩波書店, 1995~1997.
『長谷川如是閑集』(전 8권), 岩波書店, 1989~1990.

⟨단행본 및 논문⟩

筧克彦, 『國家の硏究 第一卷』, 春陽堂, 1931.
筧克彦, 『大日本帝國憲法の根本義』, 皇學會, 1936.
河上肇, 「日本獨特の國家主義」, 『河上肇全集 第6卷』, 岩波書店, 1982.
河合榮治郎, 『フアッシズム批判』, 日本評論社, 1934.

河合榮治郎·社會思想研究會 편, 『自由に死す: 河合榮治郎法廷鬪爭記』, 中央公論社, 1949.

黑田覺, 『國防國家の理論』, 弘文堂書房, 1941.

木村龜二, 『法と民族』, 日本評論社, 1941.

木村龜二, 「ケルゼンの自然法否定の理論」 『國家學會雜誌』 45권 5호, 1931.

中野登美雄, 『戰時の政治と公法』, 東洋經濟出版部, 1940.

中野登美雄, 「憲法學說と政治の世界觀」 『中央公論』 1935년 5월.

中島重, 『多元的國家論』, 內外出版, 1922.

中島重, 『社會哲學的法理學』, 岩波書店, 1933.

中島重, 『發展する全體: 結合本位と機能主義』, 理想社出版部, 1939.

田中耕太郎, 『法と宗敎と社會生活』, 改造社, 1927.

田中耕太郎, 「ケルゼンの純粹法學の法律哲學的意義及び價値: 殊に其の自然法否定論及び相對主義に就て」, 杉村章三郎 편, 『筧敎授還曆祝賀論文集』.

蠟山政道, 『政治學の任務と對象: 政治學理論の批判的硏究』, 嚴松堂書店, 1925.

蠟山政道, 『行政組織論』, 日本評論社, 1930.

蠟山政道, 『公民政治論』, 雄風館書房, 1931.

蠟山政道, 『日本政治動向論』, 高陽書院, 1933.

蠟山政道, 『現代の社會思想』, 高陽書院, 1934.

蠟山政道, 『議會·政黨·選擧』, 日本評論社, 1935.

蠟山政道 편, 『吉野作造先生追悼記念 政治及政治史硏究』, 岩波書店, 1935.

蠟山政道, 『現代社會思想講話』, 高陽書院, 1937.

蠟山政道, 『東亞と世界: 新秩序への論策』, 改造社, 1941.

蠟山政道, 『日本における近代政治學の發達』, 實業之日本社, 1949.

蠟山政道, 『行政學硏究論文集』, 勁草書房, 1965.

理想社出版部 편, 『社會改造の諸學說』, 理想社出版部, 1934.

松岡洋右, 「政黨解消論」 『中央公論』 1934년 1월.

牧野英一, 『現代の文化と法律』, 有斐閣, 1917.

牧野英一, 『法律に於ける矛盾と調和』, 有斐閣, 1921.

牧野英一, 『民法の基本問題』, 有斐閣, 1925.

牧野英一, 『法律における倫理と技術』, 有斐閣, 1934.

牧野英一, 『法律學の課題としての神』, 有斐閣, 1938.

牧野英一, 『非常時立法の發展』, 有斐閣, 1941.

牧野英一, 『非常時立法考』, 中央公論社, 1943.

牧野英一, 「法律的消極主義」『法學志林』, 1932년 1월.

牧野英一, 「法律における理論と實踐」『自治研究』1935년 6월.

牧野英一, 「法律における政治的要素」『自治研究』1935년 10월.

每日新聞社 편, 『昭和思想史への證言』, 每日新聞社, 1968.

蓑田胸喜, 『國家と大學：東京帝大法學部に對する公開狀』, 原理日本社, 1941.

美濃部達吉, 『日本國法學』, 有斐閣, 1907.

美濃部達吉, 『憲法及憲法史研究』, 有斐閣, 1908.

美濃部達吉, 『憲法講話』(縮小版), 有斐閣, 1918.

美濃部達吉, 『日本憲法』, 有斐閣, 1921.

美濃部達吉, 『時事憲法問題批判』, 法制時報社, 1921.

美濃部達吉, 『憲法撮要』, 有斐閣, 1923.

美濃部達吉, 『議會制度論』, 日本評論社, 1925.

美濃部達吉, 『現代憲政評論：選擧革正論其の他』, 岩波書店, 1930.

美濃部達吉, 『議會政治の檢討』, 日本評論社, 1934.

美濃部達吉, 『日本憲法の基本主義』, 日本評論社, 1934.

美濃部達吉, 『ケルゼン學說の批判』, 日本評論社, 1935.

美濃部達吉, 「上杉博士の『國體に關する異說』を讀む」, 『最近憲法論』.

美濃部達吉, 「近時の政界に於ける憲法問題」, 『最近憲法論』.

美濃部達吉, 「民主主義と我か議會制度」『世界』1946년 1월.

宮澤俊義, 『憲法講義案』, 私家版, 1934.

宮澤俊義 편, 『公法學の諸問題』, 有斐閣, 1934.

宮澤俊義, 『轉回期の政治』, 中央公論社, 1937.

宮澤俊義, 『東と西』, 春秋社, 1943.

宮澤俊義, 『民主制の本質的性格』, 勁草書房, 1948.

宮澤俊義, 『憲法Ⅱ』, 有斐閣, 1959.

宮澤俊義, 『憲法の原理』, 岩波書店, 1967.

宮澤俊義, 『憲法の思想』, 岩波書店, 1967.

宮澤俊義, 『法律學における學說』, 有斐閣, 1968.

宮澤俊義, 『公法の原理』, 有斐閣, 1967.

宮澤俊義, 『憲法と裁判』, 有斐閣, 1967.

宮澤俊義, 『憲法と政治制度』, 岩波書店, 1968.

宮澤俊義, 『日本憲政史の研究』, 岩波書店, 1968.

宮澤俊義, 『法律學における學說』, 有斐閣, 1968.

宮澤俊義, 『憲法論集』, 有斐閣, 1978.

宮澤俊義, 「明日の政局」『日本評論』 1936년 3월.

宮澤俊義, 「わが國の法哲學」『法律時報』 1936년 11월.

宮澤俊義, 「政局の行方」『改造』 1937년 2월.

宮澤俊義, 「解散と新政黨」『中央公論』 1937년 5월.

宮澤俊義, 「政治の單位としての個人と家」『改造』 1939년 1월.

宮澤俊義, 「政治への關心」『文藝春秋』 1939년 7월.

宮澤俊義, 「新黨の意味」『文藝春秋』 1940년 7월.

宮澤俊義, 「斯くあるべき新政黨」『文藝春秋』 1940년 8월.

宮澤俊義, 「國民組織と政黨」『法律時報』 1940년 10월.

宮澤俊義, 「議會局の責務」『改造』 1940년 12월.

宮澤俊義, 「選擧公營制など」『文藝春秋』 1940년 12월.

宮澤俊義, 「大政翼贊會の法理的性格」『改造』 1941년 1월.

宮澤俊義, 「戰爭と行政」『法律時報』 1943년 3월.

宮澤俊義, 「吉野先生とその民主政治論」『新生』 1946년 5월.

宮澤俊義, 「憲法學よもやま話」『法學敎室』 1961년 7월.

宮澤俊義, 「明治憲法から新憲法へ」『昭和思想史への證言』, 每日新聞社, 1968.

佐々木惣一, 『普通選擧』, 岩波書店, 1920.

佐々木惣一・大石眞 편, 『憲政時論集Ⅱ』, 信山社, 1998.

佐々木惣一, 「政府の力と國策審議機關」『中央公論』 1934년 10월.

杉村章三郎 편, 『筧敎授還曆祝賀論文集』, 有斐閣, 1934.

末弘嚴太郎, 『嘘の效用』, 改造社, 1923.

末弘嚴太郎, 『民法雜記帳』, 日本評論社, 1940.

鈴木安藏, 「デモクラシーと我か議會政治」『中央公論』 1936년 4월.

山川均,『社會主義の立場から：デモクラシーの煩悶』, 三田書房, 1919.

矢部貞治,『新秩序の研究』, 弘文堂書房, 1945.

矢部貞治,『矢部貞治日記 銀杏の卷』, 讀賣新聞社, 1974.

矢部貞治,「獨裁政と衆民政」, 蠟山政道 편,『吉野作造先生追悼記念 政治及政治史研究』.

矢部貞治,「社會改造に於ける自由主義と獨裁主義」, 理想社出版部 편,『社會改造の諸學說』.

矢部貞治,「代表の社會的基礎」, 杉村章三郎 편,『筧敎授還曆祝賀論文集』.

小田淸一郎,『牧野敎授還曆祝賀 法理論集』, 有斐閣, 1938.

橫田喜三郎,『純粹法學論集 I』, 有斐閣, 1976.

橫田喜三郎,『純粹法學論集 II』, 有斐閣, 1977.

橫田喜三郎,「主權抹殺論」『社會』1946년 11월.

吉野作造,『普通選擧論』, 萬朶書房, 1919.

吉野作造 편,『小野塚敎授在職二五年記念 政治學研究』, 岩波書店, 1927.

吉野作造,「民本主義と國體問題」『大學評論』1917년 10월, 太田雅夫 편,『資料 大正デモクラシー論爭史 (下)』.

吉野作造,「豫の民本主義論に對する北氏の批評に答ふ」『中外』1918년 4월, 太田雅夫 편,『資料 大正デモクラシー論爭史 (下)』.

吉野作造,「最近政變批判」『中央公論』1922년 7월.

上杉愼吉,『帝國憲法述義』, 有斐閣, 1914.

上杉愼吉,『國家論』, 有斐閣, 1925.

上杉愼吉,『政治上の國民總動員』, 日本學術普及會, 1927.

上杉愼吉,「國體に對する異說」,『最近憲法論』.

井上哲次郎,「國民思想の矛盾」『東亞之光』1913년 2월, 太田雅夫 편,『資料 大正デモクラシー論爭史 (下)』.

イェリネック, 芦部信喜 외 역,『一般國家學』, 學陽書房, 1976.

今中次麿,『政治學に於ける方法二元論』, ロゴス書院, 1928.

今中次麿,「國法學理論の貧困：ケルゼン學說の現代的意義」『帝國大學新聞』1935년 4월 28일.

市村光惠,『國家及國民論』, 隆文堂, 1914.

市村光惠, 『帝國憲法論』, 有斐閣, 1915.

市村光惠, 『國民敎育憲法』, 講法會, 1915.

長谷川如是閑, 「歷史的の自由主義と道德的範疇としての'自由'」『中央公論』 1935
　　　년 5월.

星島二郎 편, 『最近憲法論』, 太陽堂, 1913.

2. 연구 논저

菅野喜八郎, 『國權の限界問題』, 木鐸社, 1978.

黑川みどり, 『公同性の復權: 大山郁夫研究』, 信山社, 2000.

栗城壽夫, 『十九世紀ドイツ憲法理論の研究』, 新山社, 1997.

小松茂夫 외 편, 『日本の國家思想 下』, 靑木書店, 1980.

小林直樹, 「宮澤憲法學の軌跡」『ジュリスト』 1977년 3월.

小林孝輔 편, 『ドイツ公法の理論: その今日的意義』, 一粒社, 1992.

國分典子「美濃部達吉の國家法人說': その日本的特殊性」『法學研究』 66권 10호,
　　　1993.

國分典子「ゲッティンゲン七敎授事件と天皇機關說事件: 二つの國家法人說の比較
　　　分析」『法學研究』 68권 2호, 1995.

長尾龍一, 『日本法思想史研究』, 創文社, 1981.

長尾龍一 외 편, 『新ケルゼン研究』, 木鐸社, 1981.

長尾龍一, 『日本國家思想史研究』, 創文社, 1982.

長尾龍一, 『思想としての日本憲法史』, 信山社, 1997.

長尾龍一, 「法理論における眞理と價値 (1)-(5·完)」『國家學會雜誌』 제78권 1호,
　　　2호, 11호, 12호, 1965.

中村雄二郎, 『近代日本における制度と思想』, 未來社, 1967.

野田良之·碧海純一 편, 『近代日本法思想史』, 有斐閣, 1979.

野村浩一, 『近代中國の政治と思想』, 筑摩書房, 1964.

日本評論社編輯局 편, 『日本の法學: 回顧と展望』, 日本評論新社, 1960.

田中成明 외, 『法思想史』, 有斐閣, 1988.

高見勝利,『宮澤俊義の憲法學史的研究』, 有斐閣, 2000.

田口富久治,『日本政治學史の源流: 小野塚喜平次の政治學』, 未來社, 1985.

田口富久治,『日本政治學史の展開: 今中政治學の形成と展開』, 未來社, 1990.

富田宏治,「一九三〇年代の國內政治體制『革新』構想: 蠟山政道の場合」(1), (2),
　　　　(3), 名古屋大學『法政論集』제105, 106, 107호, 1985년 8월, 11월, 1986
　　　　년 3월.

富田宏治,「『自由-民主主義』と『生活-民主主義』: 蠟山政道の『社會進步主義的デ
　　　　モクラシー』について」名古屋大學『法政論集』제117호, 1987년 12월.

李曉東,『近代中國の立憲構想: 嚴復·楊度·梁啓超と明治啓蒙思想』, 法政大學出
　　　　版局, 2005.

松本三之介,『近代日本の政治と人間: 思想史的考察』, 創文社, 1966.

松本三之介,『天皇制國家と政治思想』, 未來社, 1969.

松本三之介,『近代日本の知的狀況』, 中央公論社, 1974.

松本三之介,『明治思想における傳統と近代』, 東京大學出版會, 1996.

松澤弘陽,『日本社會主義の思想』, 筑摩書房, 1973.

松澤弘陽·植手通有 편,『丸山眞男懷古談』(전 2권), 岩波書店, 2006.

松尾尊兌,『大正デモクラシー』, 岩波書店, 1974.

松尾尊兌,『普通選擧制度成立史の研究』, 岩波書店, 1989.

松尾尊兌,『大正デモクラシー期の政治と社會』, みすず書房, 2014.

R. 마이니어(Richard Minear), 佐藤幸治 외 역,『西洋法思想の繼受: 穗積八束の
　　　　思想史的考察』, 東京大學出版會, 1971.

村上淳一,『「法」の歷史』, 東京大學出版會, 1997.

溝口雄三,『方法としての中國』, 東京大學出版會, 1989.

溝口雄三,『中國の公と私』, 硏文出版, 1995.

溝口雄三,『公私』, 三省堂, 1996.

溝口雄三,『中國の衝擊』, 東京大學出版會, 2004.

三谷太一郎,『二つの戰後: 權力と知識人』, 筑摩書房, 1988.

三谷太一郎,『新版 大正デモクラシー論: 吉野作造の時代』, 東京大學出版會, 1995.

三谷太一郎,「日本の政治學のアイデンティティを求めて: 蠟山政治學に見る第一次
　　　　世界戰爭後の日本の政治學とその變容」『成蹊法學』49호, 1999년 3월.

A. 바세이(Andrew Barshay), 宮本盛太郎 감역, 『南原繁と長谷川如是閑: 國家と知識人·丸山眞男の二人の師』, ミネルヴァ書房, 1995.

坂野潤治, 『近代日本の國家構想 1871-1936』, 岩波書店, 1996.

佐藤愼一, 『近代中國の知識人と文明』, 東京大學出版會, 1996.

坂井雄吉, 「明治憲法と傳統的國家觀: 立憲主義の國體論をめぐって」, 石井紫郎 편, 『日本近代法史講義』.

B. 슈워츠(Benjamin Schwartz), 平野健一郎 역, 『中國の近代化と知識人: 嚴復と西洋』, 東京大學出版會, 1978.

潮見俊隆·利谷信義 편, 『日本の法學者』, 日本評論社, 1975.

鈴木安藏, 『日本憲法學史研究』, 勁草書房, 1975.

鈴木安藏 편, 『日本の憲法學: 歷史的反省と展望』, 評論社, 1968.

杉原泰雄, 『國民主權の研究』, 岩波書店, 1971.

杉原泰雄, 『國民主權と國民代表制』, 有斐閣, 1983.

杉原泰雄·奧平康弘·樋口陽一·影山日出彌, 「シンポジウム 憲法學の方法」 『法律時報』 1968년 10월.

赤木須留喜, 『近衛新體制と大政翼贊會』, 岩波書店, 1984.

芦部信喜, 『憲法制定權力』, 東京大學出版會, 1983.

芦部信喜, 「宮澤憲法學の特質」 『ジュリスト』 1977년 3월.

愛敬浩二, 「歷史認識という陷穽: 戰時期宮澤憲法學再讀とその現代的意義」 『法律時報』 2000년 9월.

碧海純一, 『合理主義の復權』, 木鐸社, 1973.

碧海純一, 「純粹法學」, 『法哲學講座 第4卷』, 有斐閣, 1957.

山下威士, 『憲法學と憲法』, 南窓社, 1987.

山田央子, 『明治政黨史論』, 創文社, 1999.

押久保倫夫, 「戰前の宮澤憲法學に關する覺書」(1)~(4) 『東亞大學研究論叢』 29호, 31호, 『東亞法學研究論叢』 2호, 4호, 1993-1999.

太田雅夫 편, 『資料 大正デモクラシー論爭史 (下)』, 新泉社, 1971.

橫田耕一·高見勝利 편, 『ブリッジブック憲法』, 信山社, 2002.

上山安敏, 『憲法社會史』, 日本評論社, 1977.

磯村哲, 『社會法學の展開と構造』, 日本評論社, 1975.

今井弘道, 『丸山眞男研究序說:「弁証法的な全体主義」から'八・一五革命說'へ』, 風行社, 2004.

今井弘道, 「思想史的ケルゼン研究・序說」『北大法學論集』 제32권 1호, 1981.

今井弘道, 「第一次大戰後ケルゼンの'憲法體驗'・'政治體驗'・'政治思想': 『ケルゼニズム考』(手島孝著 木鐸社刊)の批判的檢討を手がかりに」(1)~(4・完)『北大法學論集』 제32권 2호, 3호, 제33권 1호, 6호, 1981-1982.

石川健治, 「憲法學の過去・現在・未來」, 横田耕一・高見勝利 편, 『ブリッジブック憲法』.

石田雄, 『明治政治思想史研究』, 未來社, 1954.

石田雄, 『日本近代思想史における法と政治』, 岩波書店, 1976.

石田雄, 『日本の社會科學』, 東京大學出版會, 1984.

石田雄, 『日本の政治と言葉 上:'自由'と'福祉'』, 東京大學出版會, 1989.

石田雄, 『日本の政治と言葉 下:'平和'と'國家'』, 東京大學出版會, 1989.

石井紫郎 편, 『日本近代法史講義』, 靑林書院新社, 1972.

飯田泰三, 『批判情神の航跡:近代日本情神史の一稜線』, 筑摩書房, 1997.

飯田泰三, 「吉野作造:"ナショナルデモクラット"と社會の發見」, 小松茂夫 외 편, 『日本の國家思想 下』, 靑木書店, 1980.

家永三郎, 『美濃部達吉の思想史的研究』, 岩波書店, 1964.

家永三郎, 『日本近代憲法思想史研究』, 岩波書店, 1967.

上山安敏, 『憲法社會史』, 日本評論社, 1977.

座談 「宮澤俊義を語る」『ジュリスト』 1977년 3월.

針生誠吉, 『熟成期天皇制論』, 三省堂, 1993.

長谷川正安 외 편, 『日本の法律家』, 三一書房, 1962.

長谷川正安, 『日本憲法學の系譜』, 勁草書房, 1993.

長谷川正安, 「憲法學史 (下)」, 『講座日本近代法發達史 第9卷』, 有斐閣, 1960.

樋口陽一, 『近代立憲主義と現代國家』, 勁草書房, 1973.

樋口陽一, 『權力・個人・憲法學:フランス憲法研究』, 學陽書房, 1989.

樋口陽一, 『何を讀みとるか:憲法と歷史』, 東京大學出版會, 1992.

樋口陽一, 『近代憲法學にとっての論理と價値: 戰後憲法學を考える』, 日本評論社, 1994.

樋口陽一, 『近代國民國家の憲法構造』, 東京大學出版會, 1994.

廣川禎秀, 『恒藤恭の思想史的研究』, 大月書店, 2004.

藤原保信, 『大山郁夫と大正デモクラシー : 思想史的考察』, みすず書房, 1989.

藤原保信, 『自由主義の再檢討』, 岩波書店, 1993.

이 연표는 역사적 사실을 망라한 것이 아니라 책을 읽는 데 도움을 주기 위해 본문 내용과 관계가 있는 사항을 중심으로 작성한 것이다. 먼저 시대 상황을 알 수 있는 정치·사회적 사건을 간략하게 적시하고, 그 다음에 본문에서 인용하거나 거론한 사상가들의 주요 동정, 논문과 저서(고딕체로 표시) 등을 기재했다.

1903   가케히 가쓰히코筧克彦 도쿄제국대학 교수.

1904   요시노 사쿠조吉野作造 도쿄제국대학 졸업.

1905   오야마 이쿠오大山郁夫 와세다대학 졸업.

    2월 吉野作造, 「國家魂とは何ぞや」(『新人』).
    3월 吉野作造, 「木下尚江君に答ふ」(『新人』).
    4월 吉野作造, 「平民社の國家觀」(『新人』).
    4월 吉野作造, 「'國家威力'と'主權'との觀念に就て」(『國家學會雜誌』).
    5월 美濃部達吉, 「議會ハ國民ノ代表機關ナリ」(『明治學報』).
    吉野作造, 『ヘーゲルの法律哲學の基礎』.

1906   보통선거 전국 동지대회 개최.

1907   마키노 에이이치牧野英一 도쿄제국대학 조교수.

    美濃部達吉, 『日本國法學』.

1908   하세가와 뇨제칸長谷川如是閑 오사카 아사히신문사 입사.

    美濃部達吉, 「'エリネツグ'氏憲法變化論」(『憲法及憲法史研究』).
    美濃部達吉, 『憲法及憲法史研究』.

1909   요시노 사쿠조吉野作造 도쿄제국대학 조교수.
    가와카미 하지메河上肇 교토제국대학 조교수.

1910   대역大逆 사건. 조선 식민지화.

1911   잡지 『세이토靑鞜』 창간. 신해혁명 시작.
        게오르크 옐리네크 사망.

        3월 河上肇, 「日本獨特の國家主義」(『中央公論』).

1912   메이지明治 천황 사망. 연호를 다이쇼大正로 변경. 제2차 사이온지西
        園寺 내각 사직. 제1차 헌정옹호운동憲政擁護運動 발생. 제3차 가쓰라
        桂 내각.

        우에스기上杉·미노베美濃部 논쟁.
        스에히로 이즈타로末弘嚴太郎 도쿄제국대학 졸업.
        호즈미 야쓰카穗積八束 사망.

        6월 上杉愼吉, 「國體に關する異說」(『太陽』).
        7월 美濃部達吉, 「上杉博士の『國體に關する異說』を讀む」(『太陽』).
        10월 穗積八束, 「國體の異說と人心の傾向」(『太陽』).
        美濃部達吉, 『憲法講話』.

1913   헌정옹호운동으로 가쓰라 내각 사직. 제1차 야마모토山本 내각.
        마키노 에이이치牧野英一 도쿄제국대학 교수.

        2월 井上哲次郎, 「國民思想の矛盾」(『東亞之光』).
        3월 美濃部達吉, 「所謂國體論に就いて」(『東亞之光』).
        星島二郎 편, 『最近憲法論』.

1914   지멘스 사건 발생. 야마모토 내각 사직. 제2차 오쿠마大隈 내각.
        제1차 세계대전 발발. 일본 독일에 선전포고.

        오야마 이쿠오大山郁夫 와세다대학 교수.
        스에히로 이즈타로末弘嚴太郎 도쿄제국대학 조교수.
        난바라 시게루南原繁 도쿄제국대학 졸업.

        上杉愼吉, 『帝國憲法述義』.
        市村光惠, 『國家及國民論』.

1915   일본 중국에 21개조 요구.

        가와이 에이지로河合榮治郎 도쿄제국대학 졸업.
        가와카미 하지메河上肇 교토제국대학 교수.

3월 大山郁夫, 「我が政治道德觀」(『六合雜誌』).

市村光惠, 『帝國憲法論』.

1916 나카지마 시게루中島重 도쿄제국대학 졸업.

1월 吉野作造, 「憲政の本義を說いて其有終の美を濟すの途を論ず」(『中央公論』).

1월 吉野作造, 「情神界の大正維新」(『中央公論』).

2월 大山郁夫, 「街頭の群集 : 政治的勢力としての民衆運動を論ず」(『新小說』).

3월 大山郁夫, 「政治的機會均等主義」(『新小說』).

4월 大山郁夫, 「政治を支配する精神力」(『中央公論』).

5월 大山郁夫, 「都市生活の家族的情緒」(『新小說』).

9월 吉野作造, 「國家中心主義個人中心主義: 二思潮の對立·衝突·調和」(『中央公論』).

11월 大山郁夫, 「近代國家に於ける政論の地位及使命」(『新小說』).

1917 러시아혁명.

오야마 이쿠오大山郁夫 와세다대학 사직 후 아사히신문사 입사.

야나이하라 다다오矢內原忠雄 도쿄제국대학 졸업.

1월 大山郁夫, 「輿論政治の將來」(『新小說』).

2월 大山郁夫, 「國家生活と共同利害觀念」(『新小說』).

2월 大山郁夫, 「政黨界の近狀と我國憲政の前途」(『中央公論』).

10월 吉野作造, 「民本主義と國體問題」(『大學評論』).

12월 大山郁夫, 「世界に於ける政治の民衆化的傾向及ひ其特徵的諸現象」(『中外』).

牧野英一, 『現代の文化と法律』.

1918 쌀 소동. 데라우치寺內 내각 사직, 하라原 내각. 제1차 세계대전 종료.

요시노 사쿠조吉野作造 레이메이카이黎明會 조직.

하세가와 뇨제칸長谷川如是閑 오사카 아사히신문사 퇴사.

이마나카 쓰기마로今中次麿 도쿄제국대학 졸업.

1월 大山郁夫, 「現代日本に於ける政治的進化と其社會的背景」(『中央公論』).

1월 吉野作造,「民本主義の意義を說いて再び憲政有終の美を濟すの途を論ず」
(『中央公論』).
6월 美濃部達吉,「近代政治の民主的傾向」(『太陽』).
12월 吉野作造,「國民思想統一論者に與ふ」(『中央公論』).

1919 3.1운동. 5.4운동. 잡지 『가이조改造』 창간. 바이마르 헌법 제정.

오야마 이쿠오大山郁夫 하세가와 뇨제칸長谷川如是閑과 함께 잡지 『와
레라我等』 창간.
한스 켈젠 빈대학 교수.

8월 大山郁夫,「社會改造の根本情神」(『我等』).
山川均, 『社會主義の立場から: デモクラシーの煩悶』.
吉野作造, 『普通選擧論』.
Hans Kelsen, *Vom Wesen und Wert der Demokratie*(민주주의의 본질과
가치).

1920 모리토森戸 사건. 전후 공황 시작.

로야마 마사미치蠟山政道 도쿄제국대학 졸업.
가와이 에이지로河合榮治郎 도쿄제국대학 조교수.
야나하라 다다오矢內原忠雄 도쿄제국대학 조교수.

1월 吉野作造,「政治學の革新」(『中央公論』).
1월 大山郁夫,「民衆文化の世界へ」(『中央公論』).
3월 吉野作造,「國家的情神とは何ぞや」(『中央公論』).
3월 長谷川如是閑,「國家と眞理との交戰狀態」(『我等』).
10월 長谷川如是閑,「鬪爭本能と國家の進化」(『中央公論』).
佐々木惣一, 『普通選擧』.

1921 하라 수상 암살. 다카하시高橋 내각.

오야마 이쿠오大山郁夫 와세다대학 복직.
스에히로 이즈타로末弘嚴太郎 도쿄제국대학 교수.
난바라 시게루南原繁 도쿄제국대학 조교수.

1월 吉野作造,「現代通有の誤れる國家觀を正す」(『中央公論』).
1월 長谷川如是閑,「國家の商人化と政治否定」(『我等』).

1월 美濃部達吉, 「我が憲政の將來」(『東方時論』).

2월 長谷川如是閑, 「議會政治の存在理由崩壞」(『解放』).

3월 大山郁夫, 「社會觀察に於ける科學的態度」(『我等』).

9월 大山郁夫, 「征服國家から國際社會まで: 太平洋會議を背景として」(『中央公論』).

牧野英一, 『法律に於ける矛盾と調和』.

長谷川如是閑, 『現代國家批判』.

美濃部達吉, 『日本憲法』; 『時事憲法問題批判』.

1922 워싱턴 군축회의. 일본공산당 창립. 다카하시 내각 사직. 가토 도모사부로加藤友三郎 내각.

로야마 마사미치蠟山政道 도쿄제국대학 조교수.

요코타 기사부로橫田喜三郎 도쿄제국대학 졸업.

7월 吉野作造, 「最近政變批判」(『中央公論』).

中島重, 『多元的國家論』.

1923 잡지 『분게이슌주文藝春秋』 창간. 간토關東대지진.

미야자와 도시요시宮澤俊義 도쿄제국대학 졸업.

야나이하라 다다오矢內原忠雄 도쿄제국대학 교수.

5월 吉野作造, 「選擧理論の二三」(『國家學會雜誌』).

12월 吉野作造, 「普通選擧主張の理論的根據に關する一考察」(『國家學會雜誌』).

美濃部達吉, 『憲法撮要』.

末弘嚴太郎, 『嘘の效用』.

大山郁夫, 『政治の社會的基礎』.

1924 제2차 헌정옹호운동. 기요우라淸浦 내각 사직. 가토 다카아키加藤高明 호헌 3파 내각, 이후 1932년까지 정당내각이 계속.

요시노 사쿠조吉野作造 도쿄제국대학 사직, 아사히신문사 입사 후 필화筆禍 사건으로 퇴사.

요코타 기사부로橫田喜三郎 도쿄제국대학 조교수.

8·9월 宮澤俊義, 「硬性憲法の變遷: 米國憲法に於ける中央集權的傾向につい

て」(『國家學會雜誌』).

1925 치안유지법 공포. 남자 보통선거제도 공포.

미야자와 도시요시宮澤俊義 도쿄제국대학 조교수.

난바라 시게루南原繁 도쿄제국대학 교수.

2월 宮澤俊義, 「抵抗權史上に於けるロック」(『我等』).

5월 横田喜三郎, 「文化科學としての政治學の方法論: 蠟山政道著「政治學の
任務と對象」について」(『國家學會雜誌』).

8·9월 宮澤俊義, 「法律における科學と技術: 又は, 法律における存在と當爲」
(『國家學會雜誌』).

蠟山政道, 『政治學の任務と對象: 政治學理論の批判的研究』.

牧野英一, 『民法の基本問題』.

美濃部達吉, 『議會制度論』.

上杉愼吉, 『國家論』.

Hans Kelsen, *Allgemeine Staatslehre* (일반국가학).

1926 오야마 이쿠오大山郁夫 좌파 무산정당 노동농민당 위원장.

가와이 에이지로河合榮治郎 도쿄제국대학 교수.

1927 금융공황. 아쿠타가와 류노스케 자살. 다나카田中 내각 성립. 제1차
산둥山東 출병.

요시노 사쿠조吉野作造 우파 무산정당 사회민중당 결성에 관여.

6·8·10월 宮澤俊義, 「大陸に於ける英國憲法研究の先驅」(『國家學會雜誌』).

蠟山政道, 「現代國家の職能問題」(吉野作造 편, 『小野塚敎授在職二五年記
念 政治學研究』).

田中耕太郎, 『法と宗敎と社會生活』.

上杉愼吉, 『政治上の國民總動員』.

1928 제1회 남자 보통선거 실시. 제2·3차 산둥 출병. 장쭤린 폭살 사건.

가와카미 하지메河上肇 교토제국대학 사직.

로야마 마사미치蠟山政道 도쿄제국대학 교수.

야베 데이지矢部貞治 도쿄제국대학 조교수.

이마나카 스기마로今中次麿 규슈제국대학 교수.

今中次麿, 『政治學に於ける方法二元論』.

Carl Friedrich Rudolf Smend, *Verfassung und Verfassungsrecht* (헌법과 헌법법).

1929　하마구치濱口 내각, 긴축재정.

우에스기 신키치上杉慎吉 사망.

1930　일본 금본위제 복귀. 런던 해군 군축회의. 통수권 干犯 문제 발생. 하마구치 수상 피격. 제2차 와카쓰키若槻 내각.

미야자와 도시요시宮澤俊義 프랑스·독일·미국 유학.

요코타 기사부로橫田喜三郎 도쿄제국대학 교수.

宮澤俊義, 「フランス公法學における諸傾向」(『フランスの社會科學』).

蠟山政道, 『行政組織論』.

美濃部達吉, 『現代憲政評論: 選擧革正論其の他』.

1931　일본 금 수출 재금지. 만주사변.

5월 木村龜二, 「ケルゼンの自然法否定の理論」(『國家學會雜誌』).

10월 橫田喜三郎, 「純粹法學の一般理論」(『法律時報』).

筧克彦, 『國家の研究 第一卷』.

蠟山政道, 『公民政治論』.

1932　상하이사변. 만주국 건설. 5.15사건. 이누카이犬養 수상 암살, 정당 내각 시대 종언.

미노베 다쓰키치美濃部達吉 귀족원 의원.

미야자와 도시요시宮澤俊義 유학에서 귀국.

오야마 이쿠오大山郁夫 미국으로 망명.

가와카미 하지메河上肇 일본공산당 입당.

1월 牧野英一, 「法律的消極主義」(『法學志林』).

7·8월 橫田喜三郎, 「法律的積極主義: 牧野敎授の批評に答えて」(『國家學會雜誌』).

9월 宮澤俊義, 「公法學における政治: 現代ドイツ公法學界の一つの傾向について」(『法學協會雜誌』).

1933　일본 국제연맹 탈퇴. 다키가와瀧川 사건. 독일 수권법 제정.

요시노 사쿠조吉野作造 사망.

가와카미 하지메河上肇 검거, 투옥, 전향.

로야마 마사미치蠟山政道 고토 류노스케後藤隆之助와 함께 고노에 후미마로近衛文麿의 사적 정책 자문기관 쇼와켄큐카이昭和硏究會를 창설. 후일 야베 데이지矢部貞治도 참가.

1월 宮澤俊義, 「議會制のたそがれ」(『帝大新聞』).

1월 美濃部達吉, 「非常時日本の政治機構」(『中央公論』).

7월 宮澤俊義, 「ドイツの國民革命とユダヤ人排斥立法」(『警察硏究』).

9월 宮澤俊義, 「民主政より獨裁政へ」(『中央公論』).

宮澤俊義, 「法の義務づけよう: Leges mere poenalesの理論について」(『法學協會五十周年記念論文集』).

中島重, 『社會哲學的法理學』. 蠟山政道, 『日本政治動向論』.

1934 일본 워싱턴조약 단독 폐기를 결정. 육군 청년 장교의 쿠데타 계획 발각.

미노베 다쓰키치美濃部達吉 도쿄제국대학 퇴임.

미야자와 도시요시宮澤俊義 도쿄제국대학 교수.

마루야마 마사오丸山眞男 도쿄제국대학 입학.

미노다 무네키蓑田胸喜가 스에히로 이즈타로末弘嚴太郞를 치안유지법 위반으로 고발.

1월 松岡洋右, 「政黨解消論」(『中央公論』).

1월 美濃部達吉, 「我が議會制度の前途」(『中央公論』).

2월 宮澤俊義, 「獨裁制理論の民主的扮裝」(『中央公論』).

2월 宮澤俊義, 「民主制と相對主義哲學」(『外交時報』).

2월 河合榮治郎, 「議會主義と獨裁主義制との對立」(『經濟往來』).

10월 佐々木惣一, 「政府の力と國策審議機關」(『中央公論』).

12월 宮澤俊義, 「獨裁的政治形態の本質」(『中央公論』).

矢部貞治, 「社會改造に於ける自由主義と獨裁主義」(理想社出版部 편, 『社會改造の諸學說』).

矢部貞治, 「代表の社會的基礎」(杉村章三郞 편, 『筧敎授還曆祝賀論文集』).

田中耕太郞, 「ケルゼンの純粹法學の法律哲學的意義及び價値: 殊に其の自然

法否定論及び相對主義に就て」(杉村章三郎 편,『筧敎授還曆祝賀論文集』).

宮澤俊義,「法律による裁判」(『筧敎授還曆祝賀論文集』).

宮澤俊義,「國民代表の槪念」(宮澤俊義 편,『公法學の諸問題: 美濃部敎授還曆記念』).

河合榮治郞,『ファッシズム批判』.

蠟山政道,『現代の社會思想』.

牧野英一,『法律における倫理と技術』.

美濃部達吉,『議會政治の檢討』;『日本憲法の基本主義』.

宮澤俊義,『憲法講義案』.

宮澤俊義 편,『公法學の諸問題: 美濃部敎授還曆記念』.

1935 천황기관설 사건. 미노베 다쓰키치美濃部達吉의 저서 발매금지 처분. 정부 국체명징國體明徵·천황기관설 배격 성명 발표. 히틀러 총통 취임.

미노베 다쓰키치美濃部達吉 귀족원 의원 사직.

4월 今中次麿,「國法學理論の貧困: ケルゼン學說の現代的意義」(『帝國大學新聞』)

5월 中野登美雄,「憲法學說と政治の世界觀」(『中央公論』).

5월 長谷川如是閑,「歷史的の自由主義と道德的範疇としての'自由'」(『中央公論』).

6월 牧野英一,「法律における理論と實踐」(『自治硏究』).

10월 牧野英一,「法律におけ る政治的要素」(『自治硏究』).

矢部貞治,「獨裁政と衆民政」(蠟山政道 편,『吉野作造先生追悼記念 政治及政治史硏究』).

美濃部達吉,『ケルゼン學說の批判』.

蠟山政道,『議會·政黨·選擧』.

蠟山政道 편,『吉野作造先生追悼記念 政治及政治史硏究』.

1936 일본 런던 군축회의에서 탈퇴. 2.26사건. 일본·독일 방공防共 협정 조인. 히로타廣田 내각 남방 진출과 군비확장을 결정.

미노베 다쓰키치美濃部達吉 우익의 공격으로 부상.

1월 宮澤俊義,「法律學における'學說': それを'公定'するということの意味」(『法

學協會雜誌』).

2월 宮澤俊義, 「議會制の凋落」(『中央公論』).

4월 鈴木安藏, 「デモクラシーと我が議會政治」(『中央公論』).

10월 宮澤俊義, 「憲法の比較的·歷史的研究について」(『警察研究』).

10월 宮澤俊義, 「法および法學と政治」(『警察研究』).

11월 宮澤俊義, 「わが國の法哲學」(『法律時報』).

11월 宮澤俊義, 「行政機構の改革」(『中央公論』).

11월 橫田喜三郞, 「純粹法學の哲學的基礎」(『國家學會雜誌』).

11월 宮澤俊義, 「立法の委任について」(『公法雜誌』).

12월 丸山眞男, 「政治學に於ける國家の槪念」(『綠會雜誌』).

筧克彦, 『大日本帝國憲法の根本義』.

1937 중일전쟁 발발.

야나이하라 다다오矢內原忠雄의 「국가의 이상國家の理想」(『中央公論』)
전문 삭제.

1월 丸山眞男, 「法學部三敎授批判」(『東大春秋』).

2월 宮澤俊義, 「政局の行方」(『改造』).

3월 宮澤俊義, 「議會の效用の推移」(『改造』).

5월 宮澤俊義, 「解散と新政黨」(『中央公論』).

9월 矢內原忠雄, 「國家の理想」(『中央公論』).

12월 宮澤俊義, 「大本營の設置と內閣制度の改革: 戰時的政治體制の生成」
(『中央公論』).

宮澤俊義, 「立憲主義の原理」(『立憲主義と三民主義·五權憲法の原理』).

蠟山政道, 『現代社會思想講話』.

宮澤俊義, 『轉回期の政治』.

1938 국가총동원법 공포. 고노에 수상 동아신질서 성명. 독일 나치스
법학자 오토 쾰로이터 도쿄제국대학 객원교수 부임.

가와이 에이지로河合榮治郎의 『파시즘 비판ファッシズム批判』 등 발매
금지 처분.

3월 宮澤俊義, 「ル·フュウルの自然法論」(『公法雜誌』).

宮澤俊義, 「法および法學と政治」(小野淸一郞 편, 『牧野敎授還曆祝賀 法理論

   集』).

   牧野英一, 『法律學の課題としての神』.

   小野淸一郎 편, 『牧野敎授還曆祝賀 法理論集』.

1939   가와이 에이지로河合榮治郎 사직.

   로야마 마사미치蠟山政道 도쿄제국대학 사직 후 정치활동 개시.

   야베 데이지矢部貞治 도쿄제국대학 교수.

   1월 宮澤俊義, 「政治の單位としての個人と家」(『改造』).

   4월 蠟山政道, 「國民協同體の形成」(『改造』).

   7월 宮澤俊義, 「政治への關心」(『文藝春秋』).

   中島重, 『發展する全體: 結合本位と機能主義』.

1940   제2차 고노에 내각, 대동아신질서와 국방국가 건설을 기본 국책으로 결정. 익찬의원동맹회 성립. 일본, 독일, 이탈리아 삼국동맹. 우익의 공격으로 쓰다 소키치津田左右吉 와세다대학 교수 사임.

   마루야마 마사오丸山眞男 도쿄제국대학 조교수.

   한스 켈젠 미국 망명.

   3월 黑田覺, 「政治の多元性と技術の政治化」(『改造』).

   7월 宮澤俊義, 「新黨の意味」(『文藝春秋』).

   8월 宮澤俊義, 「斯くあるべき新政黨」(『文藝春秋』).

   8월 蠟山政道, 「外交刷新と國內新體制」(『文藝春秋』).

   8월 佐々木惣一, 「政治體制の整備と新政黨運動」(『改造』).

   8월 宮澤俊義, 「斯くあるべき新政黨」(『文藝春秋』).

   10월 宮澤俊義, 「國民組織と政黨」(『法律時報』).

   10월 佐々木惣一, 「新政治體制の日本的軌道」(『中央公論』).

   12월 宮澤俊義, 「議會局の責務」(『改造』).

   中野登美雄, 『戰時の政治と公法』.

   末弘嚴太郎, 『民法雜記帳』.

1941   어전회의에서 미국, 영국과의 전쟁 불사 방침 결정. 진주만 공격.

   1월 宮澤俊義, 「大政翼贊會の法理的性格」(『改造』).

   1월 黑田覺, 「大政翼贊運動の合憲法性」(『改造』).

   3월 佐々木惣一, 「大政翼贊會と憲法上の論點」(『改造』).

黑田覺, 『國防國家の理論』.
木村龜二, 『法と民族』.
蠟山政道, 『東亞と世界: 新秩序への論策』.
牧野英一, 『非常時立法の發展』.
蓑田胸喜, 『國家と大學: 東京帝大法學部に對する公開狀』.

1942 미드웨이 해전. '근대의 초극' 토론회. 대동아문학자 대회. 대일본 언론보국회 성립.

로야마 마사미치蠟山政道 제21회 중의원 선거에 대정익찬회 후보로 당선.

1943 카이로 선언.

1월 宮澤俊義, 「アングロ·サクソン國家のたそがれ」(『改造』).
3월 宮澤俊義, 「戰爭と行政」(『法律時報』).
牧野英一, 『非常時立法考』. 宮澤俊義, 『東と西』.

1944 사이판 함락. 도조東條 내각 사직.

가와이 에이지로河合榮治郎 사망.

11월 宮澤俊義, 「大津事件の法哲學的意味」(『法學協會雜誌』).

1945 얄타회담에서 전후처리 방침과 소련의 대일본 전쟁 참가를 결정. 미국군 오키나와 본도 상륙. 독일 무조건항복. 히로시마와 나가사키에 원폭 투하. 소련 일본에 선전포고. 일본 포츠담선언 수락.

난바라 시게루南原繁 도쿄제국대학 총장.
야나이하라 다다오矢內原忠雄 도쿄제국대학 복직.

矢部貞治, 『新秩序の研究』.

1946 GHQ 전쟁범죄인 체포를 명령. 천황 맥아더 방문. 일본국헌법 공포.

미노베 다쓰키치美濃部達吉 추밀고문관 임명.
헌법 개정안이 추밀원 본회의에서 가결, 미노베 다쓰키치 혼자 반대.
미야자와 도시요시宮澤俊義 귀족원 의원.

하세가와 뇨제칸長谷川如是閑 귀족원 의원.

난바라 시게루南原繁 귀족원 의원.

나카지마 시게루中島重 사망.

가와카미 하지메河上肇 사망.

　1월 美濃部達吉, 「民主主義と我が議會制度」(『世界』).

　5월 宮澤俊義, 「吉野先生とその民主政治論」(『新生』).

　8월 南原繁, 「制定過程 その一」(『南原繁著作集 第9卷』).

　8월 宮澤俊義, 「憲法改正案に關する政府に對する質疑(貴族院における)」(『憲法の原理』).

　11월 橫田喜三郎, 「主權抹殺論」(『社會』).

1947	로야마 마사미치蠟山政道 공직 추방.
	오야마 이쿠오大山郁夫 미국 망명에서 귀국.

1948	미노베 다쓰키치美濃部達吉 사망.

1949	河合榮治郞·社會思想硏究會 편, 『自由に死す: 河合榮治郞法廷鬪爭記』.
	蠟山政道, 『日本における近代政治學の發達』.

찾아보기

■■▫

ㅅ

ㅇ

_ ㅈ

_ ㅊ

지은이 **이 수 열** 李秀烈

일본 와세다대학 일본사학과를 졸업하고 와세다대학 대학원과 규슈대학 대학원에서 일본근대사 전공으로 석사와 박사 학위를 취득하였다. 현재 한국해양대학교 국제해양문제 연구소 HK교수로 재직 중이다. 일본 근현대사상사, 동아시아 해양사, 글로벌 히스토리 등에 관심을 갖고 있다.

저서로는『일본지식인의 아시아 식민지도시 체험』,『동아시아해역의 해항도시와 문화교섭』(Ⅰ,Ⅱ),『한국 선원의 역사와 문화』등이 있고, 번역서로『동인도회사와 아시아의 바다』,『새로운 세계사』,『자유해』등이 있다.

**다이쇼 데모크라시와
미야자와 도시요시**宮澤俊義의 **자유주의 헌법학**

이수열 지음

초판 1쇄 발행 2024년 12월 10일

펴낸이 오일주
펴낸곳 도서출판 혜안

등록번호 제22-471호
등록일자 1993년 7월 30일

주소 04052 서울시 마포구 와우산로 35길 3(서교동) 102호
전화 02-3141-3711~2 / **팩스** 02-3141-3710
이메일 hyeanpub@daum.net

ISBN 978-89-8494-743-6 93910

값 32,000 원